Elogios para *Paráb[...]*

T0042602

«Un estudio informativo y útil para aquellos que desean introducirse en el significado de una docena de preciosas imágenes de palabras de nuestro Señor. El tratamiento que Dr. MacArthur da a la justificación por la sola fe basado en la parábola del publicano y el fariseo es excepcional».

—Dr. Joel R. Beeke, presidente del
Puritan Reformed Theological
Seminary, Grand Rapids,
Michigan

«Todo lo que creía usted saber sobre las parábolas se reorienta en este nuevo trabajo de John MacArthur para explicar su significado y mostrar su importancia en las vidas de los creyentes. Al enseñar estas historias vívidamente profundas a quienes están dentro del reino de Cristo, MacArthur sostiene que las parábolas no revelan la verdad a los que están afuera sino que, en realidad, se la ocultan. Las parábolas son fascinantes y estimulativas, ya que penetran a través de una espesa nube de malentendidos exegéticos sobre la enseñanza ilustrativa de Jesús. John MacArthur se yergue como un atalaya, señalándonos de nuevo el refugio de protección de Cristo dentro de las murallas de la verdad».

—Steven J. Lawson, presidente de
OnePassion Ministries y profesor
de predicación de The Master's
Seminary

«Después de más de cuarenta años de un destacado ministerio pastoral, John MacArthur ha demostrado ser un guía confiable a través de la Escritura y un fiel expositor de la Palabra de Dios. Este nuevo libro, *Parábolas: Los misterios del reino de Dios revelados a través de las historias que Jesús contó* es un rico tratamiento bíblico, teológico y devocional de las parábolas de nuestro Señor».

—R. Albert Mohler, Jr., presidente
del Southern Baptist Theological
Seminary

«Nadie en esta generación ha hecho una defensa más heroica y coherente de la autoridad y la inspiración de la Escritura que John MacArthur. Lo considero uno de los mejores expositores bíblicos de nuestros días. Pocos han dado atención tan cuidadosa a la interpretación y aplicación de las palabras de Jesús en los Evangelios. Recomiendo *Parábolas* de todo corazón como un logro histórico de un pastor amado y experto».

—Dr. R. C. Sproul, fundador
y presidente de Ligonier
Ministries

PARÁBOLAS

PARÁBOLAS

Los misterios del reino de Dios revelados a
través de las historias que Jesús contó

JOHN MACARTHUR

GRUPO NELSON
Una división de Thomas Nelson Publishers
Desde 1798

NASHVILLE   MÉXICO DF.   RÍO DE JANEIRO

Título en inglés: *Parables: The Mysteries of God's Kingdom Revealed Through the Stories Jesus Told*
© 2015 por John MacArthur
Publicado por Thomas Nelson
Editado por Phillip R. Johnson
Publicado en asociación con la agencia literaria de Wolgemuth & Associates, Inc.

Editora en Jefe: *Graciela Lelli*
Traducción: *Ammi Publishers International*
Adaptación del diseño al español: *www.produccioneditorial.com*

ISBN: 978-0-71800-173-5

Impreso en Estados Unidos de América
HB 11.16.2023

A Marshall Brackin, un amigo de verdad que personifica la admonición del apóstol Pablo en 1 Corintios 16.13–14: «Velad, estad firmes en la fe; portaos varonilmente, y esforzaos. Todas vuestras cosas sean hechas con amor».

Contenido

Introducción

¿Por qué enseñaba Jesús en parábolas, y cómo podemos interpretarlas correctamente?

Las parábolas de Jesús eran ingeniosas imágenes en palabras sencillas con lecciones espirituales profundas. Su enseñanza estaba llena de estas historias cotidianas. Algunas de ellas no eran más que breves palabras sobre incidentes cotidianos, objetos o personas. De hecho, la más compacta de todas las historias cortas de Jesús ni siquiera llena un versículo completo de las Escrituras. Se encuentra en Mateo 13.33: «El reino de los cielos es semejante a la levadura que tomó una mujer, y escondió en tres medidas de harina, hasta que todo fue leudado». En el texto griego original, esta parábola solo tiene diecinueve palabras. Es la más común de las anécdotas de la más común de las actividades dicha con las menos palabras posibles. Pero contiene una profunda lección acerca de los misterios del reino de los cielos. Como todas las parábolas de Jesús, esta cautivó a sus oyentes y ha mantenido el interés de los estudiantes de la Biblia desde hace dos mil años.

Jesús fue el maestro de la narración. No había una perogrullada por familiar que fuera o una doctrina por compleja que fuera que Él no pudiera darle una nueva profundidad y sentido mediante la narración de una historia sencilla. Estas narrativas personifican la simple y poderosa profundidad de su mensaje y su estilo de enseñanza.

Pensando correctamente acerca de las parábolas

A pesar de la popularidad de las parábolas, tanto el método como el significado detrás de la utilización de estas historias por Jesús eran a menudo mal entendidos y tergiversados, incluso por los estudiosos de la Biblia y expertos en el género literario.

Por ejemplo, muchos entienden que Jesús dijo parábolas por una sola razón: para que su enseñanza fuera lo más fácil, accesible y conveniente posible. Después de todo, las parábolas estaban llenas de características familiares: escenas fácilmente reconocibles, metáforas agrícolas y pastorales, asuntos propios del hogar y la gente común. De manera natural, esto hacía sus palabras más simples para sus oyentes provincianos, permitiendo que se relacionaran con ellas y las comprendieran mejor. Este era sin duda un método de enseñanza brillante, revelando misterios eternos a mentes simples. Las parábolas de Jesús ciertamente demuestran que incluso las historias e ilustraciones más simples pueden ser herramientas eficaces para la enseñanza de las verdades más sublimes.

Algunos afirman que el uso de las parábolas por Jesús prueba que la narración es un método *mejor* para la enseñanza de la verdad espiritual que los discursos didácticos o la exhortación mediante sermones; que «las historias influyen con mayor vigor. ¿Quieres destacar un aspecto o plantear una cuestión? Cuenta una historia. Jesús lo hizo».[1]

Otros van aún más lejos, afirmando que el formato del discurso en la iglesia siempre debe ser narrativo, no exhortativo o didáctico. Señalan como referencia a Marcos 4.33–34, que describe la enseñanza pública de Jesús durante la última parte de su ministerio en Galilea de esta manera: «Con muchas parábolas como estas les hablaba la palabra, conforme a lo que podían oír. Y sin parábolas no les hablaba». De modo que el argumento es que la narración debe ser el método preferido de cada pastor, sino el *único* estilo de predicación que utilicemos. En palabras de un escritor:

> Un sermón no es una conferencia doctrinal. Es un *evento en un tiempo dado*, una forma de arte narrativo más parecido a una obra de teatro o a una novela en vez de a un libro. Por lo tanto, no somos ingenieros científicos; somos artistas narrativos por función profesional.
>
> ¿No le parece extraño que en nuestra formación en oratoria y homilética rara vez consideramos la conexión entre nuestro trabajo y el del dramaturgo, novelista o guionista de televisión? [...] Yo propongo que comencemos a considerar el sermón como una trama homilética, una forma de arte narrativo, una historia sagrada.[2]

De hecho, ese es precisamente el tipo de predicación que ahora domina muchos púlpitos evangélicos y de mega iglesias. En algunos casos, el púlpito ha desaparecido por completo, siendo reemplazado por un escenario y una pantalla. Las personas clave en el personal de la iglesia son aquellas cuya tarea principal es dirigir el grupo de teatro o el equipo de filmación. La declaración de la verdad en forma proposicional está ausente. Lo que está ahora en boga es decir historias, o representarlas, de una manera que aliente a las personas a adaptarse a sí mismas en la narración. Las historias son supuestamente más acogedoras, más significativas y más gentiles que los hechos rudos o los reclamos de la verdad sin ambigüedades.

Este punto de vista sobre la predicación ha ido ganando aceptación por tres o cuatro décadas, junto a otras estrategias pragmáticas de crecimiento de la iglesia (una tendencia que he criticado en otro lugar).[3] He aquí cómo una editorial religiosa anuncia un influyente libro que trata de la revolución a finales del siglo XX entre la predicación y la filosofía del ministerio: «La predicación está en crisis. ¿Por qué? Debido a que el enfoque tradicional y conceptual ya no funciona... No es capaz de captar el interés de los oyentes».[4] El libro en sí dice: «El antiguo enfoque temático/conceptual de la predicación está en condición crítica, si no en una fase mortal».[5]

Innumerables libros recientes sobre la predicación se han hecho eco de esta apreciación o algo similar. ¿Cuál es el remedio? Nos dicen una y otra vez que los predicadores deben verse a sí mismos como narradores, *no* como maestros de doctrina. He aquí una muestra típica:

> Contrariamente a lo que algunos nos quieren hacer creer, la historia, no la doctrina, es el ingrediente principal de la Biblia. No tenemos una doctrina de la creación, tenemos historias de la creación. No tenemos un concepto de la resurrección, tenemos maravillosos relatos del Domingo de resurrección. Hay relativamente poco, ya sea en el Antiguo como en el Nuevo Testamento que, de una forma u otra, no descanse en la narrativa o historia.[6]

Declaraciones como estas son peligrosamente engañosas. Es un completo disparate poner a la historia contra la doctrina como si fueran hostiles la una a la otra o, peor aún, enfrentar a la narrativa contra la proposición como si fueran de alguna manera mutuamente excluyentes.* La idea de que «una doctrina de la creación» o «un concepto de la resurrección» no pueden expresarse mediante la narración es simple y obviamente falso. Asimismo, es evidentemente falso afirmar que «no tenemos un concepto de la resurrección» enseñado en las Escrituras aparte de las narraciones. Vea, por ejemplo, 1 Corintios 15, un capítulo largo, dedicado por completo a una sistemática, pedagógica y polémica defensa de la doctrina de la resurrección corporal, repleto de exhortaciones, argumentos, silogismos y abundantes declaraciones proposicionales.

Por otra parte, hay una diferencia clara y significativa entre una *parábola* (una historia hecha por Jesús para ilustrar un precepto, proposición

---

* El apéndice responde al concepto equivocado tan común de que la doctrina y la historia se oponen entre sí.

o principio) y la *historia* (una crónica de los acontecimientos que sucedieron en realidad). La parábola ayuda a explicar una verdad; la historia da un relato real de lo que sucedió. Aunque la historia es contada en forma de cuento, no es ficción ilustrada, sino realidad. Una de las principales formas en que las proposiciones esenciales de la verdad cristiana han sido preservadas y transmitidas hasta nosotros es mediante la inclusión de ellas en el registro infalible de la historia bíblica. Una vez más, este es el principio sobre el cual Pablo construyó su argumento acerca de la verdad de la resurrección corporal en 1 Corintios 15. Su defensa de la doctrina se inicia con un recuento de los hechos históricos que se confirmaron con creces por varios testigos presenciales. De hecho, las doctrinas consideradas «lo más importante» (v. 3, NTV) eran todas puntos clave en la historia de ese fin de semana de la Pascua definitiva: «Que Cristo murió por nuestros pecados, conforme a las Escrituras; y que fue sepultado, y que resucitó al tercer día, conforme a las Escrituras» (vv. 3–4).

La idea de que las historias son siempre mejores y más útiles que los reclamos directos de la verdad es una patraña posmoderna malograda. Diferenciar las historias de las proposiciones de forma tan tajante y ponerlas unas contra otras (como si fuera posible narrar historias *sin* declaraciones proposicionales) es simple prestidigitación retórica sin sentido. Este tipo de galimatías intelectuales es una herramienta típica de la deconstrucción del lenguaje. El verdadero objetivo de este ejercicio es confundir el sentido, eliminar la certeza y echar por el suelo el dogma.**

Pero el ultraje flagrante de las parábolas de Jesús por los comentaristas modernos es a veces aún peor. Un punto de vista más radical que está ganando rápidamente popularidad en estos tiempos posmodernos es la noción de que las historias por su propia naturaleza no son definidas o

---

** Para una explicación sucinta y un análisis de la posmodernidad vea John MacArthur, *Verdad en guerra* (Nashville: Grupo Nelson, 2007). En resumen, las filosofías posmodernas están dominadas por la idea de que la verdad es subjetiva, nebulosa, incierta, tal vez incluso incognoscible. O para usar una breve declaración de *Verdad en guerra*: «El posmodernismo en general suele estar marcado por *una tendencia que rechaza la posibilidad de cualquier conocimiento seguro o ya establecido de la verdad*» (p. 11).

tienen significado objetivo; están totalmente sujetas a la interpretación del oyente. Para esta manera de pensar, el uso de las parábolas por Jesús fue un repudio deliberado de las proposiciones y el dogma a favor del misterio y la conversación. Un comentarista dice: «Es la naturaleza de la narrativa la que se presta a la imaginación de un oyente y se convierte en lo que el oyente quiere que sea, a pesar de la intención del narrador. Las narrativas son esencialmente polivalentes y por lo tanto, sujetas a una amplia gama de lecturas».[7]

Este mismo autor cita diferencias de interpretación sobre las parábolas de Jesús de otros comentaristas y cínicamente declara: «Las parábolas funcionan de maneras como intérpretes y oyentes quieren que funcionen, a pesar de todo lo que Jesús pudo haber previsto con ellas... Simplemente no sabemos cómo Jesús empleó las parábolas y claramente no tenemos esperanza de descubrir su intención».[8]

Pero él no ha terminado aún:

> Los intérpretes de las parábolas no están diciendo a los lectores lo que Jesús quiso decir en realidad con la parábola; ellos simplemente no lo saben, ni lo pueden saber. Los intérpretes describen lo que *piensan* que Jesús quiso decir, que es algo muy diferente. A través de un encuentro con una parábola, en la mente de un lector en particular se evoca una explicación y la respuesta depende tanto de lo que el intérprete aporta a la parábola como de lo que ella misma dice, tal vez más. Si el intérprete hubiera estado presente cuando Jesús dijo la parábola por primera vez, quizá la situación no habría sido muy diferente. Mi intérprete moderno hipotético, a quien he hecho regresar en el tiempo a los pies de Jesús, todavía tendría que encontrarle el sentido a la parábola igual que los intérpretes de hoy. En aquel tiempo, como ahora, sin duda que otros entre los presentes habrían tenido muy diferentes respuestas. En este sentido, la situación con las interpretaciones de las parábolas hoy es idéntica a lo que habría sido en el primer siglo. Por lo tanto, nunca han existido interpretaciones «correctas» de las parábolas de Jesús. Por «correctas» quiero decir interpretaciones que capten la intención de

Jesús. Dada la naturaleza de la narrativa, no hay una sola explicación de una parábola que pueda descartar a todas las demás.[9]

Lo confieso: es para mí un misterio por qué alguien que tiene tal punto de vista querría molestarse en escribir un libro sobre las parábolas. Que una persona rechace la verdad proposicional ilustrada por una parábola, *por supuesto* sigue siendo un enigma. El problema no es que la parábola no tenga un verdadero significado, sino que está en que los que se acercan a la historia con el corazón incrédulo ya han rechazado la verdad que ilustra la parábola.

La posición por la que el autor aboga es una versión exagerada de *la crítica entre lector y respuesta*, otra herramienta favorita del lenguaje posmoderno de la deconstrucción. La idea subyacente es que el receptor, no el autor, es el que crea el significado de cualquier texto o narración. Esta es una espada de doble filo. Si se aplica sistemáticamente, este enfoque de la hermenéutica expondría la incomprensibilidad de la propia prosa del comentarista. En resumen, es solo otra expresión de la agenda posmoderna para confundir en lugar de aclarar, motivada por un rechazo obstinado de la autoridad e inerrancia bíblicas.

¿Por qué parábolas?

Todas las opiniones anteriores están peligrosamente equivocadas porque toman en cuenta solo una parte de la verdad. Considere, por ejemplo, la creencia común de que la única razón por la que Jesús usó parábolas fue para hacer que verdades difíciles se hicieran claras, familiares y lo más fáciles de entender posible. Cuando Jesús explica por qué habló en parábolas, dio prácticamente la razón opuesta:

> Entonces, acercándose los discípulos, le dijeron: ¿Por qué les hablas por parábolas?
>
> El respondiendo, les dijo: Porque a vosotros os es dado saber los misterios del reino de los cielos; mas a ellos no les es dado.

Porque a cualquiera que tiene, se le dará, y tendrá más; pero al que no tiene, aun lo que tiene le será quitado.

Por eso les hablo por parábolas: porque viendo no ven, y oyendo no oyen, ni entienden.

De manera que se cumple en ellos la profecía de Isaías [6.9–10], que dijo:

> *De oído oiréis, y no entenderéis;*
> *Y viendo veréis, y no percibiréis.*
> *Porque el corazón de este pueblo se ha engrosado,*
> *Y con los oídos oyen pesadamente,*
> *Y han cerrado sus ojos;*
> *Para que no vean con los ojos,*
> *Y oigan con los oídos,*
> *Y con el corazón entiendan,*
> *Y se conviertan,*
> *Y yo los sane.* (Mateo 13.10–15)

A la misma vez que las parábolas ilustran y aclaran la verdad para los que tienen oídos para oír, ellas tienen precisamente el efecto contrario sobre los que se oponen y rechazan a Cristo. El simbolismo esconde la verdad de quienes no tengan la disciplina o el deseo de buscar el significado de parte de Cristo. Es por esto que Jesús adoptó este estilo de enseñanza. Era un juicio divino contra los que recibían su enseñanza con desprecio, incredulidad o apatía. En el capítulo uno analizaremos más esta idea, y examinaremos las circunstancias que motivaron a Jesús a comenzar a hablar en parábolas.

No sugiero con esto que las parábolas fueran *solamente* un reflejo de la severidad con que Dios condena la incredulidad; eran también una expresión de su misericordia. Observe cómo Jesús, citando la profecía de Isaías, describió a los incrédulos entre los que le seguían. Ellos habían cerrado sus propios oídos y sus propios ojos para que «con el corazón entiendan, y se conviertan, y yo los sane» (v. 15). La incredulidad de ellos era terca, deliberada y, por propia elección, irrevocable. Cuanto más escuchaban a Cristo, de más verdad eran responsables. Cuanto más endurecían sus corazones contra la verdad, más severo sería su juicio, porque «a quien se haya dado mucho, mucho se le demandará» (Lucas 12.48). Así que, mediante lecciones espirituales ocultas en las historias y en los símbolos de la vida diaria, Jesús hizo que culpa sobre culpa se amontonara sobre sus cabezas.

Había seguramente otros beneficios misericordiosos de este estilo de enseñanza. Las parábolas (como cualquiera buena ilustración), naturalmente despertaría el interés y aumentaría la atención en la mente de las personas que no necesariamente estaban contra la verdad sino que simplemente carecían de la aptitud o no tenían aprecio por la doctrina expuesta en un lenguaje directo y dogmático. Sin duda, las parábolas tuvieron el efecto de despertar la mente de muchas personas que quedaron impresionados por la simplicidad de las parábolas de Jesús y, por lo tanto, quedaron con ganas de descubrir los significados subyacentes.

Para otras personas (incluso algunas cuya primera exposición a la verdad seguramente pudo haber provocado indiferencia o hasta rechazo), la imagen gráfica de las parábolas las ayudó a mantener la verdad arraigada en la memoria hasta que brotó con fe y entendimiento.

Richard Trench, un obispo anglicano del siglo XIX, escribió una de las obras más leídas acerca de las parábolas de Jesús. En ella destaca el valor mnemotécnico de estas historias. Dice:

> Si nuestro Señor hubiera hablado la verdad espiritual abiertamente, ¿cuántas de sus palabras, en parte por falta de interés de sus oyentes o en parte por la falta de visión de ellos, habrían pasado sin dejar huellas en sus corazones y mentes? Pero siéndoles impartida en esta forma, en virtud de alguna imagen vívida, con una frase corta y quizá al parecer paradójica, o en una breve pero interesante narrativa, pudo despertar en ellos la atención y la investigación emocionada. Incluso si la verdad, por la ayuda de la ilustración utilizada, no hizo una entrada a la mente en el momento, las palabras a menudo deben haberse fijado en sus recuerdos y haberse mantenido en ellos.[10]

Así que había varias razones buenas y amenas para que Jesús presentara la verdad mediante parábolas ante la incredulidad, la apatía y la oposición tan común a su ministerio (cp. Mateo 13.58; 17.17).

Al ser explicado, las parábolas eran esclarecedores ejemplos de verdades cruciales. Y Jesús explicó con toda libertad sus parábolas a sus discípulos.

Sin embargo, para los que se mantuvieron inflexibles en su negativa a escuchar, las parábolas permanecieron como enigmas inexplicables y sin significado claro, oscureciendo aún más la enseñanza de Jesús en sus ya insensibilizados corazones. De modo que el juicio inmediato de Jesús contra la incredulidad de ellos lo hizo en la forma de discurso que Él usó cuando les enseñaba públicamente.

En síntesis, las parábolas de Jesús tenían un evidente propósito doble: *esconder la verdad* de la gente santurrona o satisfecha de sí misma que se consideraba demasiado especial para aprender de Él, y revelar *la verdad* a las almas ansiosas con la fe semejante a la de un niño, con hambre y sed de justicia. Jesús le dio gracias a su Padre por ambos resultados: «Te alabo, Padre, Señor del cielo y de la tierra, porque escondiste estas cosas de los sabios y de los entendidos, y las revelaste a los niños. Sí, Padre, porque así te agradó» (Mateo 11.25–26).

Es necesario aclarar otro de los malentendidos más comunes: nuestro Señor no *siempre* hablaba en parábolas. La mayor parte del Sermón del Monte es precisamente el tipo de exhortación de sermones directos repudiado por algunos de los más reconocidos homiletas de hoy día. Aunque Jesús termina el sermón con una breve parábola (los dos cimientos, Mateo 7.24–27), la sustancia del mensaje, comenzando con las bienaventuranzas, se presenta en una serie de declaraciones proposicionales directas, mandamientos, argumentos polémicos, exhortaciones y palabras de advertencia. Hay muchas imágenes vívidas, como en la escena de un tribunal y de una prisión (5.25); la amputación de ojos o manos ofensivos (vv. 29–30); el ojo como la lámpara del cuerpo (6.22); lirios vestidos de galas que superan a Salomón en toda su gloria (6.28–29); la viga en el ojo (7.3–5); entre otras. Pero estas no son parábolas. De hecho, en el relato de Mateo, el sermón tiene 107 versículos, y solo cuatro de ellos, cerca del final, se podrían describir como parábola.

Lucas sí incluye un dicho que no se encuentra en el registro del Sermón hecho por Mateo y que él expresamente identifica como una parábola: «¿Acaso puede un ciego guiar a otro ciego? ¿No caerán ambos en el hoyo?» (Lucas 6.39).*** Que, por supuesto, no es una parábola en estilo narrativo clásico sino que es una máxima enmarcada como una pregunta. Lucas la llama una parábola sin duda debido a la forma en que evoca un cuadro tan claro que fácilmente podría reestructurarse en narrativa. Pero incluso después de aumentar a dos el número de parábolas en el Sermón del Monte, todavía permanece el hecho de que el más conocido sermón público de Cristo no es simplemente un ejemplo de discurso narrativo. Es un sermón *clásico*, dominado por la doctrina, la represión, la corrección y la instrucción en justicia (cp. 2 Timoteo 3.16). No es una historia o una serie de anécdotas. Las pocas imágenes verbales dispersas simplemente ilustran el material de sermón.

En otros lugares, vemos a Jesús predicando y exhortando a las multitudes sin que haya indicación alguna de que usara un estilo narrativo. Algunos de los registros más largos y más detallados de sus sermones públicos se encuentran entre los discursos que aparecen en el Evangelio de Juan, y ninguno de ellos incluye parábolas. No hay parábolas mencionadas en el registro de la enseñanza de Jesús en las sinagogas de Nazaret (Lucas 4.13–27) o de Capernaum (vv. 31–37). Así que no hay algo que dé a entender que Él empleó la predicación narrativa más que cualquier otro estilo, y mucho menos para decir que *siempre* hablaba en parábolas.

*** Este fue, sin duda, un dicho común de Jesús, porque Mateo 15.14 registra una declaración similar, pero esta vez se trata de un comentario hecho en privado a los Doce y aparece en un momento mucho más tardío durante el ministerio en Galilea (Mateo 15.14). Pedro pide inmediatamente: «Explícanos esta parábola» (v. 15), pero Jesús explica una declaración anterior hecha a las multitudes: «No lo que entra en la boca contamina al hombre; mas lo que sale de la boca, esto contamina al hombre» (v. 11). Este amplio uso de la palabra *parábola* ejemplifica cómo el mismo uso de la palabra en la Biblia hace que las parábolas de Jesús sean muy difíciles de distinguir, definir y contar con precisión.

Entonces, ¿qué significa la declaración de Marcos 4.33–34: «Y sin parábolas no les hablaba»? Esta es una descripción del estilo de enseñanza *pública* de Jesús *solo durante el último año de su ministerio público*. Se refiere al cambio intencional en el estilo de enseñanza que tuvo lugar casi al mismo tiempo que el ministerio de Jesús en Galilea entraba en su fase final. Como se señaló anteriormente, vamos a iniciar el capítulo uno examinando los acontecimientos que provocaron que Jesús adoptara este estilo. Fue un cambio repentino y sorprendente, y las parábolas eran una respuesta a la dureza de corazón, a la incredulidad deliberada y al rechazo. Así que es muy cierto que las parábolas *sí* ayudan a ilustrar y explicar la verdad a la gente sencilla que escucha con corazones fieles. Pero también ocultan la verdad de los oyentes que no creen ni quieren creer, encubriendo cuidadosamente los misterios del reino de Cristo en símbolos familiares e historias sencillas. Esto no es un punto casual. Según su propio testimonio, la razón principal por la que Jesús adoptó súbitamente el estilo de parábolas tenía más que ver con ocultar la verdad a los incrédulos de corazón duro que explicar la verdad a los discípulos con mentes simples. Era el propósito declarado de Jesús que de este modo las «cosas escondidas» se mantuvieran en secreto y sus parábolas mantienen el mismo doble propósito hasta hoy. Si parece que las historias que Jesús contó pueden tener interpretaciones infinitas y por lo tanto, carecer de cualquier significado objetivo discernible, eso es porque para realmente entenderlas se requiere fe, diligencia, exégesis cuidadosa y un deseo genuino de escuchar lo que está diciendo.

También es importante saber que todos los incrédulos carecen de esta capacidad. Las parábolas de Jesús hablan «sabiduría de Dios en misterio, la sabiduría oculta, la cual Dios predestinó antes de los siglos para nuestra gloria, la que ninguno de los príncipes de este siglo conoció; porque si la hubieran conocido, nunca habrían crucificado al Señor de gloria» (1 Corintios 2.7–8). Ningún incrédulo jamás comprenderá los misterios del reino filtrando estas historias a través del tamiz de la sabiduría humana. Las Escrituras son claras en esto. El carnal e incrédulo «que ojo no vio, ni oído oyó, / Ni han subido en corazón de hombre,

/ Son las que Dios ha preparado para los que le aman. *Pero Dios nos las revveló a nosotros por el Espíritu*; porque el Espíritu todo lo escudriña, aun lo profundo de Dios» (1 Corintios 2.9–10, énfasis añadido).

En otras palabras, la fe, movida y habilitada por la obra del Espíritu Santo en nuestros corazones es el requisito previo para la comprensión de las parábolas. Estas historias *sí* tienen significado objetivo. Tienen una intención divina y por lo tanto, tienen una correcta interpretación. Jesús mismo explicó algunas de las parábolas en detalle, y la hermenéutica que Él empleó nos da un modelo a seguir para que aprendamos del resto de sus historias. Pero tenemos que llegar a las parábolas como creyentes, dispuestos a escuchar, no como escépticos con corazones endurecidos contra la verdad.

Algunas definiciones y detalles

En los capítulos que siguen examinaremos solamente una docena de las parábolas más notables de Cristo. Para cubrirlas *todas* con suficiente profundidad se requeriría de varios volúmenes. A lo largo de los Evangelios hay alrededor de cuarenta de ellas. (Un número exacto depende del método de conteo).

Mis comentarios básicos de cualquiera de las parábolas se pueden encontrar en los volúmenes correspondientes de la serie *The MacArthur New Testament Commentary*. Además, hace más de veinticinco años incluí un resumen de siete parábolas con temas del evangelio en un libro importante que examina el mensaje evangelizador de Jesús.[11] Algunas de esas mismas parábolas se incluyen aquí con material nuevo y con más profundidad. A pesar de que la parábola del hijo pródigo es una de las más ricas, memorables e importantes de todas las historias de Jesús, no se incluye en este libro, ya que he escrito un volumen fundamentado en este pasaje.[12] El objetivo de este libro es revelar la profundidad de significado en una muestra representativa de las parábolas de Jesús, y analizar la forma ingeniosa en que Él ilustró verdades vitales con historias cotidianas.

Antes de detenernos a considerar parábolas específicas, sería bueno tener en cuenta el género. ¿Qué es una parábola y en qué se diferencia de otras figuras del lenguaje como metáforas, símiles, fábulas, alegorías y otras? Una parábola no es más que una simple analogía; es un símil o metáfora ampliada que tiene una lección distintivamente espiritual contenida en la analogía. Breves figuras del lenguaje como «tan fuerte como un caballo» o «tan rápido como una liebre» son símiles simples y lo bastante sencillos que no requieren una explicación. Una parábola extiende la comparación en una historia más larga o una metáfora más compleja, y el sentido (siempre apuntando a la verdad espiritual) no es necesariamente obvio. La mayoría de las parábolas de Jesús exigía algún tipo de explicación.

Sin embargo, dar una definición técnica que se adapte a todas las parábolas es muy difícil, en parte debido a la gama de los dichos que se consideran expresamente parábolas en los Evangelios. Por ejemplo, en Mateo 15.15 Pedro le pide a Jesús que explique «esta parábola», que aparece en el versículo 11: «No lo que entra en la boca contamina al hombre; mas lo que sale de la boca, esto contamina al hombre». Estas son, en realidad, un par de proposiciones simples enunciadas como una especie de proverbio. No tienen ninguno de los elementos distintivos de la historia o de la narrativa: no hay trama, no hay personajes, no hay eventos. Sin embargo, las Escrituras lo llaman una parábola, no solo en Mateo 15, sino también en Marcos 7.17.

Por otra parte, en Lucas 4.23 Jesús cita un proverbio: «Médico, cúrate a ti mismo». En el texto griego, la palabra que Cristo usa para referirse a este dicho es *parabolē*, la misma que normalmente se traduce como «parábola».

Obviamente, la idea bíblica de una parábola es más amplia que la mayoría de las definiciones técnicas propuesta por varios comentaristas, y por esto es complicado un conteo exacto de las parábolas bíblicas.

La palabra *parábola* se emplea tres veces en el Antiguo Testamento de la Biblia Reina-Valera 1960: Salmos 78.2 y Ezequiel 17.2; 20.49. La palabra hebrea en estos textos es *mashal*, que puede hacer referencia a un dicho profético, a un proverbio, a una adivinanza, a un discurso, a un poema, a un cuento corto, a una similitud o a casi cualquier tipo de máxima concisa o anécdota. En las Escrituras hebreas, la palabra se usa unas cuarenta veces, generalmente traducida como «proverbio», aunque en Números se traduce como «oráculo» y en el libro de Job como «discurso». Solo en los tres textos del Antiguo Testamento citados anteriormente la palabra en el contexto parece referirse a alguna cosa semejante al tipo de parábolas que decía Jesús.

La palabra griega traducida como «parábola» en los Evangelios sinópticos (Mateo, Marcos y Lucas) es *parabole*, y se encuentra cincuenta veces en cuarenta y ocho versículos del Nuevo Testamento. Dos veces se utiliza en Hebreos con el significado de lenguaje figurado: «Lo cual [el primer tabernáculo] es símbolo [*parabole*] para el tiempo presente» (9.9): «[Abraham creyó] que Dios es poderoso para levantar [a Isaac] aun de entre los muertos, de donde, en sentido figurado [*parabole*]» (11.19).

Las otras cuarenta y ocho apariciones del término en el Nuevo Testamento se encuentran en los sinópticos, donde siempre se traduce «parábola» o «parábolas», en referencia a las historias de Jesús. La palabra viene de dos raíces griegas: *para* («junto a») y *ballō*, («lanzar»). Literalmente, significa «colocar a su lado». Esto indica una comparación entre dos cosas que son similares de alguna manera. La derivación de la palabra *parábola*, por lo tanto, se refiere a la analogía que se establece entre una realidad común y una profunda verdad espiritual. Esta yuxtaposición de cosas comunes a la verdad trascendental es lo más distintivo de una parábola; no la trama, la longitud, la forma, los recursos literarios o el estilo narrativo. Para decirlo de manera más simple posible, una parábola es una figura ilustrativa del lenguaje con el propósito de comparar, específicamente con el fin de enseñar una lección espiritual. Una parábola puede ser larga o corta, puede emplear la metáfora, el símil, el proverbio o algún otro tipo de figura del lenguaje, incluso podría contener elementos de la alegoría pero siempre haciendo una comparación aplicable a alguna verdad en el reino espiritual.

La lección revelada en la comparación siempre es el punto central (y a menudo el *único*) de la parábola. Una parábola no es una alegoría como *El progreso del peregrino*, en la que todos los personajes y prácticamente cada punto de la trama transmite un significado enigmático, pero vital. Las parábolas no deben ser tratadas para conseguir significados secretos. Sus lecciones son sencillas, centradas y sin mucho adorno. (Volveremos a este punto en breve).

Otra importante característica de las parábolas de Jesús es que nunca cuentan con los elementos del mito o de la fantasía. No son en lo absoluto como las fábulas de Esopo, donde las criaturas del bosque personificadas enseñan lecciones morales. Las parábolas de Jesús son creíbles por completo, ilustraciones de la vida real. Todo en ellas pudiera ser verdad.

Así que para nuestros propósitos en este libro, la definición sencilla con la que comencé esta introducción es tan buena como cualquiera otra: *una parábola es una ingeniosa imagen en palabras sencillas con una profunda lección espiritual.*

Aunque Jesús no fue el primero en utilizar esta forma, fue, sin duda, el primero en enseñar tan extensamente con ella. Rabinos principales antes de la época de Cristo habían hecho un escaso uso de las parábolas. Hillel el Viejo, por ejemplo, uno de los más famosos y aun influyentes rabinos de todos los tiempos, vivió una generación antes del nacimiento de Cristo y se dice que habló en ocasiones en parábolas. El *Midrash* es una colección de homilías rabínicas, comentarios, anécdotas y ejemplos que explican diversos textos bíblicos. El texto del *Midrash* data del siglo II A.D., pero incluye algunas parábolas más antiguas que se cree son anteriores al ministerio de Cristo. Sin embargo, lo que está claro es que la enseñanza mediante parábolas aumentó dramáticamente en la tradición rabínica durante y después del tiempo de Jesús.[13] Para contarlas, no había nadie mejor que Él; pronto, otros rabinos adoptaron esa forma.

Las parábolas de Jesús se encuentran solo en los Evangelios sinópticos. Ni una sola se registra en el Evangelio de Juan. En Marcos son escasas, ya que incluye solo seis,**** y solo una de ellas (Marcos 4.26–29) aparece *únicamente* en Marcos. En otras palabras, todas menos una de las parábolas registradas de Jesús se encuentran en Mateo y Lucas.*****

También vale la pena señalar que Mateo y Lucas tienen algunas formas diferentes de narrar las parábolas de Jesús. Mateo relata la historia con toda brevedad refiriéndose solo a los hechos. Las de Lucas, en cambio, tienden a dar a los personajes de las historias más vida y personalidad. Simon J. Kistemaker resume las diferencias estilísticas entre Mateo y Lucas de esta manera:

> Del repositorio de las parábolas de Jesús, Mateo ha seleccionado los que Él presenta en bocetos en blanco y negro. Por ejemplo, el comerciante de perlas es una persona común a quien nos se le da vida. En contraste, las parábolas que Lucas ha seleccionado brillan en su nitidez, son vívidas representación de la vida y tienen un colorido diseño. En estas parábolas las personas hablan, como en el caso del hombre rico que al tener una cosecha abundante, construyó graneros más grandes y mejores (Lucas 12). Incluso, en la parábola de la oveja perdida registrada tanto en Mateo como en Lucas, esta diferencia es obvia. Al encontrar a la oveja perdida, el pastor, lleno de alegría, vuelve a casa y reúne a los amigos y vecinos y les dice: «Gozaos conmigo, porque he encontrado mi oveja que se había perdido» (Lucas 15.6). Mateo se

---

**** Las parábolas que Marcos registra son la del sembrador (4.3–20); el crecimiento de la semilla (vv. 26–29); el grano de mostaza (vv. 30–32); los labradores malvados (12.1–9); la higuera (13.28–32); y el portero (vv. 34–37). Algunos comentaristas incluyen expresiones figuradas en sus listados de parábolas. Las breves figuras del lenguaje no se ajustan necesariamente a la forma clásica de historia que distingue a una verdadera parábola, así que no las he incluido en la lista anterior. Pero vale la pena señalar que hay muchas maneras de contar las parábolas de Marcos. Algunas listas, por ejemplo, incluyen la declaración de Jesús sobre el ayuno cuando el novio está presente (Marcos 2.19–20); el cuadro del vino nuevo en odres nuevos (2.21–22); la lámpara debajo de un almud (4.21) y así sucesivamente. Podría también incluirse el atar al hombre fuerte (3.27) y la sal que se hace insípida (9.50). Es por esto que los listados de las parábolas de Marcos varían generalmente de seis a once parábolas. La amplia divergencia ilustra la imposibilidad práctica de realizar una lista definitiva de todas las parábolas de Jesús, y por esto no he tratado de incluir tal lista en este libro. Una discusión detallada de las sutiles distinciones entre analogías sencillas y parábolas de pleno derecho sería una excelente tesis académica, pero va mucho más allá del alcance de este libro.

***** Algunos dicen que *dos* parábolas son exclusivas de Marcos: la del crecimiento de la semilla (4.26–29) y la del portero (13.34–37). Pero este último texto es simplemente un registro abreviado de la misma parábola dicha en Mateo 24.42–51.

limita a registrar que el hombre estaba feliz (Mateo 18.13). Al parecer, Mateo está tomando sus fotos en blanco y negro, mientras que Lucas utiliza color.[14]

De ninguna manera esto indica que el enfoque de Mateo sea inferior o menos inspirado que el de Lucas. Un dato a tener en cuenta acerca de las parábolas de Jesús es que son simples en propósito, y las lecciones que enseñan tampoco son complicadas. Hemos considerado este hecho antes cuando estábamos teniendo en cuenta las diferencias entre la parábola y la alegoría. Pero la cuestión es demasiado importante como para pasar tan rápido por ella y es una buena nota con la cual terminar esta introducción:

El simbolismo en las parábolas de Jesús nunca está densamente estratificado y rara vez es multidimensional. En la mayoría de los casos, las parábolas destacan un simple punto. Tratar de encontrarle sentido a cada elemento de la historia es un ejercicio de mala hermenéutica. Incluso, las parábolas más detalladas (como la del buen samaritano y la del hijo pródigo) generalmente enseñan lecciones no complicadas y fáciles de entender. Los detalles en la historia no deben ser cargados de significado espiritual. Por ejemplo, el aceite y el vino del buen samaritano utilizado para curar las heridas del viajero (Lucas 10.34) no tienen necesariamente significado simbólico o espiritual más allá de mostrar que el samaritano le dio al hombre un cuidado compasivo y que hacerlo le tomó tiempo. Tampoco hay necesidad de añadirle algún significado espiritual secreto a la frase: «las algarrobas que comían los cerdos» en la parábola del hijo pródigo (Lucas 15.16). Ese detalle se da porque muestra claramente en pocas palabras hasta dónde había caído el muchacho en la pobreza absoluta de un estilo de vida profano y degradante.

Una vez más, lo importante en cada parábola es la lección central, y en aquellos casos en que el simbolismo es más complejo (por ejemplo, la parábola del sembrador y la de la cizaña), Jesús casi siempre nos explica cuál es el simbolismo.

Al estudiar juntos las parábolas de Jesús a continuación, comprometámonos a ser verdaderos discípulos, buscando cuidadosamente la sabiduría y el conocimiento con corazones obedientes. Las lecciones que Cristo ha incorporado en sus imágenes verbales son en realidad profundas y bien merecen nuestra atención. Como Jesús dijo en privado a los primeros discípulos: «Bienaventurados los ojos que ven lo que vosotros veis; porque os digo que muchos profetas y reyes desearon ver lo que vosotros veis, y no lo vieron; y oír lo que oís, y no lo oyeron» (Lucas 10.23–24). Entrelazada en estas historias, entonces, está una promesa de bendición para el que entiende la verdad y la enseña.

El Salvador... sabía lo que quería decir cuando hablaba. Algunas personas, cuando hablan, no saben lo que dicen; y cuando un hombre no se hace entender lo que quiere decir, por lo general es porque él mismo no sabe el significado de lo que dice. El habla confusa suele ser el resultado de un pensamiento confuso. Si los hombres piensan en nubes, van a predicar de las nubes; pero el Salvador nunca habló en ese estilo que fue una vez tan común en nuestros púlpitos; un estilo importado de Alemania y que era demasiado turbio y nebuloso, aunque algunos pensaron que era maravillosamente profundo y marcada intelectualidad.

Sin embargo, no hay ni una sola oración de este tipo en toda la enseñanza de Cristo. Él era el más claro, más directo y más abierto de todos los oradores. Sabía lo que quería decir y sus oyentes también lo sabían.

Es cierto que los judíos de su época no comprendieron algunas de sus enseñanzas, pero esto se debía a que la ceguera judicial había caído sobre ellos. La culpa no estaba en la luz, sino en los ojos nublados de ellos.

Vaya a su enseñanza y vea si alguien más ha hablado de manera tan simple como Él lo hizo. Un niño puede entender sus parábolas. Hay en ellas verdades ocultas que son un misterio incluso para los discípulos personalmente por Cristo; pero Cristo nunca desconcertó a sus oyentes. Él les hablaba como un niño... Él nunca dejó a un lado la simplicidad de la infancia, a pesar de que tenía toda la dignidad de la hombría totalmente desarrollada.

Él siempre manifestaba sus sentimientos y lo que pensaba. Jesús
habló de lo que estaba en su mente en simple y claro lenguaje que los
más pobres de los pobres, y los más bajos de los bajos, estaban ansiosos
por escucharle.

Charles Haddon Spurgeon[15]

1

Un día siniestro en Galilea

Porque a vosotros os es dado saber los misterios del reino de los cielos; mas a ellos no les es dado.

—Mateo 13.11

Un día muy ocupado casi al final del segundo año de su ministerio público, Jesús tuvo un encuentro con algunos fariseos hostiles y, de repente, todo el carácter de su enseñanza cambió. Ya no predicó sermones sencillos salpicados con textos proféticos clave del Antiguo Testamento. A partir de entonces, cada vez que enseñó públicamente, habló en parábolas. Tal cambio brusco en su estilo de enseñanza fue un presagio de juicio contra la élite religiosa de Israel y todos los que siguieron su ejemplo.

Los fariseos y el sábado

Mateo presenta el punto decisivo en el cambio de ministerio público de Jesús al narrar una serie de conflictos muy públicos provocados por los líderes religiosos judíos que estaban ansiosos por desacreditar a Jesús.

La principal lucha que eligieron tener con Jesús fue acerca de la correcta observancia del sábado, símbolo del sistema legalista de ellos. Los fariseos se consideraban especialistas y agentes del orden público cuando se trataba de la estricta observancia del sábado. Ellos habían superpuesto a los inspirados estatutos acerca del sábado en el Antiguo Testamento una larga lista de detalladas restricciones humanas. Hicieron de esto su tema distintivo y eran esforzados en sus intentos de imponer un extremadamente riguroso sabatismo en toda la nación.

Evidentemente, la justificación original de los fariseos era que para evitar infracciones negligentes o accidentales en el día de reposo, lo mejor era prohibir todo lo dudoso y restringir las actividades del sábado al inventario más elemental de necesidades absolutas. Fuera cual fuera su objetivo original, ellos habían convertido el sábado en una contrariedad opresiva. Peor aún, de su rígido sistema habían hecho un asunto de inmenso orgullo para ellos y un arma de maltrato con la que atormentaban a otros. El día de «descanso» se convirtió en una de las más onerosas pruebas de una larga lista de «cargas pesadas y difíciles de llevar» que los fariseos estaban decididos a imponer sobre los hombros de los demás (Mateo 23.4).

La observancia del sábado en el Antiguo Testamento desde su principio no se suponía que fuera gravoso; su propósito era exactamente lo contrario: que fuera una «delicia» (Isaías 58.13) y un respiro para la gente cansada. Los mandamientos canónicos con respecto al sábado eran minuciosos pero bien definidos. El séptimo día se reservó como un recordatorio gentil y semanal al hecho que la humanidad tiene una llamado a entrar en el reposo del Señor (Hebreos 4.4–11). Las Escrituras presentan este tema desde el principio. Es la corona y culminación de la historia de la creación: «Fueron, pues, acabados los cielos y la tierra, y todo el ejército de ellos. Y *acabó* Dios en el día séptimo la obra que hizo; y *reposó* el día séptimo de toda la obra que hizo. Y *bendijo* Dios al día séptimo, y lo *santificó*, porque en él reposó de toda la obra que había hecho en la creación» (Génesis 2.1–3, énfasis añadido).

Es significativa en este pasaje la progresión de los verbos. Cuando Dios terminó su obra creadora, descansó. No porque necesitara alivio o recuperación, sino porque su obra estaba terminada.* A continuación declaró el sábado santo, como un favor hacia la humanidad. El trabajo es algo pesado. Este es un resultado que la maldición del pecado de la humanidad trajo sobre toda la creación (Génesis 3.17–19). Por otra parte, un hombre abandonado a sí mismo va a descubrir que «esto es vanidad, y duro trabajo» (Eclesiastés 4.8). El sábado es una celebración de la obra terminada *del Señor*, y se insta a toda la humanidad a entrar en el reposo del Señor. Esta verdad fue mostrada por primera vez en el propio descanso del Señor en el último día de la semana de la creación. Pero la gloria del sábado fue finalmente dada a conocer en la obra terminada de Cristo (Juan 19.30).**

Así que el sábado es de vital importancia en la historia bíblica de la redención. Se supone que es un recordatorio semanal de la gracia de Dios, que siempre está en marcado contraste con el quehacer humano.

En la ley de Moisés se incluyó un número de preceptos que rigen la observancia del sábado. Sin embargo, la instrucción principal a recordar y santificar el día de reposo es el cuarto de los Diez Mandamientos. Este es el último mandamiento en la primera tabla del Decálogo. (La primera tabla presenta los que definen nuestro deber con respecto a Dios. La segunda, que abarca del quinto al décimo, se refieren a nuestro deber con respecto a nuestro prójimo).

Considerando los cuatro versículos completos en Éxodo 20, el cuarto mandamiento es el más largo del Decálogo. (El segundo tiene tres versículos de largo. Los otros ocho están expresados en un solo

---

* «He aquí, no se adormecerá ni dormirá el que guarda a Israel» (Salmos 121.4). «¿No has sabido, no has oído que el Dios eterno es Jehová, el cual creó los confines de la tierra? No desfallece, ni se fatiga con cansancio, y su entendimiento no hay quien lo alcance» (Isaías 40.28).

** Esto explica por qué Colosenses 2.16 incluye la observancia formal del día de reposo en un listado de las ceremonias del Antiguo Testamento que no son obligatorias para los cristianos. Tales cosas eran «sombra de lo que ha de venir; pero el cuerpo es de Cristo» (v. 17). Todo lo que el día de reposo significaba se ha cumplido completamente en la obra consumada de Cristo. Por esto el apóstol Pablo indica que es legítimo juzgar iguales todos los días (Romanos 14.5). Para el cristiano, cada día es una celebración del principio del día de reposo. Hemos entrado en el reposo espiritual provisto para nosotros por la obra consumada de Cristo (Hebreos 4.10-11). En otras palabras, cuando Jesús declaró: «El Hijo del Hombre es Señor aun del día de reposo» (Lucas 6.5) y «yo os haré descansar» (Mateo 11.28), no solo estaba repudiando las reglas creadas por los fariseos sobre el sábado y afirmando su propia deidad, sino que también estaba recalcando el cumplimiento final de que todo lo que el sábado ofrecía a la humanidad se encontraba en el reposo del alma que confía en la obra consumada de Cristo.

versículo cada uno). Pero a pesar de su extraordinaria longitud, la ordenanza a guardar el sábado como día de reposo no es de por sí compleja. Dice simplemente:

> Seis días trabajarás, y harás toda tu obra; mas el séptimo día es reposo para Jehová tu Dios; no hagas en él obra alguna, tú, ni tu hijo, ni tu hija, ni tu siervo, ni tu criada, ni tu bestia, ni tu extranjero que está dentro de tus puertas. Porque en seis días hizo Jehová los cielos y la tierra, el mar, y todas las cosas que en ellos hay, y reposó en el séptimo día; por tanto, Jehová bendijo el día de reposo y lo santificó. (Éxodo 20.9–11)

Observe que la palabrería inusual del cuarto mandamiento se debe al hecho de que se prohíbe expresamente que terratenientes y jefes de familia eludan la restricción al hacer que otros trabajen por ellos. Todas estas salidas son cerradas. Y en seguida, el texto da la base bíblica y doctrinal para el mandamiento, haciendo hincapié en cómo el sábado es figura de entrar en el reposo *de Dios*.

Aparte de esto, el cuarto mandamiento es simple. Lo que estaba prohibido en el sábado era el *trabajo*, concretamente la fatiga de la vida diaria. Todo trabajo se debía suspender; incluso las bestias de carga estaban exentas de trabajar ese día dedicado al descanso. El sábado era un regalo y una bendición de Dios a su pueblo, para que la vida terrenal no pareciera una larga, ininterrumpida y ardua rutina.

Israel pecó en repetidas ocasiones a lo largo de su historia al ignorar los sábados y permitir hacer negocios como siempre durante el final de semana. Esta negligencia fue motivada tanto por un deseo de ganancia financiera como por pura indiferencia acerca de las cosas espirituales, apostasía, idolatría o alguna combinación siniestra de estas. Nehemías 13.15–22 describe la lucha de Nehemías para lograr que el pueblo de su época observara el día de reposo. Y Jeremías 17.21–27 es un registro de la súplica de Jeremías a los ciudadanos de Jerusalén para que descansaran en el sábado. Ellos se negaron y Jeremías recibió un mensaje profético del Señor amenazando con la destrucción de la ciudad si el pueblo no se arrepentía de profanar el día de reposo.

Sin embargo, para la época de Jesús, el péndulo había oscilado hasta irse al extremo opuesto, gracias a la predicación y a la politiquería de los fariseos. Al pueblo de Israel se le obligaba a observar el sábado mediante el código más estricto posible, supuestamente para honrar a Dios, aunque sin el gozo y la gratitud que deseaba el Señor, por obligación y bajo la estricta supervisión de los fariseos. El sábado se convirtió en una *tarea* impuesta, molesta y legalista, un ritual engorroso en lugar de un verdadero día de descanso. Las personas vivían con el temor de que si accidentalmente violaban o descuidaban alguna regla trivial del sábado, serían reprendidos por los fariseos, quizá amenazándoles con la excomunión o en el peor de los casos, la lapidación. Esto es precisamente lo que ocurrió con Jesús y sus discípulos.

El conflicto de Jesús con la élite religiosa

Mateo 12 comienza con una gran confrontación provocada por un escuadrón encargado del cumplimiento farisaico del sábado. Al sentir hambre, los discípulos arrancaron algunas espigas para comer mientras caminaban por un campo de trigo o cebada en sábado. Los fariseos estaban en pie de guerra y contendieron con Jesús sobre lo que sus discípulos habían hecho (Mateo 12.1–2). De acuerdo con las reglas de los fariseos, aun arrancar un puñado de grano de manera informal era una forma de espigar y por lo tanto, un trabajo. Este era precisamente el tipo de acto al parecer intrascendente que los fariseos de manera habitual perseguían, convirtiendo aun las necesidades básicas de la vida en mil tabúes sabáticos que no habían sido establecidos en las Escrituras. El sistema de los fariseos era un verdadero campo minado para la persona promedio.

Jesús respondió al mostrar la necedad de una regla que prohíbe cubrir una necesidad humana en un día reservado para beneficio de la humanidad: «El día de reposo fue hecho por causa del hombre, y no el hombre por causa del día de reposo» (Marcos 2.27). Y reprendió a los fariseos por condenar a los inocentes, agregando luego la famosa declaración de su autoridad divina: «El Hijo del Hombre es Señor del día de reposo» (Mateo 12.8).

Los fariseos se enfurecieron. Pero no dejaron de desafiar al Señor con el sábado.

En Lucas 6.6 leemos: «Aconteció también en otro día de reposo, que él entró en la sinagoga y enseñaba; y estaba allí un hombre que tenía seca la mano derecha». De nuevo, allí estaban los fariseos, dispuestos a intensificar el conflicto sobre el sábado. Señalando al hombre con la mano seca, le ofrecieron a Jesús la oportunidad de quebrantar sus reglas del sábado en presencia de muchos testigos. «Y preguntaron a Jesús, para poder acusarle: ¿Es lícito sanar en el día de reposo?» (Mateo 12.10). Habían visto a Jesús hacer milagros muchas veces antes y sabían que tenía poder sobre cualquiera enfermedad. También habían visto, una y otra vez, sobradas pruebas de que Él era el Mesías prometido.

Pero no era el tipo de Mesías que siempre habían esperado. Jesús se opuso abiertamente a su cúmulo de tradiciones religiosas hechas por el hombre. Con valentía desafió la autoridad de ellos y reclamó la autoridad suprema para sí mismo. Los fariseos sabían que si Él tomaba su lugar legítimo en el trono como el Mesías de Israel, desbarataría su estatus y pondría fin a su influencia sobre el pueblo. En un cónclave secreto para discutir qué hacer con Jesús, ellos admitieron abiertamente cuál era el verdadero problema. Estaban preocupados por la pérdida de su propio poder y estatus político: «Si le dejamos así, todos creerán en él; y vendrán los romanos, y destruirán nuestro lugar santo y nuestra nación» (Juan 11.48). Ellos ya estaban perdiendo el favor de los ciudadanos comunes y corrientes de Galilea.

No es de extrañar que «gran multitud del pueblo le oía [a Jesús] de buena gana» (Marcos 12.37). Pero el odio ciego de los líderes religiosos era tal que en verdad no les importaba si sus credenciales mesiánicas eran legítimas o no; estaban decididos a disuadir a la gente de ir en pos de Él, sin importar lo que hiciera falta.

Así que cuando Jesús respondió a su desafío sanando al instante al hombre de la mano seca, los fariseos salieron de la sinagoga a tener una de esas reuniones privadas, consultando unos con otros acerca de lo que podrían hacer con Él. El objetivo final de ellos era ya claro: «Y salidos los fariseos, tuvieron consejo contra Jesús para destruirle» (Mateo 12.14). El odio de todo el régimen religioso con sede en Jerusalén había llegado literalmente a un nivel criminal, y Jesús sabía sus intenciones. Por lo tanto, porque su hora aún no había llegado, de inmediato comenzó a ser más discreto en sus movimientos y más reservado en su ministerio público. Mateo afirma: «Sabiendo esto Jesús [la intención de ellos de destruirle], se apartó de allí; y le siguió mucha gente, y sanaba a todos, y les encargaba rigurosamente que no le descubriesen» (Mateo 12.15–16).

Mateo sigue su relato de los conflictos del sábado con una cita de Isaías 42.1–4:

> He aquí mi siervo, a quien he escogido;
> Mi Amado, en quien se agrada mi alma;
> Pondré mi Espíritu sobre él,
> Y a los gentiles anunciará juicio.
> No contenderá, ni voceará,
> Ni nadie oirá en las calles su voz.
> La caña cascada no quebrará,
> Y el pábilo que humea no apagará,
> Hasta que saque a victoria el juicio.
> Y en su nombre esperarán los gentiles. (Mateo 12.18–21)

El mensaje de Mateo (como el de Isaías) es contrario a todas las expectativas: el Mesías de Israel no iba a llegar a la escena como un conquistador militar o una poderosa figura política, sino de una manera suave y tranquila. La «caña cascada» se refiere a un instrumento musical hecho a mano, un tubo o flauta fabricado del espesor del tallo de una planta que crecía en la orilla del agua. Cuando la flauta se volvía demasiado gastada o incapaz de producir música, se partía en dos y se desechaba. El «pábilo que humeare» se refiere a una mecha de lámpara que ya no podía sostener una llama y por lo tanto, era inútil para dar luz. Una mecha humeante normalmente se apagaba para recortar el borde quemado con el fin de que la lámpara fuera eficiente de nuevo.

La caña cascada y el pábilo humeante en la profecía de Isaías son simbólicos de las personas heridas y disfuncionales. En lugar de rechazar y desechar a los parias, el Mesías de Israel los aceptaría, les enseñaría, los sanaría y les ministraría. Incluso los gentiles aprenderían a confiar en Él.

Esa profecía de Isaías es el puente entre el relato de Mateo de estas dos controversias sabáticas y el conflicto explosivo que domina la segunda mitad de Mateo 12. Los escritores de los cuatro Evangelios a veces organizan las anécdotas del ministerio terrenal de Jesús por temas en lugar de en orden cronológico. Cada vez que se dan pistas de tiempo, estas son importantes, pero en ocasiones la relación cronológica entre un incidente y el siguiente no es crucial y por lo tanto no se registra en el texto. Este es el caso entre la primera y la segunda mitad de Mateo 12. La recogida de espigas, seguida de la sanidad del hombre de la mano seca, se registran como si se hubieran producido en rápida sucesión. Los dos incidentes son narrados en estrecha secuencia, no solo en Mateo 12, sino también en Marcos 2.23—3.5 y en Lucas 6.1–11. Pero Lucas 6.6 deja claro que los dos incidentes ocurrieron en diferentes sábados. Marcos y Lucas inmediatamente siguen su narración de estos incidentes con el registro de Jesús llamando a los doce, por lo que los dos conflictos del sábado parecen haber ocurrido temprano en el ministerio de Jesús en Galilea.

Mateo se preocupa más por el tema que por la cronología y su punto central en el capítulo 12 es mostrar cómo las controversias del sábado provocaron en los líderes religiosos judíos una hostilidad extrema hacia Jesús. El absoluto desprecio que sentían hacia Jesús finalmente culminó con la determinación de acabar con Él, una intención que sellaron con una blasfemia imperdonable.

En Mateo 12.22–37 se relata la blasfemia impactante y la respuesta de Jesús. Este incidente se convirtió en el colmo que provocó que Jesús cambiara su estilo de enseñanza. Al poner en orden cronológico todos los relatos del evangelio, sabemos que esto ocurrió varios meses después de los dos sábados a que hemos hecho referencia. Por lo tanto, la palabra *entonces* al comienzo del versículo 22 nos lleva de la profecía de Isaías a un nuevo día, cerca del final del ministerio de Jesús en Galilea. Este fue un día crucial en más de un sentido. De hecho, este es uno de los días más exhaustivamente documentados del ministerio de Jesús en Galilea.

Una sanidad y liberación notables

El día comenzó complicado cuando se presentó a Jesús un hombre urgentemente necesitado; uno de los casos más complejo, desgarrador y al parecer imposible de la miseria humana. Un caso mucho más difícil que el del hombre con una mano seca. El *alma* de este pobre hombre se estaba marchitando. No solo era una gran necesidad de sanidad física; él también estaba en servidumbre permanente de algún espíritu maligno. Era precisamente el tipo de caña cascada y pábilo humeante mostrado en la profecía de Isaías.

Mateo lo describe así: «Entonces fue traído a él un endemoniado, ciego y mudo» (Mateo 12.22). Aquí estaba la personificación viviente de los que «tienen necesidad de médico [...] los enfermos» (Marcos 2.17). El hombre era incapaz de ver, incapaz de comunicarse y, peor aún, estaba atrapado en esclavitud a un poderoso demonio. Los mejores médicos y doctores en teología trabajando juntos no podrían haberlo ayudado por algún medio conocido por ellos. ¿Qué podría ser más desesperado o más urgente?

Las Escrituras relatan con lenguaje muy sencillo y nada sensacional lo que hizo Jesús: «le sanó, de tal manera que el ciego y mudo veía y hablaba» (Mateo 12.22). No hubo demora ni período de rehabilitación. Esta fue una liberación completa e instantánea. Fue sin duda un acto de Dios, uno de los ejemplos más increíblemente gloriosos del poder de Jesús, tanto para sanar como para echar fuera demonios.

Sin embargo, Mateo presta poca atención a los detalles del milagro mismo. Esto es porque lo que es más notable en este incidente en particular es la secuela que tuvo. Por supuesto, ya Jesús había realizado un sinnúmero de milagros de sanidad y liberación por toda Galilea. Como dice Marcos: «Porque había sanado a muchos; de manera que por tocarle, cuantos tenían plagas caían sobre él. Y los espíritus inmundos, al verle, se postraban delante de él, y daban voces, diciendo: Tú eres el Hijo de Dios» (Marcos 3.10–11). Innumerables personas ya habían visto a Jesús sanar y liberar a individuos. No había ninguna duda acerca de la fuente de su poder. También los demonios daban testimonio de que Jesús era el Hijo de Dios.

Marcos añade que las personas que se agolpaban en torno a Jesús incluían a muchos de los que habían venido de todas partes de Galilea y sus regiones fronterizas, específicamente, de Siria al norte; de Decápolis y Perea al este; y de Jerusalén y Judea al sur. En palabras de Mateo:

> Y recorrió Jesús toda Galilea, enseñando en las sinagogas de ellos, y predicando el evangelio del reino, y sanando toda enfermedad y toda dolencia en el pueblo. Y se difundió su fama por toda Siria; y *le trajeron todos los que tenían dolencias, los afligidos por diversas enfermedades y tormentos, los endemoniados, lunáticos y paralíticos; y los sanó.* Y le siguió mucha gente de Galilea, de Decápolis, de Jerusalén, de Judea y del otro lado del Jordán. (Mateo 4.23–25, énfasis añadido)

Este espectáculo de milagros se convirtió en la principal razón para que tantas personas quisieran estar en la presencia de Jesús (Juan 6.2). Los milagros no se realizaron en una esquina o solo en raras ocasiones. No eran la clase de dolencias vagas e invisibles en las que los falsos sanadores de hoy día parecen especializarse. Tampoco hubo escasez de confirmaciones por testigos presenciales del poder de Jesús. Sanidades dramáticas y otros milagros eran sucesos comunes para los que lo seguían de cerca.

Sin embargo, otra vez la característica más notable de *esta* sanidad fue la respuesta de los líderes religiosos. Marcos indica que ellos eran «los escribas que habían venido de Jerusalén» (Marcos 3.22). Estos no eran fariseos comunes, sino los eruditos religiosos principales en todo

Israel, la aristocracia sacerdotal. Habían hecho el viaje de cuatro días de Jerusalén a Galilea, al parecer con la tarea específica de encontrar a Jesús en alguna falta. Recuerde que según Mateo 12.14, ya habían conspirado en secreto para matarlo. Esta era la primera fase de la conspiración que finalmente culminó con su muerte en la cruz.

La sanidad instantánea de este endemoniado frente a una multitud de testigos oculares era claramente un impedimento para la estrategia de los fariseos. La gente ya estaba respondiendo con admiración y sorpresa, diciendo en voz alta: «¿Será éste aquel Hijo de David?» (Mateo 12.23). La multitud parecía estar a punto de tratar de hacerlo su rey por la fuerza (cp. Juan 6.15).

Los jefes de los fariseos respondieron rápidamente: «Este no echa fuera los demonios sino por Beelzebú, príncipe de los demonios» (Mateo 12.24).

Este fue el momento preciso en que todo cambió. Lo que inmediatamente sigue en Mateo 12 es un corto discurso que culmina con esta advertencia sobre el pecado imperdonable: «A cualquiera que dijere alguna palabra contra el Hijo del Hombre, le será perdonado; pero al que hable contra el Espíritu Santo, no le será perdonado, ni en este siglo ni en el venidero» (v. 32).

El pecado imperdonable

Las palabras de Jesús, como siempre, deben leerse con mucha atención. Él no estaba diciendo que todas y cada una de las blasfemias invocando el nombre del Espíritu Santo son imperdonables. No estaba anunciando que hay una cierta categoría amplia y ambiguamente definida de transgresiones imperdonables que necesitamos para vivir temerosos de que, ya sea por descuido o accidentalmente, hablemos palabras que nos sitúan para siempre más allá del alcance de la gracia divina. De hecho, Jesús dijo específicamente: «Todo pecado y blasfemia será perdonado a los hombres; [excepto] la blasfemia contra el Espíritu no les será perdonada» (Mateo 12.31, énfasis añadido). De modo que su solemne advertencia

11

sobre este extraordinario acto de blasfemia imperdonable estuvo precedida por una amplia declaración afirmando que cualquier otro tipo imaginable de «pecado y blasfemia» es perdonable.

Claro que Jesús no estaba diciendo que el pecado de alguien es perdonado automáticamente sin tener en cuenta si la persona se arrepiente y cree o no. Todo pecado es condenable, siempre y cuando el pecador permanezca impenitente e incrédulo. «El que en él cree, no es condenado; pero el que no cree, ya ha sido condenado, porque no ha creído en el nombre del unigénito Hijo de Dios» (Juan 3.18).

Pero incluso el más vil pecado es *perdonable* y perdón completo está garantizado para todo pecador que renuncia a su amor al pecado y se vuelve a Cristo como Salvador. «Si confesamos nuestros pecados, él es fiel y justo para perdonar nuestros pecados, y limpiarnos de *toda* maldad» (1 Juan 1.9, énfasis añadido). En otras palabras, cuando estamos de acuerdo con Dios acerca de nuestra propia culpa, la sangre expiatoria de Cristo nos limpia de toda clase de pecado o blasfemia, no importa cuán abominable sea. Jesús mismo hizo esta promesa: «De cierto, de cierto os digo: El que oye mi palabra, y cree al que me envió, tiene vida eterna; y no vendrá a condenación, mas ha pasado de muerte a vida» (Juan 5.24). No obstante, un pecado muy específico es instantánea y permanentemente condenable. Cada detalle de la declaración de Jesús sobre el pecado imperdonable deja claro que Él está hablando de una singular, flagrante maliciosa y deliberada manera malvada de blasfemia: «*la* blasfemia contra el Espíritu» (Mateo 12.31, énfasis añadido). El artículo definitivo es decisivo. Hay un contraste claro y significativo entre «todo [otro] pecado y blasfemia» y este pecado en particular que «no le será perdonado, ni en este siglo ni en el venidero» (v. 32).

El contexto de Mateo 12 indica claramente a lo que Jesús se refería. Esta era la blasfemia que acababa de decir este grupo de hipócritas religiosos.

Los fariseos mismos realmente no creían, ni podían hacerlo, en su propia estratagema. Después de todo, ellos estaban ante la misma presencia de Cristo cuando Él manifestó su poder y gloria. Ellos nunca negaron sus milagros. Y allí estaban como testigos presenciales de otra maravilla indiscutible hecha por Jesús. Sabían claramente toda la verdad sobre Él, pero aun así lo rechazaron; además, intentaron activamente de apartar a otros de Él. Aún peor, trataron de desacreditarlo con una blasfemia alegando que sus milagros eran posibles por el poder de Satanás.

La intencional dureza de corazón del pecado de los fariseos es el principal factor que lo hizo imperdonable. ¿Por qué le dieron el mérito a Satanás por lo que Jesús había hecho por medio del poder del Espíritu Santo? Ellos lo habían visto vencer los demonios. Ellos comprendieron plenamente quién era Jesús y con qué autoridad hablaba y actuaba (Juan 11.47–48; 12.9; Lucas 6.10–11; Hechos 4.16); sin embargo, ellos lo odiaban con un odio diabólico. Está claro que mentían cuando decían que *Él* era diabólico.

Jesús estaba hablando directamente a ellos cuando dijo: «¡Generación de víboras! [...] por tus palabras serás condenado» (Mateo 12.34, 37). Esta fue su final e impresionante respuesta a esos mentirosos y blasfemos farsantes religiosos. El pecado de ellos era tan atroz y tan aborrecible que Jesús de inmediato los condenó para siempre. En esencia, Él le dio a la multitud una vista previa de la sentencia definitiva de sus acusadores. Aquel a quien se le ha dado todo el juicio (Juan 5.22) pronunció formalmente el veredicto de culpables. Su veredicto en contra de ellos se dictó de manera pública, enfática y con finalidad absoluta. Desde ahora estaban marcados para siempre a la oscuridad y a la dureza de corazón que habían elegido para sí mismos.

¿Por qué fue la declaración de ellos un delito tan grave contra el Espíritu Santo? Por un lado, la sanidad del endemoniado era tanto una obra del Espíritu Santo como una obra de Cristo. Todos los milagros de Jesús se hicieron de acuerdo con la voluntad del Padre mediante el poder del Espíritu Santo (Lucas 4.14; Juan 5.19, 30; 8.28; Hechos 10.38). Por lo tanto, atribuir milagros de nuestro Señor a Satanás era dar mérito a Satanás por la obra del Espíritu Santo. Porque sabían bien que el insulto abominable de los fariseos era una directa, deliberada y diabólica blasfemia contra el Espíritu de Dios.

Además, el Espíritu Santo es el que confirma el testimonio de Cristo y el que hace que su verdad sea conocida (Juan 15.26; 16.14–15). «Y el Espíritu es el que da testimonio; porque el Espíritu es la verdad» (1 Juan 5.6). Para los que tienen oídos para oír, el testimonio del Espíritu Santo acerca de Cristo era estruendosa y definitivamente el polo opuesto de lo que estos fariseos afirmaban. Una vez más: *los fariseos sabían esto*. Las señales y milagros que habían visto eran reales e incontrovertibles. Ellos emitieron su blasfemia con plena conciencia de que se oponían a Dios, mintiendo sobre su siervo ungido y blasfemando su Espíritu Santo.

Para ellos, ya no había esperanza, «ni en este siglo ni en el venidero» (Mateo 12.32). Habían deliberadamente cerrado sus ojos y sus oídos a la verdad por mucho tiempo. Al rechazar el testimonio más poderoso posible de la verdad, eligieron en su lugar una mentira. Después de esto, Jesús perentoriamente ocultaría la verdad de ellos por el uso de las parábolas en su enseñanza pública.

El día crucial continúa

El día todavía no se acababa. En Marcos 4.35, sobre este mismo período de veinticuatro horas, leemos: «Aquel día, cuando llegó la noche, les dijo: Pasemos al otro lado».*** Esta fue la noche en que Jesús calmó una tormenta en el mar de Galilea. Más tarde aún, cuando «vinieron al otro lado del mar» (5.1), Él liberó a dos endemoniados que vivían entre las tumbas allí al enviar los demonios a una piara de cerdos que se ahogaron después de haberse precipitado al mar (Mateo 8.28–34).****

Pero lo crucial de ese día fue enseñar a las multitudes, y ese mismo día Jesús comenzó a hablarles en parábolas.

*** «Se le llama "el día ocupado" no porque fuera el único, sino porque de ese día se narra tanto que sirve como una muestra de muchos otros días repletos al máximo de estrés y tensión». Archibald Thomas Robertson, *Word Pictures in the New Testament*, 6 vols. (Nashville: Broadman, 1930), 1: p. 100.

**** En el relato de Mateo no se nos da un estricto orden cronológico, pero la declaración en Marcos 4.35 deja claro que el aquietamiento de la tormenta se produjo «aquel día, cuando llegó la noche». Entonces la secuencia tanto en Marcos 4–5 como en Mateo 8 indica que la liberación de los dos endemoniados también ocurrió inmediatamente después de que la tormenta se había calmado y la barca de los discípulos había llegado a su destino.

Mateo 13.3 marca el punto en el Evangelio de Mateo donde Jesús comenzó a enseñar en parábolas. La primera parábola que Mateo registra es la del sembrador, seguida de una explicación privada de la parábola por Jesús. (Vamos a examinarla en el capítulo que sigue). Mateo 13 pasa a registrar otras parábolas clave sobre el reino de los cielos. Luego, en un muy estrecho paralelo con Marcos 4.33–34, Mateo 13.34–35 expresa: «Todo esto habló Jesús por parábolas a la gente, y sin parábolas no les hablaba; para que se cumpliese lo dicho por el profeta, cuando dijo: Abriré en parábolas mi boca; declararé cosas escondidas desde la fundación del mundo».

Al rechazar deliberadamente la verdad, los enemigos declarados de Cristo perdieron el privilegio de escuchar más verdades simples de sus labios. Esto es precisamente lo que Jesús quiso decir cuando afirmó: «porque a todo el que tiene, se le dará; y a todo el que no tiene, aun lo que piensa tener se le quitará» (Lucas 8.18).

El cambio en el estilo de enseñanza de Jesús fue inmediato y drástico. Todo lo que Él enseñó en público desde ese día se ocultó a todos, salvo aquellos con oídos dispuestos a escuchar.

2

Una lección acerca de la recepción de la Palabra

El que tiene oídos para oír, oiga.

—Lucas 8.8

El enfrentamiento decisivo con los principales fariseos había tenido lugar en la casa de alguien cerca de la costa del Mar de Galilea. Poco después que la disputa terminó, Mateo 13.1–2 dice: «*Aquel día* salió Jesús de la casa y se sentó junto al mar. Y se le juntó mucha gente; y entrando él en la barca, se sentó, y toda la gente estaba en la playa» (énfasis añadido). Describiendo el mismo suceso, Lucas también destaca el tamaño y la diversidad de la multitud que se reunió: «Juntándose una gran multitud, y los que de cada ciudad venían a él» (Lucas 8.4).

Dos veces Jesús alimentó a miles de sus seguidores. Los conteos oficiales solían incluir solo a los hombres adultos, por lo que las multitudes en realidad podrían haber sido el doble del número dado. No importa cómo se contaran, sabemos que Jesús atrajo a multitudes de personas, todas tratando de llegar lo más cerca posible a Él. La manera más segura para que Jesús enseñara sin ser aplastado por la gente era entrando en una pequeña barca de pesca y separarla de la costa. (Por lo general los rabinos enseñaban sentados, así que no había nada inusual en el hecho de que Él adoptara también esa posición). Las multitudes se alinearían en la orilla para escuchar. Las colinas que dominan partes de la costa de Galilea formarían una especie de concha acústica natural para que con la ayuda de aun una leve brisa, la voz de Jesús llegara a todos para que pudieran oírlo claramente.

Pero a partir de este momento, solo los que estuvieran dispuestos a escuchar fielmente captarían el mensaje.

Una historia sorprendentemente simple

En esta ocasión, Jesús comenzó con una historia que habría sido inmediatamente familiar a todo el que escuchaba. De hecho, desde este lugar en la orilla del Mar de Galilea podrían haber sido capaces de ver una escena que precisamente coincidía con lo que Jesús estaba diciendo:

> El sembrador salió a sembrar su semilla; y mientras sembraba, una parte cayó junto al camino, y fue hollada, y las aves del cielo la comieron. Otra parte cayó sobre la piedra; y nacida, se secó, porque no tenía humedad. Otra parte cayó entre espinos, y los espinos que nacieron juntamente con ella, la ahogaron. Y otra parte cayó en buena tierra, y nació y llevó fruto a ciento por uno. (Lucas 8.5–8)

Todos podrían entender la historia. Solo aquellos de nosotros que estamos acostumbrados a un mundo pavimentado encontraríamos desconocido este cuadro. Pero para los oyentes de Jesús, que vivían en una sociedad agrícola, esta era la vida cotidiana.

Los campos en el Israel del primer siglo eran largas y estrechas franjas delimitadas y rodeadas de senderos, sin vallas o cercos. Para esparcir las semillas, el sembrador tomaba un puñado de una bolsa que llevaba en su costado y las arrojaba en una amplia franja de terreno. El arco de la dispersión podría parecer aleatorio, y sin duda en gran medida lo era; pero el método tenía la ventaja de cubrir grandes extensiones de tierra con las semillas uniformemente dispersas. Un sembrador experto no perdería semillas dejándolas caer en parches concentrados o en pequeños montones. Lanzaba las semillas lo más amplio y uniformemente posible. El objetivo era cubrir todo el campo arado, sin márgenes en el perímetro que quedaran sin sembrar.

Por supuesto, es imposible garantizar que al lanzar las semillas con la mano todas quedaran dentro de los límites de un campo. Algunas, inevitablemente, quedaban fuera del perímetro del campo arado. Incluso las sembradas dentro del campo podían encontrarse en zonas que no eran ideales para la agricultura. Solo las semillas que cayeran en buena tierra eran capaces de producir una valiosa cosecha. Todos los que alguna vez habían cultivado algo entendieron plenamente este principio. No era un asunto complejo.

Jesús menciona cuatro tipos diferentes de tierra.

En primer lugar está *la tierra de un camino*: «una parte cayó junto al camino». Esto se refiere a esos senderos bien trillados que separaban los campos. El suelo allí permanecía sin arar, y en ese clima árido, las vías se ponían tan duras como el cemento. Ya que el sembrador esparcía las semillas desde los bordes exteriores del campo arado, algunas semillas inevitablemente terminarían en la tierra dura junto al camino.

Las semillas que caían al borde del camino no tenían ninguna esperanza de penetrar la capa dura del sendero. Allí quedarían para que las pisoteara la gente o se las comieran las aves del cielo. Nunca tendrían una oportunidad de brotar.

Las aves son sorprendentemente inteligentes e implacablemente agresivas cuando se trata de alimentarse de semillas. Una vez intenté sembrar en el camino creado por el paso de las personas en mi jardín y quedé frustrado en mi esfuerzo a causa de los pájaros. Algo que aprendí es que poner más semillas en el área endurecida no ayuda. En la tierra dura e impenetrable de un sendero, parte de las semillas será pisoteada y aplastada fatalmente, y las aves devorarán hasta el último rastro de lo que quede.

El segundo tipo de terreno que Jesús nombra es «piedra» (v. 6). Esto no se refiere a una lápida de roca en la superficie de la tierra. Tampoco significa «suelo rocoso» (como algunas traducciones dicen), sino que sugiere un pedazo de tierra lleno de grandes piedras. Ningún agricultor que se respete a sí mismo dejaría piedras en su tierra de cultivo. Cuando se araba el campo, se quitaban las piedras que salían a la superficie.

Lo que Jesús está describiendo es una capa de roca bajo la superficie del terreno, cubierta superficialmente de tierra buena en la parte superior. La roca subyacente sería invisible para el agricultor cuando el campo era arado, porque la reja de arado penetra solo alrededor de ocho a diez pulgadas de profundidad. Una capa de roca caliza a doce pulgadas debajo de la superficie sería difícil de detectar, pero la capa superficial de tierra no sería lo bastante profunda ni permanecería lo bastante húmeda para permitir el crecimiento de los cultivos, en especial en un clima seco.

En tal terreno la semilla germina, pero tan pronto como se empieza a verse exuberante, se marchitará por la falta de suficiente agua. Las raíces no pueden atravesar la capa rocosa. Durante un tiempo, la cosecha podría verse saludable y con buena potencialidad, pero cuando sale el sol y el agua falta, se extingue tan rápidamente como surgió.

Este tipo de tierra sería una pesadilla para un campesino que haya hecho todo lo posible al preparar su campo sin saber que una capa de roca yacía debajo. Esta parte de la cosecha podría parecer a primera vista que crece más rápido que el resto, pero las raíces no pueden expandirse. El crecimiento abundante de la parte superior de la planta sería notorio, en especial de las hojas. Un agricultor experimentado sabría de inmediato que esta no es una buena señal; significa que los cultivos no están desarrollando un adecuado sistema radicular.

La tercera categoría de tierra que Jesús nombró es el suelo *infestado de malas hierbas*, lleno de vegetación inútil: espinos, ortigas y cardos. La palabra griega para «espinos» es *akantha*. Es la misma palabra griega que se usa en los relatos bíblicos de la crucifixión para describir la corona de espinas que colocaron en la cabeza de Jesús para burlarse de Él. La palabra ha sido transliterada para formar la palabra *acanto*, que es el nombre de un arbusto mediterráneo con hojas espinosas. En la arquitectura griega, los adornos en capiteles corintios eran imágenes de hojas de acanto. Pero las espinas y los cardos son inútiles para cualquier propósito agrícola. De hecho, son perjudiciales para los cultivos, porque se apoderan del campo y lo ahogan todo. (Esta es otra característica clave de la maldición en Génesis 3.17–19. Las malas hierbas crecen mejor y más rápidas que cualquier otra cosa).

Las semillas sembradas en un campo de malas hierbas no madurarán para dar una cosecha saludable. Are un campo de malas hierbas y muchas más nuevas malezas crecerán, incluso de los restos mutilados de las viejas raíces. El suelo infestado de malas hierbas cuando es recién arado tiene una apariencia engañosamente prometedora. En la superficie puede parecer rico en su capa vegetal y listo para las semillas. Pero en el fondo hay una trágica realidad. Densas raíces y pequeñas semillas dejadas por las malezas nocivas aún están en el suelo y con vida, listas para brotar con abundante follaje, pero inservibles. Estas malas hierbas succionarán la humedad del suelo, drenarán los nutrientes, bloquearán la luz del sol de los cultivos y así ahogarán la vida de todo lo que crece en el campo que pudiera ser beneficioso.

Finalmente está la *tierra fértil*. Las semillas que caen en el campo arado se desarrollan bien. Pueden profundizar en el suelo sin ser pisoteadas y fuera de la vista de los pájaros. Sus raíces penetran profundamente. Se trata de suelo limpio, libre de malezas, con espacio para que el cultivo prospere. Es en todos los sentidos terreno *preparado*. Las semillas que caen allí producen una cosecha abundante. Mateo 13.8 y Marcos 4.8 son pasajes paralelos que registran esta misma parábola. En estos pasajes, Jesús dice que la semilla produce treinta, sesenta o incluso cien veces más. Lucas 8.8 señala solamente que este suelo «llevó fruto a ciento por uno».

En Génesis 26 se describe un incidente en el que Isaac y Rebeca se ven obligados por el hambre a morar en la tierra de los filisteos por un tiempo. El versículo 12 dice: «Y sembró Isaac en aquella tierra, y cosechó aquel año ciento por uno; y le bendijo Jehová». Así que el ciento por uno significó extraordinaria bendición de Dios. El siguiente versículo dice que Isaac «fue prosperado».

«A ciento por uno» no se refiere al número de semillas que cada semilla produjo en última instancia. (Una sola semilla de calabaza, por ejemplo, puede producir diez a quince calabazas. El número total de semillas que contienen será mucho más de un centenar. Cien veces *en semillas* sería una cosecha bastante pobre). La expresión se refiere a la ganancia sobre la inversión financiera inicial del agricultor. Por cada denario gastado en semillas, él gana cien denarios en la venta de sus cosechas. Diez veces sería una ganancia bastante saludable. Treinta o sesenta sería algo espectacular. «A ciento por uno» era una ganancia asombrosa.

Algunos puntos sutiles para reconocer

Al contar Jesús la historia, varias cosas quedan claras: en primer lugar, no se dice nada acerca del sembrador y su habilidad. Solo hay un sembrador en la historia. La diferencia clave entre la semilla que dio una cosecha cien veces mayor y la semilla que es devorada por las aves no tiene nada que ver con el método que el sembrador utiliza para esparcir la semilla.

En segundo lugar, no se dice nada sobre la calidad de la semilla. Todas vienen de la misma fuente. La semilla que sobrevive y da fruto es del mismo tipo de la que se deja ahogar por las malas hierbas. No hay ningún problema con la calidad de la semilla.

La lección que Jesús está enseñando es solo acerca de la tierra. Esta es una historia sencilla cuyo significado a simple vista no es nada misterioso. Pero seguir la trama de la historia no es lo mismo que entender a qué se refiere. El verdadero significado de lo que Jesús estaba enseñando no es inmediatamente obvio. La parábola necesita ser explicada.

Por lo tanto, Jesús instó a sus oyentes a investigar el verdadero significado de la parábola. Esto se ve claramente en su declaración en la segunda mitad de Lucas 8.8: «Hablando estas cosas, decía a gran voz: El que tiene oídos para oír, oiga». El tiempo del verbo en el griego es imperfecto, que por lo general significa una acción repetida o continua. La Traducción en Lenguaje Actual presenta este versículo de esta manera: «Después, Jesús dijo con voz muy fuerte: "¡Si ustedes en verdad tienen oídos, pongan mucha atención!"», lo que implica que al decir la parábola, Él subrayó una vez más la necesidad de prestar atención, de escuchar con un corazón creyente y mirar más allá de la superficie para encontrar el verdadero significado. Jesús más tarde reforzaría esto, poco después de explicar esta parábola, al decir: «Mirad, pues, cómo oís» (Lucas 8.18).

Tenga cuidado de cómo escucha

Los discípulos le tomaron la palabra. Al parecer, estos y algunos otros seguidores cercanos fueron los únicos en la multitud que lo hicieron. En Marcos 4.10 dice: «Cuando estuvo solo, los que estaban cerca de él con los doce le preguntaron sobre la parábola». Esta es una clara indicación de quiénes tenían oídos para oír. Ellos eran los que verdaderamente creían en Él. Ellos eran los que seguían las enseñanzas de Jesús, en lugar de simplemente buscar sus milagros.

Lucas 8.9–10 aquí retoma la historia:

> Y sus discípulos le preguntaron, diciendo: ¿Qué significa esta parábola? Y él dijo: A vosotros os es dado conocer los misterios del reino de Dios; pero a los otros por parábolas, para que viendo no vean, y oyendo no entiendan.

Cuando Jesús habla de «misterios», no se refiere a algún estilo gnóstico de enseñanza secreta que solo ciertos súper devotos o iluminados pueden conocer. Él no está describiendo secretos esotéricos. Cuando el Nuevo Testamento habla de «misterios», el significado es simple y bastante definido: un *misterio* bíblico es una verdad espiritual que era oscura o estaba totalmente oculta bajo el antiguo pacto pero ahora se ha revelado plenamente en el nuevo. El hecho de que los gentiles serían coherederos y copartícipes del evangelio era uno de esos misterios, «que en otras generaciones no se dio a conocer a los hijos de los hombres, como ahora es revelado a sus santos apóstoles y profetas por el Espíritu» (Efesios 3.5). El evangelio en sí era un misterio (Efesios 6.19). La encarnación de Cristo era igualmente un misterio, «el misterio de Cristo» (Colosenses 4.3). Estas son todas verdades que no fueron reveladas plenamente en el Antiguo

Testamento, pero ahora se han hecho claras en el Nuevo. Pablo parece citar un himno de la iglesia primitiva o una confesión familiar de fe cuando describe todo el ministerio terrenal de Cristo (desde su encarnación hasta su ascensión) como «el misterio de la piedad»:

> *Dios fue manifestado en carne,*
> *Justificado en el Espíritu,*
> *Visto de los ángeles,*
> *Predicado a los gentiles,*
> *Creído en el mundo,*
> *Recibido arriba en gloria.* (1 Timoteo 3.16)

Así que un «misterio», en el sentido en que Jesús usa el término, es algo que parcial o totalmente estuvo oculto y ahora es revelado por completo. Nuestro Señor estaba a punto de dar a conocer todo lo que el Antiguo Testamento había mantenido envuelto en tipología, simbolismo y señales proféticas.

Sin embargo, la revelación fue deliberadamente sutil, para que la entendieran solo las personas que eran auténticos creyentes deseosos de conocer la verdad, los que tenían oídos para oír. Ellos entendieron las verdades que Jesús estaba enseñando, no por una clarividencia especial o habilidad sobrenatural, sino porque tenían suficiente interés como para pedirle a Jesús que les diera la interpretación. Para el resto, los misterios se mantuvieron escondidos en el simbolismo de la parábola.

A los discípulos les dijo aparte: «A vosotros os es dado conocer los misterios del reino de Dios» (Lucas 8.10). A los que tenían oídos para oír, Él estaba diciendo, en efecto: «Ustedes son elegidos. Ustedes son escogidos. Ustedes son bendecidos». Era un privilegio asombroso para un grupo compuesto en gran parte de pescadores de una aldea remota de Galilea.

Aunque Jesús estaba presentando las parábolas de manera que ocultaran la verdad a los oídos incrédulos, nadie fue excluido en contra de su voluntad. Cualquier persona que realmente quería entender podría haberlo pedido. Recuerde que Jesús instó a cada persona a escuchar con atención para lograr entender: «Mirad, pues, cómo oís; porque a todo el que tiene, se le dará; y a todo el que no tiene, aun lo que piensa tener se le quitará» (Lucas 8.18). La respuesta de los oyentes haría separación entre los que creían y los que no. Los que creían buscarían la verdad y la encontrarían. Pero para los que no creían, las parábolas solo les ocultarían más la verdad. La ceguera espiritual de ellos se vio agravada por su propia incredulidad y se hizo más profunda por el juicio divino.

Pero a los discípulos indagadores, Jesús les dijo: «Bienaventurados vuestros ojos, porque ven; y vuestros oídos, porque oyen. Porque de cierto os digo, que muchos profetas y justos desearon ver lo que veis, y no lo vieron; y oír lo que oís, y no lo oyeron» (Mateo 13.16–17). Años más tarde, Pedro todavía estaba en asombro de tal privilegio. Él escribió:

> Los profetas que profetizaron de la gracia destinada a vosotros, inquirieron y diligentemente indagaron acerca de esta salvación, escudriñando qué persona y qué tiempo indicaba el Espíritu de Cristo que estaba en ellos, el cual anunciaba de antemano los sufrimientos de Cristo, y las glorias que vendrían tras ellos. A éstos se les reveló que no para sí mismos, sino para nosotros, administraban las cosas que ahora os son anunciadas por los que os han predicado el evangelio por el Espíritu Santo enviado del cielo; cosas en las cuales anhelan mirar los ángeles. (1 Pedro 1.10–12)

Verdades que eran misterio, no solo a los profetas del Antiguo Testamento, sino también a los ángeles, fueron explicadas a Pedro y a sus compañeros.

La explicación

Esta parábola nos da un importante cuadro de cómo debemos leer e interpretar la narración de Jesús. La explicación de Jesús es tan simple y directa como la propia parábola:

Esta es, pues, la parábola: La semilla es la palabra de Dios. Y los de junto al camino son los que oyen, y luego viene el diablo y quita de su corazón la palabra, para que no crean y se salven. Los de sobre la piedra son los que habiendo oído, reciben la palabra con gozo; pero éstos no tienen raíces; creen por algún tiempo, y en el tiempo de la prueba se apartan. La que cayó entre espinos, éstos son los que oyen, pero yéndose, son ahogados por los afanes y las riquezas y los placeres de la vida, y no llevan fruto. Mas la que cayó en buena tierra, éstos son los que con corazón bueno y recto retienen la palabra oída, y dan fruto con perseverancia. (Lucas 8.11–15)

La semilla representa la Palabra de Dios. Específicamente aquí es el mensaje del evangelio (las buenas nuevas del reino). La Palabra de Dios (el mensaje del evangelio en particular) también se prefigura como semilla en Santiago 1.18–21 y 1 Pedro 1.23–25. Hay un atisbo de esta misma figura en dos conocidos pasajes del Antiguo Testamento. Isaías 55.11 muestra la Palabra de Dios siendo esparcida de manera análoga al método del sembrador: «Mi palabra que sale de mi boca; no volverá a mí vacía». El principio de Salmos 126.5–6 ciertamente se aplica a la labor del evangelista de esparcir el evangelio:

> Los que sembraron con lágrimas,
> con regocijo segarán.
> Irá andando y llorando
> el que lleva la preciosa semilla;
> Mas volverá a venir con regocijo,
> trayendo sus gavillas.

Esta, entonces, es la clave para entender el significado de la parábola: «La semilla es la palabra de Dios».

El sembrador no se identifica propiamente. Algunos piensan que representa a Cristo mismo, porque cuando Jesús explicó la parábola de la cizaña, Él dijo: «El que siembra la buena semilla es el Hijo del Hombre»

(Mateo 13.37). Pero estas son diferentes parábolas y las figuras del lenguaje no son las mismas. Una regla importante a tener en cuenta en la interpretación de las parábolas es no mezclar los detalles. Por ejemplo, en la parábola del sembrador se nos dice expresamente que la semilla representa la Palabra de Dios y (como veremos en breve) la buena tierra representa un corazón humano debidamente preparado para recibir la Palabra. Pero solo unos pocos versículos más adelante, en la parábola de la cizaña (Mateo 13.24–30), la buena semilla representa a «los hijos del reino» (los verdaderos habitantes del reino de Dios) y «el campo es el mundo» (v. 38). Así que debemos tener cuidado de no mezclar el simbolismo de las parábolas.

El sembrador de la parábola no se identifica porque su identidad no es lo más importante. Él representa a cualquier persona que distribuye la semilla. El sembrador es todo aquel que proclama la Palabra de Dios, ya sea mediante la predicación, el evangelismo personal, mediante el testimonio personal o de cualquier otra forma. El sembrador es el que esparce la Palabra de Dios o el mensaje del evangelio.

El mensaje de la parábola tiene que ver con el terreno. No se puede obtener la esencia de esta parábola sin entender que el suelo es una imagen del corazón humano. De manera específica, la parábola destaca cuatro tipos diferentes de corazones con diversos grados de receptividad. Lucas 8.12 da una prueba irrefutable de que el suelo de la parábola representa el corazón humano: «Y los de junto al camino son los que oyen, y luego viene el diablo y *quita de su corazón* la palabra, para que no crean y se salven» (énfasis añadido).

Esta palabra *corazón* facilita una correcta interpretación de la parábola. El corazón es, por supuesto, donde la semilla de la Palabra de Dios debe prender. En las palabras de Lucas 8.5: «Mas la que cayó en *buena tierra*, éstos son los que con *corazón bueno* y recto retienen la palabra oída, y dan fruto con perseverancia» (énfasis añadido).

Así que la parábola se refiere a los corazones en etapas variadas de receptividad. Todos los cuatro tipos de terreno consisten en los mismos minerales. Son orgánica e intrínsecamente idénticos. Lo que los hace distintos unos de otros es si están en una condición adecuada para producir o no fruto.

Una vez más vemos que el asunto que Jesús está enseñando no tiene nada que ver con la habilidad del sembrador o la calidad de la semilla. La semilla es perfecta y eternamente inmutable. Cualquier intento de mejorar la cosecha mediante el uso de diferente semilla es una negligencia en el cumplimiento del deber incuestionable del sembrador. El asunto no es producir solo un denso pero infructuoso follaje. Si este fuera el objetivo, podría sembrar plantas productoras de hojas como diente de león. Es muy cierto que estas germinan y crecen con mayor facilidad en tierra poco profunda, dura o con malezas.

Pero, ¡ay del que trabaja la tierra y busca una cosecha de esta manera!

La Palabra de Dios no adulterada es la única semilla verdadera y legítima. El sembrador es el que esparce el mensaje de la Palabra de Dios (representado en la proclamación del evangelio). Jesús ni siquiera menciona las condiciones climáticas, pero estas serían las mismas para los cuatro tipos de terreno, y la cosecha cien veces más implica que el clima fue muy bueno en este caso. El único factor que es distinto entre una cosecha abundante y la seca esterilidad desolada de la tierra junto al camino es simple y sencillamente la condición del suelo.

Aquí, entonces, está la lección de esta primera parábola: la respuesta de una persona a la Palabra de Dios depende de la condición del corazón de esa persona. Además, *el fruto* es la única evidencia de que alguien ha escuchado la Palabra correctamente.

No deja de ser significativo que cuando Jesús comenzó a develar los misterios del reino, esta haya sido la primera verdad que enseñó. Es una verdad fundamental que necesita con urgencia recordársele a la iglesia de hoy. Los evangélicos adoptan constantemente todo tipo de metodologías extrañas y no bíblicas porque piensan que pueden obtener una mejor respuesta de los corazones mundanos, duros y de poca profundidad. Algunos *alteran la semilla* o crean semilla sintética. Tratando de actualizar el mensaje, bajan el tono del escándalo de la cruz y ponen fuera las partes duras o impopulares. Muchos simplemente reemplazan el evangelio por un mensaje totalmente diferente.

Algunos abandonan la tarea del sembrador. Deciden que esparcir la semilla en su alrededor es primitivo e ingenuo. Imaginan que pueden diseñar un mejor uso para el campo. ¿Por qué no utilizarlo para un festival de música o convertirlo en un teatro?

Sin embargo, la parábola no se trata de mejorar la calidad de la semilla, la habilidad del sembrador o encontrar un uso más elegante de la granja. Todo es acerca de la condición del terreno. Si la Palabra de Dios da fruto en la vida de un oyente o no depende en última instancia de la condición del corazón de esa persona. Las diversas condiciones del corazón expuestas por Jesús ilustra toda la gama de posibilidades humanas.

El que oye junto al camino

El terreno poco profundo, comprimido y seco junto al camino es un cuadro del corazón que es impermeable a la verdad bíblica. Esta es quizá la más inquietante y sin esperanza de todas las condiciones que Jesús presenta. La incredulidad y el amor al pecado han cubierto el corazón como de una roca densa y dura donde la verdad no puede penetrar y mucho menos echar raíces. La persona oyente así es, por lo tanto, indiferente, sin esperanza, espiritualmente muerta y totalmente susceptible a las estratagemas de Satanás.

Jesús explica: «Y los de junto al camino son los que oyen, y luego viene el diablo y quita de su corazón la palabra, para que no crean y se salven» (Lucas 8.12). Este versículo, por cierto, explica el verdadero objetivo simbolizado en la tarea del sembrador. Su objetivo es que las personas «crean y se salven». Solo hay una manera de sembrar la semilla adecuada para este objetivo: proclamando el evangelio de Jesucristo (que es, después de todo, el asunto final y el verdadero objetivo de toda la Biblia). El sembrador es un evangelista. Él espera una cosecha de almas.

Inevitablemente, se encuentra con oyentes que tienen un corazón como de concreto. El Antiguo Testamento los llama «duros de cerviz» (Éxodo 32.9; 2 Reyes 17.14). La clara implicación es que estas personas han endurecido deliberadamente sus propios corazones. «Han endurecido su cerviz para no oír mis palabras» (Jeremías 19.15). De Sedequías, el rey joven y malvado quien «hizo lo malo ante los ojos de Jehová su Dios» (2 Crónicas 36.12), las Escrituras afirman: «endureció su cerviz, y obstinó su corazón para no volverse a Jehová el Dios de Israel» (v. 13). Deliberadamente endureció su propia voluntad para no arrepentirse. Los hombres como él eran los que apedrearon a Esteban, quien los llamó: «¡Duros de cerviz, e incircuncisos de corazón y de oídos! Vosotros resistís siempre al Espíritu Santo; como vuestros padres, así también vosotros» (Hechos 7.51).

Tal persona se representa por un sendero estéril y muy transitado alrededor del campo. Este corazón es una vía pública, atravesado por la multitud mixta de iniquidades que continuamente lo cruzan. No está cercado, de manera que se mantiene expuesto a toda pisada de cualquier malvado que pasa por él. Nunca es arado por la convicción. Nunca se cultiva con algún tipo de búsqueda de sí mismo, examen de conciencia, contrición, evaluación honesta de culpa o arrepentimiento verdadero. El corazón está tan endurecido en contra de la dulce atracciones de la gracia como lo está en contra de los tremendos terrores del juicio. La indiferencia, la insensibilidad y un amor por el pecado han hecho el corazón de esta persona denso, seco e impenetrable.

Este es el necio de Proverbios: la persona que desprecia la sabiduría y la instrucción (Proverbios 1.7) y «no toma placer el necio en la inteligencia, sino en que su corazón se descubra» (18.2). Lo interesante aquí es que Jesús no está ante ateos. Él está hablando a gente de una cultura muy religiosa y el más difícil de todos los corazones entre los que le escuchan ese día es la aristocracia religiosa, lo más selecto de los escribas y fariseos, los mismos que hacía tan poco había blasfemado contra el Espíritu Santo, separándose ellos mismos de la gracia por completo. El pecado de ellos personifica el máximo grado de dureza de corazón. La condición de ateo es un mejor estado espiritual que el que ellos tienen. En otra parte Jesús les dijo: «Vosotros sois de vuestro padre el diablo, y los deseos de vuestro padre queréis hacer» (Juan 8.44).

Aquí de nuevo Jesús afirma que los corazones endurecidos están por completo a merced del maligno. «Viene el diablo y quita de su corazón la palabra, para que no crean y se salven» (Lucas 8.12).

¿Cómo el diablo arrebata la Palabra de Dios de un corazón? Él tiene muchos mecanismos y no deberíamos ignorarlos (2 Corintios 2.11). Si piensa que Satanás y sus obras son siempre obviamente diabólicas, usted va a ser defraudado por él. El diablo utiliza el engaño. Él «es mentiroso, y padre de mentira» (Juan 8.44). Se transforma a sí mismo y a sus siervos para parecer ángeles de luz y ministros de justicia (2 Corintios 11.14–15). Confunde a la gente mediante falsos maestros que vienen en nombre de Cristo, pero sutilmente atacan o menoscaban la verdad del evangelio. También utiliza las pecaminosas pasiones humanas: el temor a lo que puedan pensar los demás, el orgullo, la obstinación, el prejuicio o las diversas concupiscencias. Apela al amor del corazón caído por los placeres del pecado porque sabe que la gente ama «más las tinieblas que la luz, porque sus obras [son] malas» (Juan 3.19), y él se aprovecha de esto. Es fácil para él hacerse atractivo a los amantes de las tinieblas. Luego de haber ganado la confianza y atención del pecador, le desvía la mente de la verdad de la Palabra, despojándole de esa verdad de la conciencia de la persona.

El que oye superficialmente

La delgada capa de tierra sobre un estrato de roca ilustra a una persona de corazón poco profundo que responde de inmediato, pero solo superficialmente. «Los de sobre la piedra son los que habiendo oído, reciben la palabra con gozo; pero éstos no tienen raíces; creen por algún tiempo, y en el tiempo de la prueba se apartan» (Lucas 8.13). Sin raíces profundas la vegetación no puede vivir mucho tiempo en un clima seco. Crece verde y frondosa con rapidez, pero muere con la misma rapidez, antes de alcanzar la madurez para dar fruto. Este crecimiento es inútil con fines de alcanzar alguna ganancia.

Salmos 129.6 compara de manera similar a los malvados con «la hierba de los tejados, que se seca antes que crezca». En la fina capa de polvo que se acumula en un techo plano, la hierba o maleza pueden germinar e incluso verse exuberante por corto tiempo, pero esta ubicación no puede sostener la vida a largo plazo. Está destinada a morir en cuanto brota, e incluso los restos muertos son inútiles para cualquier propósito. El salmo continúa diciendo que «de la cual no llenó el segador su mano, ni sus brazos el que hace gavillas» (v. 7).

En la zona donde vivo, estamos rodeados de colinas y montañas estériles. Durante la temporada de lluvia, de repente cobran vida con vegetación de exuberante aspecto. Pero en muy poco tiempo vuelven al color marrón. El verde que lucía tan prometedor se convierte en matorrales sin vida, buenos para nada sino como yesca para alimentar los incendios forestales de California.

Esto es una parábola perfecta de la forma en que algunas personas responden al evangelio. Ellos son el polo opuesto de los oyentes de corazón duro. Ellos *parecen* receptivos. Muestran un gran interés. Jesús dice que «reciben la palabra con gozo» (Lucas 8.13). Se entusiasman con ella. Pero todo el entusiasmo se oscurece por el hecho de que no tienen raíz. Ellos «creen por algún tiempo». Este es un hecho importante a reconocer: al menos intelectualmente son receptivos, afirmativos e incluso bastante entusiastas. Hay una especie de notoriedad temporal que no es auténtica fe, precisamente porque es superficial, sin raíces, por completo a merced de los elementos contrarios que con seguridad probarán su viabilidad.

No es cuestión de *si* tal «fe» caerá, sino de *cuándo*. Por lo general (aunque no siempre) ocurre más temprano que tarde. Cada persona que responde positivamente a la Palabra de Dios se enfrentará a un «tiempo de la prueba». La palabra griega traducida en Lucas 8.13 se refiere a una prueba, que es claramente el sentido aquí. A la larga, la fe del nuevo discípulo será puesta a prueba bajo la amenaza de persecución, por una de las calamidades de la vida, o por la enorme dificultad de mantener la pretensión de que se tiene una fe profunda y duradera. Si la fe es superficial, sin raíces y no de corazón, no importa lo entusiasta que la respuesta pueda parecer en un principio, esa persona va a apartarse, lo que significa que abandonará la fe por completo.

Jesús dijo en Juan 8.31: «Si vosotros permaneciereis en mi palabra, seréis verdaderamente mis discípulos». En Hebreos 3.14 se afirma: «Porque somos hechos participantes de Cristo, con tal que retengamos firme hasta el fin nuestra confianza del principio». El apóstol Pablo dijo que usted puede saber que está verdaderamente reconciliado con Dios «si en verdad permanecéis fundados y firmes en la fe, y sin moveros de la esperanza del evangelio que habéis oído» (Colosenses 1.23).

Aquellos cuya fe es meramente temporal escuchan el evangelio y responden de forma rápida y superficial. Quizá tienen algún motivo egoísta (pensando que Jesús va a arreglar sus problemas o hacerles la vida más fácil). Ellos no toman en cuenta realmente el costo. Durante un tiempo se deleitan en una emoción, un sentimiento de alivio, alegría, euforia o lo que sea. Hay lágrimas de alegría, abrazos, palmadas y una gran cantidad de actividad en un primer momento. Esto tiende a convencer a otros creyentes que se trata de una verdadera conversión, bien arraigada en genuina convicción. Incluso podríamos estar inclinados a pensar que es una mejor respuesta que la condición tranquila de algún creyente genuino que siente tan profunda convicción por su pecado e indignidad que lo único que experimenta es un profundo sentido de humildad y serena gratitud.

Una explosión de alegría no es la característica distintiva de una auténtica conversión. La alegría es una respuesta buena y apropiada, por supuesto. Todo el cielo se llena de regocijo cuando un alma se convierte. «Habrá más gozo en el cielo por un pecador que se arrepiente, que por noventa y nueve justos que no necesitan de arrepentimiento» (Lucas 15.7). Pero como Jesús deja claro en nuestra parábola, una gran alegría a veces acompaña una falsa conversión. Ni la alegría hiperactiva ni la agradecida quietud demuestran nada sobre si la profesión de fe de una persona es una expresión de la creencia temporal y superficial o de la convicción profunda y duradera. El fruto de la persona (o la falta de él) revelarán esto. «Por el fruto se conoce el árbol» (Mateo 12.33).

En última instancia no importa el mucho entusiasmo que el oyente superficial muestre en la respuesta inicial a la Palabra de Dios, si se trata

de una convicción poco profunda sin verdadera raíz, esa persona finalmente se apartará. Y cuando esto sucede, se demuestra definitivamente
que a pesar de todo ese gozo aparente y celo, la persona nunca realmente creyó desde el principio. «Salieron de nosotros, pero no eran de
nosotros; porque si hubiesen sido de nosotros, habrían permanecido
con nosotros; pero salieron para que se manifestase que no todos son de
nosotros» (1 Juan 2.19).

El que cayó entre espinos

El tercer tipo de terreno, el suelo lleno de yerbajos, representa un
corazón demasiado cautivado o preocupado por los asuntos de este
mundo. Jesús explica: «La que cayó entre espinos, éstos son los que oyen,
pero yéndose, son ahogados por los afanes y las riquezas y los placeres de
la vida, y no llevan fruto» (Lucas 8.14).

Los que caen en esta categoría (como los oyentes superficiales) pueden parecer que responden positivamente al principio. La analogía indica
que probablemente habrá alguna señal inicial de receptividad. La semilla
que cayó entre las malezas *quizá* germine. Estas personas, «los que oyen»
pero se van, al parecer dan todas las señales de seguir el camino de la fe.
Marcos parece afirmar que en un principio dan a entender que tienen
toda la potencialidad para ser fructíferas, pero luego, en algún momento
después, «los afanes de este siglo, y el engaño de las riquezas, y las codicias de otras cosas, entran y ahogan la palabra, y *se hace* infructuosa»
(Marcos 4.18–19, énfasis añadido).

Este no es un incrédulo de corazón duro o una persona emocional
y superficial. Esta vez el terreno en sí está bien arado y es lo bastante
profundo. Pero hay todo tipo de impurezas en él. Las malezas originales
de ese suelo ya han germinado bajo la superficie. Ellas siempre van a
crecer más fuertes y más rápido que la buena semilla. La Palabra de Dios
es extraña a un corazón así. Las malas hierbas y los espinos poseen este
terreno.

Esta persona está demasiado enamorada de este mundo, demasiado
obsesionada con «los afanes y las riquezas y los placeres de la vida», de

esta vida (Lucas 8.14). Esa es la clave. Los valores del mundo temporal (los placeres pecaminosos, las ambiciones terrenales, el dinero, el prestigio y un sinfín de diversiones triviales) inundan el corazón y mitigan la verdad de la Palabra de Dios.

Se trata del «hombre de doble ánimo [...] inconstante en todos sus caminos» (Santiago 1.8). Como enseñó Jesús: «Ningún siervo puede servir a dos señores; porque o aborrecerá al uno y amará al otro, o estimará al uno y menospreciará al otro. No podéis servir a Dios y a las riquezas» (Lucas 16.13).

De hecho, en el relato de Mateo, el énfasis se encuentra en el amor del oyente mundano hacia el dinero: «el engaño de las riquezas ahogan la palabra» (Mateo 13.22). Escribiendo a Timoteo, el apóstol Pablo afirmó: «Porque los que quieren enriquecerse caen en tentación y lazo, y en muchas codicias necias y dañosas, que hunden a los hombres en destrucción y perdición; porque raíz de todos los males es el amor al dinero, el cual codiciando algunos, se extraviaron de la fe, y fueron traspasados de muchos dolores» (1 Timoteo 6.9–10). Nada es más hostil a la verdad del evangelio que el amor por las riquezas y los placeres de este mundo. A aquellos cuyo deseo principal es dilapidar sus recursos en los placeres mundanos, Santiago 4.4 les exhorta: «¡Oh almas adúlteras! ¿No sabéis que la amistad del mundo es enemistad contra Dios? Cualquiera, pues, que quiera ser amigo del mundo, se constituye enemigo de Dios».

El apóstol Juan condenó la mundanalidad con la misma severidad. Él escribió: «No améis al mundo, ni las cosas que están en el mundo. Si alguno ama al mundo, el amor del Padre no está en él» (1 Juan 2.15). ¿Se refería a que es pecado querer las montañas y las flores o la buena comida y la gente? Por supuesto que no. Él está hablando acerca de los valores y los vicios de este mundo, todo lo consagrado a la enemistad patológica y autodestructiva del mundo hacia Dios: «Porque todo lo que hay en el mundo, los deseos de la carne, los deseos de los ojos, y la vanagloria de la vida, no proviene del Padre, sino del mundo» (v. 16).

Esto es precisamente lo que las malas hierbas y los espinos en la parábola representan: el egoísmo, el deseo pecaminoso y el sistema de creencias impía que domina este mundo. Valores como esos, no las características naturales del mundo creado, son los que ahogan la verdad de la Palabra de Dios en los corazones caídos y hacen a este mundo indigno de nuestro amor.

Entienda esto. La riqueza material ni el placer son intrínsecamente malos. Si se priorizan de forma adecuada, la riqueza y el placer se deben recibir con acción de gracias como bondadosos regalos de la mano de Dios, quien es generoso con estas bendiciones (Deuteronomio 8.18; Eclesiastés 5.18-19; Oseas 2.8). Pero lo malo está en amar los regalos más que el Dador, o valorar los beneficios tangibles y temporales como más importantes que las bendiciones espirituales. Pablo le dijo a Timoteo: «A los ricos de este siglo manda que no sean altivos, ni pongan la esperanza en las riquezas, las cuales son inciertas, sino en el Dios vivo, que nos da todas las cosas en abundancia para que las disfrutemos» (1 Timoteo 6.17).

Un ejemplo clásico del oyente mundano en el Nuevo Testamento es el joven rico. Vino a Jesús buscando ansiosamente la vida eterna, pero él era materialista y amante del mundo, y Jesús lo sabía. Las Escrituras expresan que el joven rico «se fue triste, porque tenía muchas posesiones» (Mateo 19.22). Amaba a las cosas del mundo más de lo que amaba a Dios. Otro ejemplo, por supuesto, es Judas, que aparentó seguir a Jesús desde el momento en que llamó a los doce hasta que finalmente traicionó a Cristo por treinta monedas de plata. Las Escrituras nos dice que el pecado dominante de Judas era el amor al dinero. «Era ladrón, y teniendo la bolsa, sustraía de lo que se echaba en ella» (Juan 12.6). Fue la clase más siniestra de oyente de terreno lleno de espinos.

El de junto al camino, el superficial y el mundano tienen algo en común: «no llevan fruto» (Lucas 8.14). Todo el propósito del esfuerzo agrícola es que se produzca una cosecha. El terreno que deja de producir una cosecha no tiene ningún valor. El camino endurecido permanecerá perpetuamente duro, el terreno poco profundo es muy probablemente que no sea sembrado de nuevo y el suelo de malas hierbas y espinos será quemado. Si no se puede limpiar por completo de las malas hierbas y cultivarse de nuevo, será dejado baldío.

Las tres variedades de terreno estéril son emblemáticas de los incrédulos, incluso de aquellos que inicialmente mostraron alguna posibilidad pero no pudieron dar fruto.

El oyente fructífero

El último terreno mencionado se cultiva y produce la cosecha deseada. Jesús dice que este simboliza «los que con corazón bueno y recto retienen la palabra oída, y dan fruto con perseverancia» (Lucas 8.15). Este es el corazón verdaderamente preparado. En Mateo 13.23, Jesús dice que la buena tierra es una figura de una persona «que oye y entiende la palabra». En Marcos 4.20, Él dice que es un símbolo de «los que oyen la palabra y la *reciben*, y dan fruto» (énfasis añadido).

Él está describiendo a alguien con un corazón tan bien preparado que cuando escucha el evangelio, lo recibe con verdadera comprensión y fe genuina. La expresión que Lucas usa («retienen la palabra oída, y dan fruto con perseverancia») indica asirse con tenacidad a la verdad y perseverancia en la fe.

La perseverancia con fruto es la señal necesaria de la auténtica y confianza salvadora en Cristo. Esta es una de las lecciones clave de toda la parábola: *la señal de la fe auténtica es la perseverancia*. Jesús afirmó: «Si vosotros permaneciereis en mi palabra, seréis verdaderamente mis discípulos» (Juan 8.31). La fe temporal no es una fe verdadera en absoluto.

El «fruto» de que se habla en la parábola incluye, por supuesto, el fruto del Espíritu: «amor, gozo, paz, paciencia, benignidad, bondad, fe, mansedumbre, templanza» (Gálatas 5.22–23). Abarca todos los «frutos de justicia que son por medio de Jesucristo, para gloria y alabanza de Dios» (Filipenses 1.11). Un corazón verdaderamente creyente de manera natural ocasiona adoración, «fruto de labios que confiesan su nombre» (Hebreos 13.15). Y el apóstol Pablo habló de las personas a quienes había llevado a Cristo como fruto de su ministerio (Romanos 1.13). Todos estos son ejemplos de los tipos de fruto que Jesús tenía en mente cuando expresó que la buena tierra representa a las personas que «dan fruto con perseverancia».

La expectativa es que también darán fruto *en abundancia*. Mateo y Marcos dicen «dan fruto a treinta, a sesenta, y a ciento por uno» (Marcos 4.20; cp. Mateo 13.23). Como hemos señalado anteriormente en este capítulo, cualquier cantidad de más de diez veces sería un inmenso retorno de la inversión del agricultor. Mientras Jesús está enseñando con claridad lo que sabemos por experiencia: que los cristianos no son todos igualmente fructíferos, al mismo tiempo Él está dando a entender que la abundancia de fruto es el resultado que se espera de la fe. El fruto espiritual en nuestra vida debe ser abundante y obvio, no tan escaso que sea difícil de encontrar. Después de todo, somos «creados en Cristo Jesús para buenas obras, las cuales Dios preparó de antemano para que anduviésemos en ellas» (Efesios 2.10). Jesús afirmó: «Todo pámpano que en mí no lleva fruto, [el Padre, quien es el viñador] lo quitará; y todo aquel que lleva fruto, lo limpiará, para que lleve más fruto» (Juan 15.2). Ser fructífero, tener una divina y abundante cosecha, es el resultado que se espera de la fe salvadora.

Esto puede ocurrir solo en un corazón que está limpio y bien cultivado.

Es *deber* de cada persona tener un corazón preparado, listo para «recibid con mansedumbre la palabra implantada» (Santiago 1.21) y luego alimentar esa semilla hasta la plena fructificación. El Antiguo Testamento nos dice que Roboam, el hijo necio de Salomón y heredero al trono, «hizo lo malo, *porque no dispuso su corazón* para buscar a Jehová» (2 Crónicas 12.14, énfasis añadido). Además, para la gente apóstata de Judá y de Jerusalén en Israel del Antiguo Testamento, Dios le dio este mandato mediante su profeta: «Arad campo para vosotros, y no sembréis entre espinos» (Jeremías 4.3). El contexto deja perfectamente claro que Él estaba mandándoles que preparan sus corazones para recibir la palabra (cp. v. 4). Este es el deber de cada persona.

Pero este es el problema: que no podemos lograrlo por nosotros mismos. Ya estamos irremediablemente sucios. Somos caídos, pecadores culpables con superficiales, enmarañados y rebeldes corazones. Abandonados a nosotros mismos nos volveríamos más y más impenetrables. Cada exposición a la luz del sol fomentaría nuestra dureza aún más, hasta convertirnos en tan impermeables a la Palabra de Dios como una senda de hormigón lo es a las semillas de césped. «Los designios de la carne son enemistad contra Dios; porque no se sujetan a la ley de Dios, ni tampoco pueden; y los que viven según la carne no pueden agradar a Dios» (Romanos 8.7–8).

Solo Dios mismo puede arar y preparar el corazón para que reciba la Palabra. Lo hace mediante la obra regeneradora y santificadora de su Espíritu Santo, quien convence al mundo «de pecado, de justicia y de juicio» (Juan 16.8). A aquellos que creen, les despierta espiritualmente (Romanos 8.11). Él ilumina sus mentes a la verdad (1 Corintios 2.10). Les lava hasta hacerlos limpios (Ezequiel 36.25). El Espíritu Santo les quita el corazón de piedra y les da un corazón nuevo (v. 26). Él mora en su pueblo y los motiva a la justicia (v. 27). Graba la verdad de Dios en sus corazones (Jeremías 31.33; 2 Corintios 3.3). Él derrama el amor de Dios en sus corazones (Romanos 5.5). Los que creemos en Cristo somos totalmente dependientes de la obra del Espíritu que mora en nuestro corazón para que nos mantenga sensibles, receptivos y en última instancia, fructíferos.

Y debemos seguir dependiendo fielmente en Él.

Al igual que David, quien oró: «Crea en mí un corazón limpio, oh Dios, y renueva un espíritu recto dentro de mí» (Salmos 51.10), debemos acercarnos a Dios con confianza y sumisión, permitiendo que Él haga la obra necesaria en nuestros corazones que no podemos hacer nosotros mismos.

Por último, esta parábola es un recordatorio de que cuando proclamamos el evangelio o enseñamos la Palabra de Dios a nuestros vecinos y seres queridos, los resultados siempre varían de acuerdo con la condición de los corazones de nuestros oyentes. El éxito o el fracaso no depende de nuestra habilidad como sembradores. Algunas de las semillas que dispersamos caerán en terreno duro, poco profundo o con espinos. Pero no hay nada malo con la semilla. Si usted es fiel a la tarea, algunas de las semillas que esparza *encontrarán* buena tierra y el resultado será abundante fruto.

Una lección acerca del costo del discipulado

Si alguno quiere venir en pos de mí, niéguese a sí mismo,
tome su cruz cada día, y sígame.

—Lucas 9.23

Tal vez la actividad más extrema innecesaria sea el alpinismo de altas montañas. Cada año (agravándose a medida que pasa cada año) las laderas del Monte Everest se ven cubiertas por los cadáveres de los escaladores que han fallado. El esfuerzo es costoso, extenuante y peligroso. Antes del año 1996, uno de cada cuatro que hizo el intento murió en el proceso. Los números son un poco mejor hoy, pero aun así un promedio de catorce personas mueren por cada cien que llegan a la cumbre. Una de cada diez personas que llegan a la cima muere en el camino de regreso. Más de 225 personas han muerto en las últimas tres décadas tratando de alcanzarla. El mes de abril de 2014 tuvo el día más mortífero en la historia de la montaña cuando una avalancha arrasó a dieciséis personas. ¿Qué otro deporte cobra la vida de tantos participantes?

Esta es una expedición demasiado costosa, entre treinta mil dólares a cuatro veces esta cantidad por solo hacer un intento. El entrenamiento para el ascenso toma entre ocho y doce meses a tiempo completo como mínimo. Varios años de experiencia de alpinismo se considera absolutamente necesario por la mayoría de los expertos.

Teniendo en cuenta el alto costo de este pasatiempo y su posible resultado desastroso, es sorprendente cuántas personas arriesgan todo lo que tienen y hasta sus propias vidas para lograr una hazaña que no les ofrece alguna recompensa tangible más allá de la satisfacción propia y orgullo de haberlo logrado. Ciertamente, este no es un compromiso para tomarse a la ligera.

Nuestro Señor dijo algo similar a los que mostraron un interés superficial en seguirle. El discipulado no es un estilo de vida para emprenderse de forma descuidada. Él contó dos parábolas en Mateo 13 que ilustran la necesidad de considerar el costo de entrar en su reino.

¿Qué es el reino?

El reino de los cielos es un tema frecuente en las parábolas de Jesús. Es el reino sobre el cual Cristo mismo es el indiscutible Rey de reyes y Señor de señores. Es el dominio en el que su señorío incluso ahora es plenamente operativo. En otras palabras, todos los que verdaderamente pertenecen al reino de los cielos se han entregado formalmente al señorío de Cristo. Entrar en el reino, por lo tanto, es entrar en la vida eterna. En pocas palabras, el reino es sinónimo de la esfera de la salvación, ese reinado eterno donde los redimidos tienen su verdadera ciudadanía (Filipenses 3.20).

En el presente, el reino es un dominio espiritual, no un reino terrenal geopolítico. Jesús describió el estado actual del reino como intangible e invisible: «El reino de Dios no vendrá con advertencia, ni dirán: Helo aquí, o helo allí; porque he aquí el reino de Dios está entre vosotros» (Lucas 17.20-21). También dijo: «Mi reino no es de este mundo» (Juan 18.36).

Por supuesto que esta no es la plena y definitiva expresión del reino de Cristo. El apogeo terrenal del reino espera el regreso corporal de Cristo.

Entonces todos «los reinos del mundo han venido a ser de nuestro Señor y de su Cristo; y él reinará por los siglos de los siglos» (Apocalipsis 11.15). La primera fase de este gobierno eterno es el reinado de mil años del Señor Jesús en la Tierra Prometida según Apocalipsis 20.1–7. A esto le sigue la creación de los nuevos cielos y la nueva tierra sobre los cuales su reino eterno continuará (Apocalipsis 21.1–8).

Esto es lo que Jesús nos enseñó a orar: «Venga tu reino. Hágase tu voluntad, como en el cielo, así también en la tierra» (Mateo 6.10). Cuando el reino se manifieste finalmente en la nueva creación, será visible, universal (abarcando los cielos y la tierra) y para siempre. Mientras tanto, el reino es absolutamente real; está presente y de manera constante y silenciosa crece, ya que los pecadores son redimidos y se les concede bondadosamente la ciudadanía del reino por toda la eternidad. Jesús ilustró todas estas verdades en sus parábolas.

El reino es llamado por varios nombres en las Escrituras: «el reino de Cristo y de Dios» (Efesios 5.5); el «reino de Dios» (Marcos 4.11); y «su reino [de Cristo]» (Mateo 13.41; 16.28). La noción común de que «el reino de los cielos» y «el reino de Dios» son dominios separados es una falacia. Mateo siempre utilizaba la expresión «reino de los cielos» y él es el único escritor del Nuevo Testamento que usaba esta frase. Todos los otros Evangelios rutinariamente dicen «reino de Dios». Los términos son sinónimos, como puede verse por una comparación de las referencias cruzadas (cp. Mateo 5.3 y Lucas 6.20; Mateo 19.24 y Marcos 10.23; o Mateo 11.11 y Lucas 7.28). Mateo estaba escribiendo para el beneficio de los lectores judíos. Él siempre dijo «reino de los cielos» en lugar de «reino de Dios», porque los lectores judíos tendían a ser escrupuloso acerca del uso del nombre de Dios, y no quería poner un obstáculo innecesario en el camino a sus lectores.

¿Es gratuita la entrada al reino, o hay un precio que pagar para entrar?

Jamás nada en el universo podría coincidir con el valor inestimable del reino. Vale la pena más de lo que cualquier simple mortal jamás podría imaginar. Esto significa que es infinitamente más allá de la gama de precios que cualquiera de nosotros podría incluso pensar pagar. Si usted dio todo lo que tenía y todo lo que tendrá, todavía estaría muy lejos de lo suficiente para merecer la entrada al reino. Esto está muy claro en las Escrituras: usted simplemente no puede comprar su entrada al reino de Dios.

De hecho, en realidad funciona a la inversa. Las personas que son ricas en bienes de este mundo están en gran desventaja desde el punto de vista del reino celestial. Jesús dijo: «Es más fácil pasar un camello por el ojo de una aguja, que entrar un rico en el reino de Dios» (Mateo 19.24). Las Escrituras afirman: «raíz de todos los males es el amor al dinero» (1 Timoteo 6.10). Ser cautivo de las riquezas materiales hace a una persona no apta para el reino, incluso si la persona *no es* rica. En palabras de Jesús: «Hijos, ¡cuán difícil les es entrar en el reino de Dios, a los que confían en las riquezas!» (Marcos 10.24). Tampoco el reino pertenece a las personas con justicia propia o las que piensan que su religión, moralidad, educación, humanitarismo, filantropía, ecologismo, punto de vista político, o cualquier otra cosa, puede darles méritos ante Dios (cp. Lucas 18.10–14).

La demanda de la ley de Dios está muy definida. Jesús la resumió en una sola frase: «Sed, pues, vosotros perfectos, como vuestro Padre que está en los cielos es perfecto» (Mateo 5.48). Santiago lo dice de esta manera: «Porque cualquiera que guardare toda la ley, pero ofendiere en un punto, se hace culpable de todos» (Santiago 2.10). De modo que la ley nos condena a todos, porque todos estamos muy por debajo de esa medida. Es el colmo de la presunción arrogante imaginarse que pecadores caídos podrían satisfacer la perfecta norma de justicia de Dios o ganarse su favor tratando de cubrir nuestra culpa con nuestras propias obras imperfectas. «Todos nosotros somos como suciedad, y todas nuestras justicias como trapo de inmundicia» (Isaías 64.6).

Podríamos comprar primero todos los palacios y mansiones de la tierra antes de que podamos ganar la entrada al reino de los cielos por nuestros propios méritos. De hecho, la actitud característica de todos los verdaderos ciudadanos del reino es que son «pobres en espíritu» (Mateo 5.3). Ellos reconocen y confiesan su propia pobreza espiritual absoluta. Saben que son pecadores indignos (1 Timoteo 1.15).

Por cierto, este no es uno de los misterios del reino mantenido oculto hasta que finalmente fue revelado en el Nuevo Testamento. Es una verdad básica que ya debería haber sido perfectamente claro:

> Los que confían en sus bienes,
>
> Y de la muchedumbre de sus riquezas se jactan,
>
> Ninguno de ellos podrá en manera alguna redimir al hermano,
>
> Ni dar a Dios su rescate
>
> (Porque la redención de su vida es de gran precio,
>
> Y no se logrará jamás). (Salmos 49.6–8)

Es por eso que Jesús, el Cordero de Dios sin mancha, perfecto y sin pecado, tuvo que hacer la única expiación posible para los pecadores. «Al que no conoció pecado, por nosotros [Dios] lo hizo pecado, para que nosotros fuésemos hechos justicia de Dios en él» (2 Corintios 5.21). En efecto, Cristo pagó en su totalidad la entrada al reino de los que creen en su nombre, porque Él es el único que podría pagar un precio tan inimaginablemente alto.

Por cierto, se trataba de un exorbitante precio, infinitamente más que el oro y las riquezas materiales de toda la tierra combinadas. «Fuisteis rescatados de vuestra vana manera de vivir, la cual recibisteis de vuestros padres, no con cosas corruptibles, como oro o plata, sino con la sangre preciosa de Cristo, como de un cordero sin mancha y sin contaminación» (1 Pedro 1.18–19).

Él pagó el precio *en su totalidad*. Esto es lo que sus últimas palabras en la cruz significaban: «Consumado es» (Juan 19.30). «Con una sola ofrenda hizo perfectos para siempre a los santificados» (Hebreos 10.14).

Por lo tanto, todos los que entran en el reino lo hacen «sin dinero y sin precio» (Isaías 55.1), por la gracia mediante la fe, no por algún mérito o virtud propia (Efesios 2.8–9).

Sin embargo, como estamos a punto de ver en dos ejemplos concisos, la fe genuina nunca deja de apreciar el verdadero costo de la salvación, lo que nuestra liberación de la maldición y la esclavitud del pecado le costó a Cristo; lo que significa ser comprado por Cristo y rendirse a su señorío; y (sobre todo) lo inestimable que es la redención en términos de su valor eterno para el pecador.

Además, y paradójicamente, aunque el Señor Jesús pagó el precio en su totalidad, no es inconsecuente en instar a las personas a considerar el costo de entrar en el reino. De hecho, este es lo que Jesús está haciendo en estas dos breves parábolas registradas en Mateo 13.44–46. Él insta a todos los que quisieran entrar en el reino a tener en cuenta lo que les va a costar.

¿Cuál *es* el costo para un pecador que entra al reino de Dios?

El tesoro escondido

La primera parábola es tan simple que está contenida en un solo versículo: «El reino de los cielos es semejante a un tesoro escondido en un campo, el cual un hombre halla, y lo esconde de nuevo; y gozoso por ello va y vende todo lo que tiene, y compra aquel campo» (Mateo 13.44).

Esta historia tan sencilla demuestra que Jesús estaba tratando con figura familiar. Los oyentes entenderían el contexto legal y cultural sin ninguna explicación. Pero para nosotros es necesario un poco del trasfondo. Vamos a empezar con una historia reciente y sorprendentemente similar que se hizo viral en la Internet en febrero de 2014. Una pareja del norte de California estaban caminando a su perro en su propiedad cuando vieron algo que comenzaba a surgir de debajo de la suciedad del sendero. Era una lata corroída que había sido enterrada años antes. Excavaron y encontraron más latas, todas contenían monedas de oro, más de 1.400 monedas en total, por valor de más de diez millones de dólares. Las monedas fueron acuñadas en San Francisco en varias ocasiones entre los años 1847 y 1894, fechas que abarcan la época de la fiebre del oro de California. Una moneda particularmente rara en la colección fue valorada en más de un millón de dólares. Se cree que es el más valioso tesoro escondido jamás descubierto en Estados Unidos.[1] La mayoría de los informes de noticias de la red que cubrieron la historia destacó el hecho de que las probabilidades de ganar la lotería son varios miles de veces mayor que la posibilidad de encontrar un tesoro tan raro.

Ocultar un tesoro en un campo era tal vez más común en época de nuestro Señor de lo que es hoy. Las personas ponen hoy su dinero en cuentas de ahorros y préstamos, o lo invierten en acciones, bonos, valores o bienes raíces. Otros objetos de valor son normalmente encerrados en cajas de seguridad. En tiempos de Jesús, los cambistas y prestamistas operaban en conexión con el templo en lugar de con los bancos. Ellos no ofrecían lugares seguros para almacenar la riqueza propia. La riqueza se solía invertir en tierra y posesiones. Solo los extremadamente ricos tendrían un superávit de monedas, joyas o cualquier otro tesoro valioso, y era tarea del individuo que poseía tal exceso el encontrar una manera de ocultarlo.

En tierras donde las guerras y las agitaciones políticas eran bastante comunes, enterrar las riquezas era un medio conveniente para proteger el patrimonio de la familia. Los ejércitos conquistadores siempre creían que tenían derecho a los despojos de la guerra. Algunos tomaron esto como un derecho para robar y saquear a los habitantes locales. Si una batalla estaba en el horizonte, una persona prudente tomaría las joyas o el dinero que guardaba en la casa, lo enterraría en una vasija de barro y recordaría el lugar para poder recuperarla cuando el peligro hubiera pasado. Josefo escribió sobre las consecuencias de la destrucción de Jerusalén por Roma bajo Tito Vespasiano en el año 70 A.D.:

No pequeña cantidad de las riquezas que habían estado en esa ciudad [estaba] todavía entre sus ruinas; una gran cantidad de las cuales los romanos cavaron en busca de ellas: pero la mayor parte fue descubierta por aquellos que estaban cautivos, y por lo que se las llevaron. Me refiero al oro, y a la plata, y el resto de los muebles más precioso que los judíos tenían, y que los propietarios habían atesorado bajo tierra, en contra de las fortunas incertidumbres de la guerra.[2]

A veces las personas enterraban objetos de valor, ya fuera por asustadizo temor, desconfianza o pereza. Jesús hace referencia a esto en Mateo 25.18, donde en una de sus parábolas describe un mayordomo perezoso que «cavó en la tierra, y escondió el dinero de su señor», en lugar de invertirlo o ponerlo a trabajar para algún fin lucrativo. Jesús afirmó que al menos debería haber devuelto el dinero con los intereses. Enterrar el dinero cuando tuvo la oportunidad de ganar algo con él era necio e infiel. (Vamos a examinar esa parábola en el capítulo siete).

Así que aquí está un hombre que descubre un tesoro escondido en un campo que pertenece a otra persona. Él podría haber sido empleado por el dueño del campo para que cultivara la tierra. Mientras está arando, desentierra un tesoro escondido. Inmediatamente, él lo pone de vuelta donde lo encontró. Entonces va y vende todo lo que posee en el mundo, liquida todo lo que tiene, y compra aquel campo con el fin de poder obtener el tesoro escondido en ella.

No se nos dice exactamente lo que el tesoro era, solo que era inmensamente valioso.

Los lectores a veces se preguntan si lo que el hombre hizo fue ético. Él descubre un tesoro que no le pertenece, luego lo entierra de nuevo sin decirle al dueño del campo. ¿Acaso no era su deber informar su hallazgo al propietario de la tierra?

Él no lo hizo. La ley rabínica judía era muy específica acerca de tales cosas. Cuando un objeto de valor, cuyo propietario era desconocido, se encontraba al aire libre (incluso a las afueras de las puertas de la casa), el propietario de la tierra no tenía ningún derecho para reclamarlo. He aquí una muestra de una colección moderna de fuentes antiguas:

> [Si] él encontró [un objeto] entre las tablas [en el umbral de la puerta de entrada a la casa], [si el objeto se encuentra] en la jamba y hacia el exterior, pertenece a [el que lo encontró]. Si se encuentra en la puerta jamba y hacia adentro, pertenece a la familia. [Si] uno encontró un objeto en un agujero o una nueva pared, si el objeto se encuentra en el punto medio y hacia el exterior, pertenece a [el que lo encontró].

[Si el objeto se encuentra] en el punto medio y hacia adentro [hacia el interior de la casa], pertenece a la familia... [Si la pared o agujero] fue abierta completamente al exterior, incluso si el objeto se encuentra en el punto medio hacia el interior de la casa, pertenece al que lo encontró. [Si la pared o el agujero] estaba abierto del todo hacia adentro, incluso si el objeto se encuentra en el punto medio hacia el exterior de la casa, pertenece a la familia.[3]

El tesoro encontrado en el campo claramente no pertenecía al dueño de la tierra. (Si hubiera sido suyo, él habría cavado antes de vender su terreno a otra persona. El hecho de que él no sabía que estaba allí significa que no tenía derecho previo sobre él). Por lo tanto, según la ley judía, pertenecía al que lo había encontrado.

Si el hombre que encontró el tesoro hubiera sido menos que escrupuloso, simplemente podría haberlo agarrado y compartido. O podría simplemente haber tomado parte del tesoro y usarlo para comprar el campo que contenía el resto. Pero él no hizo eso. Tampoco innecesariamente provocó un debate acerca de quién era el propietario legítimo. Él simplemente tomó el tesoro que había encontrado y lo puso de vuelta en el terreno. Luego, vendió todo lo que tenía en la faz de la tierra y compró todo el campo solo para tener la propiedad indiscutible de ese tesoro.

Esta es la premisa de la parábola: un hombre encontró algo tan valioso que vendió todo lo que poseía para poder conseguirlo. Estaba tan contento, tan abrumado por el valor de su descubrimiento que estaba ansioso por entregar todo lo que tenía con tal de ganar ese tesoro.

La perla de gran precio

La segunda parábola tiene la misma idea central: «También el reino de los cielos es semejante a un mercader que busca buenas perlas, que habiendo hallado una perla preciosa, fue y vendió todo lo que tenía, y la compró» (Mateo 13.45–46).

Este hombre era probablemente un mayorista. (La palabra para «mercader» es *emporos* en el texto griego. Es la misma palabra de la que se deriva emporio en castellano). Él viajaría de ciudad en ciudad, por mercados, puertos pesqueros y ferias comerciales, en busca de perlas de alta calidad para comprarlas y revenderlas. La gente hace lo mismo hoy día con las antigüedades. Busca en graneros y desvanes viejos y asisten a las ventas de bienes, con la esperanza de encontrar entre todos los muebles de segunda mano un tesoro valioso que se puede obtener por una ganga.

Las perlas en tiempos de Jesús eran equivalentes a los diamantes en la actualidad. Perlas bien formadas eran tan valiosas como cualquier gema preciosa. Las perlas también hicieron que las riquezas fueran más fáciles de transportar. Si tenía buenas perlas, usted era dueño de una fortuna. Buzos que trabajaban gratis (sin máscaras de buceo, trajes apropiados, pesos adecuados o aparato de respiración) las reunían desde profundidades peligrosas del Mar Rojo, el Golfo Pérsico y el Océano Índico. Muchos murieron en este tipo de inmersiones. Los buzos de perlas se ataban rocas a sus cuerpos, tomaban una respiración larga y profunda, y saltaban desde el lado de un barco y revisaban el lodo del fondo en busca de las ostras.

Una sola perla con la debida perfección, tamaño y belleza podría ser de gran valor. Cuando Jesús dijo: «ni echéis vuestras perlas delante de los cerdos» (Mateo 7.6), Él estaba pintando un cuadro absurdo para ilustrar la locura de tratar de razonar con personas que claramente no tienen nada más que desprecio por la verdad. ¿Quién iba a esperar que la más inferior de las bestias inmundas apreciara algo tan valioso como las perlas?

Este comerciante buscaba perlas finas para vender porque eran una inversión confiable; aumentaban en valor a medida que pasaba el tiempo. Como es el caso hoy día, los inversionistas sabios diversifican: guardan un poco de dinero, invierten cierta cantidad en perlas y otra parte en el sector inmobiliario. La única cosa que los inversionistas inteligentes no solían hacer era poner todo en un solo producto.

En vista de ello, es significativo que en estas dos parábolas los personajes principales hicieron precisamente lo que los asesores en inversiones con más experiencia nos advertirían no hacer. El primer hombre lo vendió todo y compró un campo. El segundo lo vendió todo y compró una perla.

Seis verdades vitales acerca del reino

Estas dos simples parábolas no tratan acerca de los principios de inversión. Ellas tiene una idea clave que es espiritual: todo lo que este mundo considera que vale la pena o es importante, es considerado como pura pérdida comparado con la excelencia del conocimiento de Cristo y ser parte de su reino (Filipenses 3.7–8). Este punto resume varias lecciones fundamentales acerca del reino que se entretejen en estas parábolas.

En primer lugar es una verdad que hemos tocado ya: *el reino es de un valor que no tiene precio*. En Cristo y su reino tenemos un tesoro eterno que es rico más allá de cualquier comparación. Este tesoro es incorruptible, incontaminado, inmarcesible, eterno y reservado en los cielos para los creyentes (1 Pedro 1.4).

Ambas parábolas presentan una fortuna de valor incomparable que representa el reino de Dios. Tenga en cuenta cómo hemos definido el reino: es ese reinado donde Cristo gobierna con bondad y bendice eternamente a los sujetos que con mucho gozo le aceptan por fe como Señor. Es el reinado de la salvación. Cristo es el indiscutible soberano en él, y su gloria es la pieza central del reino.

Esto por sí solo sería suficiente para establecer el valor infinito del reino, pero no es todo. El reino consiste en todo lo que es eterno, todo lo que tiene verdadero valor intrínseco y todo lo que es permanentemente incorruptible e incontaminado. Todo lo demás pasará, mientras que la bienaventuranza del reino no puede desaparecer o disminuir. De hecho, «lo dilatado de su imperio y la paz no tendrán límite» (Isaías 9.7). Parafraseando un himno favorito, la paz del reino es perfecta, pero fluye más completa cada día; perfecta, pero se hace más profunda durante todo el sendero.[4]

El reino es un tesoro celestial descansando en el campo de este mundo pobre, maldito y en bancarrota. Es un premio suficiente para hacer que cada uno de los pobres, miserables, ciegos y pecadores habitantes de la tierra sea inconmensurablemente rico para toda la eternidad. El tesoro incluye la salvación, el perdón, el amor, el gozo, la paz, la virtud, la bondad, la gloria, la vida eterna en el cielo, de la presencia de Dios bajo su sonrisa, y el mismo Cristo. Literalmente, todo lo que es de valor eterno se engloba en el tesoro del reino.

Es por eso que este es el bien más valioso que jamás puede ser encontrado, y solo un tonto por completo no estaría dispuesto a renunciar a todo lo que tiene para obtenerlo.

Una segunda lección aquí es: *el reino no es visible superficialmente*. El tesoro estaba escondido; la perla tuvo que ser buscada. No eran evidentes para el observador casual. Esto es exactamente igual en las parábolas. El verdadero significado no se manifiesta de inmediato. Está ahí para aquellos que lo buscan, pero no se destaca ni es inconfundible para alguien cuyo interés es meramente tibio.

Del mismo modo, Jesús afirmó que el reino de Dios no viene con fanfarria; la mayoría no presta atención de cualquier manera (Lucas 17.20). Las realidades espirituales no se pueden percibir de forma natural y por lo tanto, no se aprecian en modo alguno por la humanidad no regenerada. «Nadie conoció las cosas de Dios, sino el Espíritu de Dios» (1 Corintios 2.11). «Pero el hombre natural no percibe las cosas que son del Espíritu de Dios, porque para él son locura, y no las puede entender, porque se han de discernir espiritualmente» (v. 14). «El que no naciere de nuevo, no puede ver el reino de Dios» (Juan 3.3). De modo que el reino de Dios y su valor real permanecen ocultos de las mentes carnales. Es por esto que el tesoro de la salvación no es muy estimado o incluso descubierto por la mayoría. Después de todo, «los designios de la carne son enemistad contra Dios» (Romanos 8.7).

También esto explica por qué la gente del mundo no comprende o valora por qué los cristianos están apasionados con la gloria de Dios. Esas personas no entienden por qué para nosotros valoramos tanto el reino de los cielos cuando este no significa nada para ellas. Las personas no regeneradas no tienen sentido de lo que implica la gloria divina. No pueden entender por qué alguien estaría dispuesto a someterse al señorío de Jesucristo. No entienden por qué alguien podría repudiar el pecado y sus placeres con el fin de seguir la justicia, sacrificando placeres terrenales por goces celestiales. Esto va en contra de todo instinto y cada deseo del corazón humano caído.

Las personas están simplemente ciegas a las riquezas del reino. Las Escrituras afirman: «los cuales el dios de este siglo cegó el entendimiento de los incrédulos, para que no les resplandezca la luz del evangelio de la gloria de Cristo, el cual es la imagen de Dios» (2 Corintios 4.4). Cristo, que es la luz del mundo, «en el mundo estaba, y el mundo por él fue hecho; pero el mundo no le conoció. A lo suyo vino, y los suyos no le recibieron» (Juan 1.10–11).

En gran medida, esto explica el deterioro moral de nuestra cultura hoy. Los pecadores no se inclinan naturalmente a buscar a Dios. De hecho, las Escrituras declaran: «No hay quien busque a Dios» (Romanos 3.11). Pero solo aquellos que le buscan lo encontrarán. Y los que le buscan, lo hacen porque Dios en su gracia los atrae a Cristo (Juan 6.44), no arrastrándolos en contra de su voluntad, sino «con cuerdas humanas... con cuerdas de amor» (Oseas 11.4). Dios invita (e insta) a todos a buscar «a Jehová mientras puede ser hallado, llamadle en tanto que está cercano» (Isaías 55.6). Y Cristo mismo promete: «Pedid, y se os dará; buscad, y hallaréis; llamad, y se os abrirá. Porque todo aquel que pide, recibe; y el que busca, halla; y al que llama, se le abrirá» (Mateo 7.7–8).

He aquí una tercera lección de estas dos parábolas: *el reino se apropia personalmente*. La figura clave en ambas parábolas es un individuo. Cada uno encuentra algo de gran valor específicamente para él y se apropia de él. El cuadro presentado es vital, porque Jesús estaba enseñando a personas que eran propensos a pensar que por ser parte de la nación de Israel, eran automáticamente miembros del reino del Mesías. Del mismo modo, muchas personas piensan que porque fueron bautizados, asisten a la iglesia o incluso formalmente son miembros de una iglesia, esto es lo que les da entrada al reino de Cristo. Incluso, está teológicamente de moda hoy día pensar que las personas entran al reino en conjunto, en lugar de como individuos, debido a que su tribu, nación o clan está asociado con alguna forma de cristianismo.

No es así. «No todos los que descienden de Israel son israelitas» (Romanos 9.6). «Pues no es judío el que lo es exteriormente, ni es la circuncisión la que se hace exteriormente en la carne; sino que es judío el que lo es en lo interior, y la circuncisión es la del corazón, en espíritu» (Romanos 2.28–29). Usted aún no es un ciudadano del reino de los cielos hasta que personalmente es unido a Cristo por el Espíritu de Dios y por lo tanto, se ha apropiado del tesoro para sí mismo. El fruto y la necesaria prueba de esa unión son el verdadero amor por Cristo, la entrega a su autoridad y una confianza incondicional en Él como Señor y Salvador. «El que no amare al Señor Jesucristo, sea anatema» (1 Corintios 16.22).

Una cuarta lección aquí es: *el reino es la verdadera fuente de gozo real.* Mateo 13.44 dice que el hombre fue «gozoso» y vendió todo para comprar el campo con el tesoro enterrado. La mención de gozo en este contexto es muy significativa. Por un lado, el Señor reconoce el deseo básico de todos los seres humanos de ser feliz. El gozo es una buena cosa. Jesús mismo dijo en Juan 15.11: «Estas cosas os he hablado, para que mi gozo esté en vosotros, y vuestro gozo sea cumplido». Más tarde, al enseñarles a orar, Él les dijo: «Hasta ahora nada habéis pedido en mi nombre; pedid, y recibiréis, para que vuestro gozo sea cumplido» (16.24). El apóstol Juan se hizo eco de estas palabras años después: «Estas cosas os escribimos, para que vuestro gozo sea cumplido» (1 Juan 1.4). En Romanos 14.17 se pone gozo al mismo nivel que la justicia y la paz: «El reino de Dios no es comida ni bebida, sino justicia, paz y gozo en el Espíritu Santo». Y en su bendición a los romanos, Pablo escribió: «Y el Dios de esperanza os llene de todo gozo y paz en el creer» (15.13). Por supuesto, el gozo es el resultado natural de apropiarse de un tesoro para sí mismo. Así que, si usted es dueño del tesoro: «Regocijaos en el Señor siempre. Otra vez digo: ¡Regocijaos!» (Filipenses 4.4).

Una quinta lección: *no todo el mundo llega al reino por el mismo enfoque.* Apenas necesitamos señalar las similitudes obvias en las dos parábolas. En ambos casos usted encuentra a un individuo. Cada uno de ellos encuentra algo de gran valor. Cada uno entiende su valor. Y cada uno está dispuesto a renunciar a todo para obtener el tesoro.

Sin embargo, también existe una diferencia en las dos historias.

En la primera parábola, el hombre tropieza con el tesoro. En la segunda, el mercader busca la perla, sabiendo exactamente lo que busca.

No hay ninguna razón para pensar que el hombre en el campo estaba buscando un tesoro. Él estaba simplemente siguiendo su rutina normal, trabajando, caminando, arando un campo, construyendo algo u otra cosa que involucraba excavar o atender algún cultivo. Y mientras estaba en el campo, haciendo lo que tenía que hacer, se topó con una fortuna.

Mucha gente encuentra el reino así. Por ejemplo, el apóstol Pablo no estaba tratando de entrar en el reino. Él suponía que ya estaba en el reino e iba camino a Damasco para perseguir a los cristianos. Lo siguiente que supo fue que Dios le atacó desde el cielo, le hizo caer a tierra y él fue redimido. En realidad, Pablo estaba bastante satisfecho con su propia justicia, hasta que tropezó con una fortuna que hizo que sus propios logros religiosos parecieran un saco de estiércol (Filipenses 3.8).

Del mismo modo, la mujer samaritana llegó al pozo porque necesitaba agua. Aunque no busca un encuentro con Cristo, ella providencialmente le conoció y se fue a casa redimida. Tanto ella como el ciego de nacimiento (Juan 9), el apóstol Mateo (Mateo 9.9) y muchos otros han entrado de tropiezo al reino.

Por otra parte, el comerciante estaba en una búsqueda específica de perlas valiosas. Él sabía lo que estaba buscando. Quería algo genuino y de valor duradero. Él es como el eunuco etíope de Hechos 8, Cornelio en Hechos 10 o los de Berea en Hechos 17. Representa a alguien que está buscando el reino a sabiendas. Él estaba siendo atraído a Cristo por medio de una búsqueda consciente de la vida eterna.

Algunos parecen entrar en el reino casi por accidente; otros, siendo atraídos, pasan tiempo buscando conscientemente. En ambos casos, es Dios quien soberanamente ordena su descubrimiento de Cristo. Él se ocupa de todas las personas como individuos, ordenando los pasos de cada uno de acuerdo con su plan, bondadosamente otorgando a corazones pecaminosos la voluntad y la sabiduría para ver y apreciar el valor infinito del reino, y con ello motivarlos a estimar Cristo mayor que todas las riquezas del mundo. Esa es la fe salvadora.

La sexta lección es: *la fe salvadora tiene un alto costo*. Observe que en estas dos parábolas el premio se compra. Jesús no estaba enseñando, por supuesto, que la vida eterna se puede comprar con dinero o merecerse por las obras humanas. Ya hemos señalado que tal pensamiento es contrario a todo lo que las Escrituras enseñan acerca de la gracia, la fe y la salvación. El precio de la salvación fue pagado por completo por el Señor Jesucristo. Él hizo completa expiación por los pecados de su pueblo. La vida eterna es gratis para el pecador arrepentido; es un don recibido por la fe sola, no una recompensa que se gana o compra por obras de ninguna clase.

Pero decir que la vida eterna se puede recibir gratuitamente por la fe no significa que tal fe es conocimiento simple o asentimiento nominal de ciertos hechos. La fe salvadora no es un acto físico como caminar un pasillo o levantar una mano. La fe genuina no es una simple idea o un asentimiento selectivo de la enseñanza de Jesucristo. Significa dejar a un lado todo lo demás y renunciar a toda confianza de que algo o alguien puede ganarnos méritos con Dios. Es la entrega total a la persona y obra del Salvador. Como reza el himno clásico: «Llevo nada en la mano; solo me aferro a tu cruz».[5]

La fe auténtica en Jesucristo «es una gracia salvadora por la cual recibimos a Cristo como nos es ofrecido en el Evangelio». Estas palabras están tomadas del Catecismo Menor de Westminster (pregunta 86). El Catecismo Mayor (pregunta 72) expresa:

> La fe que justifica es una gracia salvadora, operada en el corazón del pecador por el Espíritu y la palabra de Dios, por la que aquél, siendo convencido de su pecado y miseria, de la incapacidad en sí y en otras criaturas para libertarse de su estado de perdición, no solamente acepta la verdad de la promesa del evangelio, sino también recibe a Cristo y descansa en él y en su justicia ofrecida a él para perdón de pecado, y

para la aceptación y estimación de su persona como justa delante de Dios para salvación.

En términos más simples, la fe salvadora es un intercambio de todo lo que somos por todo lo que Cristo es. Él tomó el lugar del pecador creyente cuando llevó el castigo del pecado en la cruz. Los pecadores toman su lugar «en Cristo» *por la fe* en que el Espíritu Santo les pone en perfecta y permanente unión con Cristo mediante un bautismo espiritual (1 Corintios 12.13). Esta transacción es la que se representa en estas parábolas.

La auténtica fe salvadora se rinde incondicionalmente a Cristo como Señor y Salvador. Esto no quiere decir que en el momento en que creemos podemos esperar que perdamos de inmediato toda tendencia pecaminosa o tener la victoria instantánea sobre cada mal hábito. Lo que significa es que de corazón repudiamos el pecado y amamos la justicia. Este cambio de actitud es el fruto de la regeneración y la prueba de nuestra unión espiritual con Cristo. Los que nunca se arrepienten y carecen de cualquier verdadero amor por la justicia nunca han creído de verdad. La prueba de la verdadera salvación es una vida de amorosa sumisión al Señor y su Palabra.

Con frecuencia Jesús se alejó de las personas cuya fe resultó superficial y carente de compromiso real. En Lucas 9.57–62, por ejemplo, leemos esto:

Yendo ellos, uno le dijo en el camino: Señor, te seguiré adondequiera que vayas.

Y le dijo Jesús: Las zorras tienen guaridas, y las aves de los cielos nidos; mas el Hijo del Hombre no tiene dónde recostar la cabeza.

Y dijo a otro: Sígueme. Él le dijo: Señor, déjame que primero vaya y entierre a mi padre.

Jesús le dijo: Deja que los muertos entierren a sus muertos; y tú ve, y anuncia el reino de Dios.

Entonces también dijo otro: Te seguiré, Señor; pero déjame que me despida primero de los que están en mi casa.

Y Jesús le dijo: Ninguno que poniendo su mano en el arado mira hacia atrás, es apto para el reino de Dios.

En Mateo 10.37–39, Jesús da una descripción detallada de qué tipo de transacción implica fe genuina: «El que ama a padre o madre más que a mí, no es digno de mí; el que ama a hijo o hija más que a mí, no es digno de mí; y el que no toma su cruz y sigue en pos de mí, no es digno de mí. El que halla su vida, la perderá; y el que pierde su vida por causa de mí, la hallará». En otras palabras, si no está dispuesto a renunciar a lo que sea necesario con tal de ser fiel a Cristo, entonces usted no es digno de Cristo.

En Mateo 16.24 leemos lo mismo en menos palabras: «Jesús dijo a sus discípulos: Si alguno quiere venir en pos de mí, niéguese a sí mismo». Esta es la transacción. Es un intercambio en el que doy un paso a un lado y reconozco a Cristo como el único gobernante legítimo de mi vida. Esto es lo que distingue la fe auténtica de todas las variedades de superficiales y falsas profesiones religiosas.

Esto, entonces, se convierte en el principio que guía la vida de un ciudadano del reino. Obviamente, las personas no comprenden todas las implicaciones de la entrega de sí mismas en el momento en que son salvas. Pero los verdaderos creyentes crecen «en la gracia y el conocimiento de nuestro Señor y Salvador Jesucristo» (2 Pedro 3.18), lo que evidencia que son verdaderamente salvos.

La necesidad de contar el costo no se destaca con bastante frecuencia en el evangelismo de hoy. En Lucas 14.28, Jesús pregunta: «¿Quién de vosotros, queriendo edificar una torre, no se sienta primero y calcula los gastos, a ver si tiene lo que necesita para acabarla?». Tres versículos más adelante, añade: «¿O qué rey, al marchar a la guerra contra otro rey, no se sienta primero y considera si puede hacer frente con diez mil al que viene contra él con veinte mil?».

Él muestra la misma idea en estas dos parábolas: cuente el costo de seguirlo. Y si haces esto, seguramente se dará cuenta de que la perla es tan valiosa y el tesoro tan grande que vale la pena dejar a un lado todos los tesoros temporales.

4

Una lección acerca de la justicia y la gracia

¿Qué, pues, diremos? ¿Que hay injusticia en Dios?
En ninguna manera.

—Romanos 9.14

¿Alguna vez ha pensado en el fuerte contraste entre Judas Iscariote y el ladrón en la cruz? Uno era un discípulo cercano de Jesucristo e invirtió tres años de su vida en la mejor y más intensa instrucción religiosa disponible en cualquier lugar. *Sin embargo, perdió su alma para siempre.* El otro era un endurecido criminal de toda la vida que todavía se burlaba de todo lo santo, mientras moría por sus crímenes. *Pero él fue directamente al paraíso para siempre.*

La diferencia entre estos dos hombres no podría ser más pronunciada ni podían finalizar las historias de sus vidas de manera más sorprendente. Judas era un discípulo de Cristo en el círculo más cercano de los doce. Predicó, evangelizó, ministró e incluso se le dio poder de «sanar enfermedades» (Lucas 9.1). Parecía un modelo de discípulo. Cuando

Jesús predijo que uno de los doce lo traicionaría, nadie señaló con sospecha a Judas. Confiaban tanto en él que los otros discípulos lo habían hecho su tesorero (Juan 13.29). Ellos evidentemente no vieron nada en su carácter o actitud que pareciera cuestionable, mucho menos diabólico. Pero él traicionó a Cristo, puso fin a su propia vida miserable mediante el suicidio y entró en la condenación eterna cargado de culpa horrible. Las palabras de Cristo acerca de él en Marcos 14.21 son escalofriantes: «¡Ay de aquel hombre por quien el Hijo del Hombre es entregado! Bueno le fuera a ese hombre no haber nacido».

El ladrón en la cruz, por el contrario, era un criminal de carrera, un malhechor lo bastante peligroso que había sido condenado a morir en la forma más lenta y más dolorosa de pena capital conocida. Se le llama un «ladrón» en Mateo 27.38, usando una palabra griega que significa un bandido o un salteador de caminos. Él estaba siendo crucificado con un compañero. Ambos fueron originalmente programados para ser ejecutados junto con Barrabás, un insurrecto y asesino (Lucas 23.19). Todo eso indica que él era parte de una pandilla de despiadados rufianes que robaban con violencia y vivían sin ley, sino según sus propias pasiones. Él era claramente despiadado, miserable y agresivo, ya que en las primeras horas de la crucifixión, tanto él como su compañero de delitos se burlaron y maldijeron a Jesús junto con la multitud (Mateo 27.44). Pero viendo ese ladrón a Jesús morir en silencio, «angustiado [...] afligido, no abrió su boca; como cordero fue llevado al matadero» (Isaías 53.7), el criminal endurecido tuvo un notable cambio de último minuto de corazón. Literalmente en los últimos instantes de su miserable vida terrenal, confesó su pecado (Lucas 23.41); pronunció una sencilla oración: «Jesús: Acuérdate de mí cuando vengas en tu reino» (v. 42) y entró ese mismo día en el paraíso (v. 43), vestido de justicia perfecta, sin toda su pesada culpa y completamente pagada por Cristo.

Los que piensan que el cielo es una recompensa por hacer el bien podrían protestar que esto era lanzar la justicia por la ventana. El ladrón no había hecho absolutamente nada para merecer el cielo. Si es posible perdonar a un hombre de forma tan completa en los últimos momentos de una vida miserable llena de grave pecado, ¿no sería también adecuado para que un acto de traición como el de Judas fuera cancelado (o mitigado) sobre la base de cualquier buena obra que había hecho mientras siguió a Cristo por tres años? Las personas de vez en cuando plantean cuestiones por el estilo. La Internet está llena de comentarios y artículos que dan a entender que Judas fue tratado injustamente o juzgado con demasiada severidad.

El propio Judas parecía ser la clase de persona que se mantiene al tanto de tales asuntos. Por ejemplo, él protestó cuando María ungió los pies de Jesús con un perfume costoso. Él conocía el valor exacto del ungüento (igual a un año de salario) y se quejó: «¿Por qué no fue este perfume vendido por trescientos denarios, y dado a los pobres?» (Juan 12.5). Sin duda, también habría pensado que la gracia que Jesús mostró al ladrón era demasiado exagerada.

Las personas que han dedicado sus vidas a la religión a veces parecen resentirse cuando Dios se acerca y bondadosamente redime a alguien a quien ellas consideran indigno del favor divino.

Lo que necesitamos tener en cuenta es que todas las personas son totalmente indignas. Nadie *merece* el favor de Dios. Todos somos pecadores culpables que merecemos nada más que la condenación. Nadie que ha pecado tiene derecho a alguna justa reclamación de la bondad de Dios.

En cambio, Dios tiene todo el derecho de mostrar misericordia y compasión a quien Él quiera (Éxodo 33.19). Por otra parte, cuando Él muestra misericordia siempre lo hace en rica abundancia. Como le dijo a Moisés, Él es «¡Jehová! ¡Jehová! fuerte, misericordioso y piadoso; tardo para la ira, y grande en misericordia y verdad; que guarda misericordia a millares, que perdona la iniquidad, la rebelión y el pecado» (34.6–7).

Las personas que protestan que Dios es injusto cuando Él muestra la gracia a las personas que menos se la merecen, simplemente no entienden el principio de la gracia. La justicia plena significaría la muerte inmediata de todos los pecadores, porque «la paga del pecado es muerte» (Romanos 6.23). La verdad es que realmente no queremos lo que es «justo». Todos necesitamos con urgencia la gracia y la misericordia.

Por otro lado, la gracia no es injusta, porque Cristo hizo plena expiación por los pecados de aquellos que confían en Él, y de esta manera volvió la justicia a su favor. «Si confesamos nuestros pecados, él es fiel *y justo* para perdonar nuestros pecados, y limpiarnos de toda maldad» (1 Juan 1.9, énfasis añadido). Debido a que Cristo tomó sobre sí mismo el castigo del pecado, Dios puede justificar a pecadores creyentes (incluso pecadores notorios como el ladrón en la cruz) sin comprometer su propia justicia. «Él sea [a la vez] el justo, y el que justifica al que es de la fe de Jesús» (Romanos 3.26).

Si Dios muestra misericordia a un vil ladrón en sus estertores de muerte al tiempo que condena a alguien con una trayectoria religiosa como Judas, «¿qué, pues, diremos? ¿Que hay injusticia en Dios? En ninguna manera» (Romanos 9.14). Dios «de quien quiere, tiene misericordia» (v. 18).

La misericordia de Dios nunca se debe considerar como una recompensa por las buenas obras. El cielo no es un premio para las personas que se lo merecen. Dios «justifica al impío» (Romanos 4.5). La gracia es, por definición, *inmerecida*. Pero no es injusta. No trate de someter la gracia de Dios a las nociones infantiles sobre el juego limpio y la equidad. Nadie puede reclamarle algo a la misericordia de Dios. Él es perfectamente libre para dispensar su gracia como le parezca adecuado. Así le dijo a Moisés: «Tendré misericordia del que yo tenga misericordia, y me compadeceré del que yo me compadezca» (Romanos 9.15).

En Mateo 20.1–15, Jesús narra una parábola que ilustra estos principios.

Porque el reino de los cielos es semejante a un hombre, padre de familia, que salió por la mañana a contratar obreros para su viña.

Y habiendo convenido con los obreros en un denario al día, los envió a su viña.

Saliendo cerca de la hora tercera del día, vio a otros que estaban en la plaza desocupados; y les dijo: Id también vosotros a mi viña, y os daré lo que sea justo. Y ellos fueron.

Salió otra vez cerca de las horas sexta y novena, e hizo lo mismo.

Y saliendo cerca de la hora undécima, halló a otros que estaban desocupados; y les dijo: ¿Por qué estáis aquí todo el día desocupados?

Le dijeron: Porque nadie nos ha contratado. Él les dijo: Id también vosotros a la viña, y recibiréis lo que sea justo.

Cuando llegó la noche, el señor de la viña dijo a su mayordomo: Llama a los obreros y págales el jornal, comenzando desde los postreros hasta los primeros.

Y al venir los que habían ido cerca de la hora undécima, recibieron cada uno un denario.

Al venir también los primeros, pensaron que habían de recibir más; pero también ellos recibieron cada uno un denario.

Y al recibirlo, murmuraban contra el padre de familia, diciendo: Estos postreros han trabajado una sola hora, y los has hecho iguales a nosotros, que hemos soportado la carga y el calor del día.

Él, respondiendo, dijo a uno de ellos: Amigo, no te hago agravio; ¿no conviniste conmigo en un denario?

Toma lo que es tuyo, y vete; pero quiero dar a este postrero, como a ti.

¿No me es lícito hacer lo que quiero con lo mío? ¿O tienes tú envidia, porque yo soy bueno?

Tal como todas las parábolas, esta tiene como objetivo enseñar una profunda verdad espiritual. Jesús no está considerando leyes justas de trabajo, salario mínimo, equidad en nuestras relaciones comerciales o cualquier otro principio terrenal. Él está describiendo cómo funciona la gracia en la esfera donde gobierna Dios.

Esta parábola pertenece al ministerio tardío de Cristo, cuando Él estaba ministrando en Perea, al este del río Jordán, frente a Jericó. Esta fue la misma región en la que el ministerio de Juan el Bautista había florecido. Jesús se había retirado allí después de que algunos jefes de los fariseos trataron de prenderle (Juan 10.39–40). Las semanas que pasó en Perea fueron de las más fructíferas de su ministerio terrenal. La zona era un desierto estéril, pero una multitud vino a escuchar a Jesús de toda Galilea y Judea. «Y muchos venían a él, y decían: Juan, a la verdad, ninguna señal hizo; pero todo lo que Juan dijo de éste, era verdad. Y muchos creyeron en él allí» (vv. 41–42).

La parábola

La parábola de la viña nos presenta a «un hombre, padre de familia». La palabra en el texto griego es *oikodespotes* (de *oikos*, que significa «casa», y *despotes*, que significa «gobernante»). Cuando este señor de la casa pregunta: «¿No me es lícito hacer lo que quiero con lo mío?» indica que el dinero que se pagó a los trabajadores pertenecía a él (Mateo 20.15). El versículo 8 lo llama «el señor de la viña» y que era una finca de tamaño considerable para requerir tantos trabajadores para ayudar con la cosecha. Así que este era un hombre de gran influencia y riqueza.

Las multitudes escuchando a Jesús estaban muy familiarizadas con los viñedos. Vastas regiones de Israel estaban cubiertas de vides bien ordenadas que crecían en terrazas. La tierra de Israel tiene dos tipos de tierras agrícolas: llanuras y laderas de montañas. Las mesetas y áreas planas extensas eran utilizadas para el cultivo de granos o el pastoreo de ganado, y las laderas más empinadas eran hábilmente preparadas en terrazas para la plantación de viñedos. Este era un trabajo difícil porque las terrazas tenían que ser afirmadas con piedras, que había que llevar y colocar en su lugar a mano. Cualquier tierra buena para sembrar que se requería también tenía que ser llevada por las laderas empinadas sobre los hombros de los hombres o con bestias de carga.

Las uvas eran plantadas en la primavera y podadas durante el verano. La cosecha era una temporada muy corta cerca del final de septiembre. La temporada de lluvias comenzaba inmediatamente después de esto. Así que el tiempo de la cosecha era agitado, porque la cosecha tenía que recogerse antes de que llegaran las lluvias. El propietario necesita ayuda adicional durante la cosecha. Por lo tanto, se fue al mercado para contratar a jornaleros. Este era el lugar más público en el pueblo, y servía de lugar de reunión para los trabajadores cuya única esperanza de empleo era el trabajo temporal no calificado.

El versículo uno dice que el propietario de la tierra salió temprano en la mañana, sin duda, antes de las seis de la mañana, cuando comenzaba la jornada de trabajo de doce horas.

Los salarios de los jornaleros eran notoriamente más bajos que el estándar para un empleado a tiempo completo o sirviente doméstico, que era alrededor de un denario al día. El denario era una moneda romana de plata que contenía poco menos de cuatro gramos de plata. Era la paga de un día típico de un soldado que servía en el ejército romano, y era un salario digno. (El nombre *denario* deriva de una palabra latina que significa «diez», debido a que el valor original de la moneda era equivalente al valor de diez asnos). Claro que un peón común y sin habilidades especiales podría ser contratado por una pequeña fracción de esto, ya que él no estaba en posición para negociar. Si no trabajaba, tal vez no comería ese día. Además, era feroz la competencia por los puestos de trabajo temporales.

El señor de la viña en la parábola de Jesús fue inusualmente generoso al ofrecerles a los jornaleros un denario completo para un día de trabajo. Era un salario honorable, mucho más de lo que los trabajadores temporales normalmente recibirían por mano de obra no especializada. Naturalmente, el grupo que comenzó temprano en la mañana estuvo de acuerdo sin discusión con los términos y se puso a trabajar.

A la tercera hora (9:00 am), el hacendado volvió al mercado. La parábola lo retrata como un hombre amable y generoso, no abusivo o aprovechador. Así que tal vez él no necesitaba estos trabajadores adicionales, sino que sintió compasión a causa de la extrema necesidad *de ellos*. Todavía había muchos en el mercado que estaban sin trabajo. Estaban allí ociosos, no porque no quisieran trabajar, sino porque nadie aún los había contratado.

Esta vez el propietario de la tierra no negocia ninguna cantidad específica antes de contratar a los trabajadores y los envía a su viña. Todo lo que dice es: «os daré lo que sea justo» (Mateo 20.4).

«Y ellos fueron». Deben haberlo conocido como un hombre de honor y le tomaron su palabra, a pesar de que los términos eran vagos. Ya con tres horas en la jornada laboral sin perspectivas de trabajo, no estuvieron en una posición de negociación. Ellos tenían que tomar cualquier cosa que pudieran conseguir.

«Salió otra vez cerca de las horas sexta y novena, e hizo lo mismo» (v. 5). Él continuó volviendo al mercado a intervalos regulares, al mediodía y a las tres de la tarde, buscando a todo el que pudiera trabajar en su viña.

La jornada de trabajo prácticamente había pasado cuando el versículo seis dice que él fue una vez más «cerca de la hora undécima» (5:00 pm). A solo una hora más en la jornada de trabajo, todavía encontró más trabajadores a la espera. Estos eran hombres persistentes que habían estado esperando todo el día, estaban tan ansiosos por un trabajo que aún no se habían dado por vencidos. Sin duda, después de un día de infructuosa espera, estos hombres estaban totalmente desanimados, pensando que no serían capaces de proporcionar algún sustento para sus familias ese día.

Una vez más, no hay que confundir la inactividad de ellos con indolencia. Cuando el dueño les dijo: «¿Por qué estáis aquí todo el día desocupados?», ellos respondieron: «Porque nadie nos ha contratado». Tal vez eran mayores, más débiles o de alguna forma menos calificados para el trabajo duro en el campo. El hacendado les contrató en el acto con los mismos términos imprecisos que había utilizado con el grupo de las nueve de la mañana: «Id también vosotros a la viña, y recibiréis lo que sea justo» (Mateo 20.7).

En otra parte, Jesús afirma: «El obrero es digno de su salario» (Lucas 10.7; 1 Timoteo 5.18). Este era un principio estricto de la ley de Moisés: «No retendrás el salario del jornalero en tu casa hasta la mañana» (Levítico 19.13). Esta regla se aplicaba en particular a los pobres y jornaleros: «No oprimirás al jornalero pobre y menesteroso, ya sea de tus hermanos o de los extranjeros que habitan en tu tierra dentro de tus ciudades. En su día le darás su jornal, y no se pondrá el sol sin dárselo; pues es pobre, y con él sustenta su vida; para que no clame contra ti a Jehová, y sea en ti pecado» (Deuteronomio 24.14–15).

Este hacendado era un hombre honorable, fiel a los preceptos de la ley de Dios, y «cuando llegó la noche, el señor de la viña dijo a su mayordomo: Llama a los obreros y págales el jornal, *comenzando desde los postreros hasta los primeros*» (Mateo 20.8, énfasis añadido). Es significativo que le dio instrucciones al mayordomo para que pagara a los trabajadores en orden inverso. El contexto inmediato indica que esta es la clave para entender el significado de la parábola, y en breve veremos por qué. Pero por ahora, observe que los hombres en el frente de la línea habían trabajado solo una hora. Los que estaban al final de la línea habían trabajado doce. Sin embargo, al mayordomo comenzar a distribuir la paga, los que habían trabajado por menos tiempo «recibieron cada uno un denario». Ellos recibieron el salario de un día completo en la escala salarial de un soldado a cambio de solo una hora de mano de obra no calificada. Deben de haberse sentido extremadamente agradecidos por la generosidad del dueño de la viña.

Sin duda, los hombres al final de la fila se les estarían haciendo la boca agua. Según sus cálculos, el propietario de la viña se había comprometido a pagar un denario la hora. Deben haber asumido que en el momento en que llegara a ellos, iban a recibir doce días de salario.

Hay una elipsis en este punto de la narración de la historia de Jesús. Él no describe en realidad cómo se les pagó a los grupo de las tres, el mediodía y las nueve de la mañana, pero la implicación clara es que también recibieron cada uno un denario.

Los versículos 10 al 12 continúan: «Al venir también los primeros, pensaron que habían de recibir más; pero también ellos recibieron cada uno un denario. Y al recibirlo, murmuraban contra el padre de familia, diciendo: Estos postreros han trabajado una sola hora, y los has hecho iguales a nosotros, que hemos soportado la carga y el calor del día».

¿Es esto justo?

¿Qué les había prometido darles el hacendado? «Un denario al día» (Mateo 20.2). No solo era que un salario justo; era inusualmente generoso para trabajadores de salario mínimo. Esto es lo que felizmente acordaron.

Sin embargo, estaban resentidos contra el dueño. La palabra traducida «murmuraban» en el texto griego es *egogguzon*. Es onomatopéyica:

la palabra misma forma un sonido que evoca su significado. Suena como una denuncia o queja. Ellos murmuraban en voz baja, quejándose de la paga que recibieron.

Cuando el propietario de la tierra oyó la queja, le contestó a uno de ellos: «Amigo, no te hago agravio; ¿no conviniste conmigo en un denario? Toma lo que es tuyo, y vete; pero quiero dar a este postrero, como a ti. ¿No me es lícito hacer lo que quiero con lo mío? ¿O tienes tú envidia, porque yo soy bueno?» (Mateo 20.13–15).

La expresión «tienes tú envidia» habla de los celos. Pero seamos sinceros: los celos son un aspecto intrínseco de la naturaleza humana caída. Casi todo el mundo en el final de esta fila de pago probablemente habría sentido un poco de resentimiento. Después de todo, estos hombres habían trabajado las doce horas del día, la mayor parte bajo el calor del sol, mientras que los trabajadores contratados a las cinco de la tarde comenzaron a trabajar bajo una brisa fresca en el crepúsculo y trabajaron solo una hora.

Pero no podemos perder de vista el hecho de que cuando se contrató al grupo de las seis de la mañana, ellos estuvieron muy contentos con la oferta de un denario al día. Ellos comenzaron la jornada de trabajo de muy buen humor, encantados de que el propietario de la tierra fuera extremadamente generoso con ellos. Él les estaba ofreciendo más del salario que razonablemente podían esperar.

¿Qué ha cambiado el estado de ánimo de ellos tan drásticamente? Solo que alguien menos merecedor (o así lo creían) era tratado con *más* generosidad. Al instante se sintieron maltratados, envidiando la buena suerte de la otra persona. Toda la actitud de ellos cambió. No podían soportar la idea que otros trabajadores recibieran el mismo salario sin trabajar tan duro como ellos lo hicieron. De repente, la gratitud y admiración de ellos por la generosidad extrema del hacendado dieron paso al amargo resentimiento.

Los obreros de la hora undécima, por supuesto, estaban en éxtasis. Ellos entendieron mejor que nadie cuán gentilmente habían sido tratados (cp. Lucas 7.40–48).

El proverbio

Ahora mire el contexto inmediato de esta parábola y note que tanto el prólogo como el epílogo son un simple proverbio: «Pero muchos primeros serán postreros, y postreros, primeros» (Mateo 19.30). (La separación entre Mateo capítulo 19 y 20 es una interrupción artificial. El último versículo del capítulo 19 en realidad introduce la parábola que sigue). Entonces el mismo proverbio se repite al final de la parábola: «Así, los primeros serán postreros, y los postreros, primeros» (Mateo 20.16).* Un eco del refrán también se encuentra en la parábola en sí, en esa frase clave en Mateo 20.8, donde el dueño instruye al mayordomo cómo pagar a los trabajadores sus salarios: «Llama a los obreros y págales el jornal, comenzando desde los postreros hasta los primeros».

Jesús utilizó variaciones de este mismo proverbio en otras ocasiones. La encontramos, por ejemplo, en Lucas 13.30: «Y he aquí, hay postreros que serán primeros, y primeros que serán postreros»; y en Marcos 10.31: «Pero muchos primeros serán postreros, y los postreros, primeros».

El proverbio es también una especie de enigma. ¿Qué significa? No está diciendo exactamente lo mismo que Marcos 9.35: «Si alguno quiere ser el primero, será el postrero de todos, y el servidor de todos». O en Marcos 10.43–44: «El que quiera hacerse grande entre vosotros será vuestro servidor, y el que de vosotros quiera ser el primero, será siervo de todos». Estos versículos realzan la humildad y el sacrificio. Son *imperativos*: mandatos que nos dan instrucciones para ser siervos humildes en lugar de buscar protagonismo y poder.

Pero el proverbio que aparece en esta parábola está en *indicativo*, una simple declaración de un hecho: «Los primeros serán postreros, y los postreros, primeros». ¿Qué significa esto y cómo funciona? En una carrera a pie, por ejemplo, la única manera de que los últimos sean los

---

* La Reina-Valera 1960 añade: «porque muchos son llamados, mas pocos escogidos». Sin embargo, los manuscritos más antiguos no incluyen esta frase y no parece ajustarse a este contexto. Se considera que la misma ha sido tomada de Mateo 22.14.

primeros y los primeros sean últimos es que todo el mundo termine la carrera al mismo tiempo. Si todo el mundo cruza la línea de la meta exactamente en el mismo instante, los primeros son últimos y los últimos son los primeros. Todo el mundo termina empatado.

Esta, por supuesto, es precisamente el asunto que Jesús estaba mostrando en la parábola. Los contratados primero y los últimos todos obtuvieron exactamente el mismo salario. Todos ellos, desde el primero hasta el último, tuvieron todos los beneficios de la generosidad del propietario de la tierra a partes iguales.

¿Qué lección espiritual se encuentra en esta historia?

El punto

La lección es muy simple: la historia es un cuadro preciso de la soberana gracia salvadora de Dios. Ya que los pecadores son completamente indignos y las riquezas de la gracia de Dios son inagotables, todos los creyentes reciben una cuota infinita y eterna de su misericordia y bondad, aunque nadie realmente se lo merece. «En quien [todos] tenemos redención por su sangre, el perdón de pecados según las riquezas de su gracia» (Efesios 1.7). Él «nos resucitó [juntos], y asimismo nos hizo sentar [juntos] en los lugares celestiales con Cristo Jesús, para mostrar en los siglos venideros las abundantes riquezas de su gracia en su bondad para con nosotros en Cristo Jesús» (2.6–7). Esto habla de todos los que son redimidos. Es la buena voluntad del Padre darles el reino (Lucas 12.32) a todos ellos y en igual abundancia. El ladrón moribundo que se arrepintió en sus últimos momentos entró en el paraíso, donde está disfrutando de la vida eterna y la comunión eterna con Cristo lo mismo que Pedro, Jacobo y Juan, quienes literalmente dieron sus vidas en servicio del Salvador.

El propietario de la tierra en la parábola representa a Dios. El viñedo es el reino, la esfera del gobierno de Dios. Los trabajadores son los creyentes, personas que entran en el servicio del Rey. El día de trabajo es su vida. La noche es la eternidad. El mayordomo, tal vez, representa a Jesucristo, a quien le ha sido todo el juicio. El denario representa la vida eterna.

Advertencia: esta paga no es algo que los trabajadores se han ganado. No se les da a ellos como un salario mínimo en un intercambio justo por el trabajo realizado. Es demasiado para eso. Más bien, esta representa un don de gracia, un don espléndido que supera la mejor recompensa que jamás podría merecer cualquier día de trabajo.

Así que este es el punto: si usted es un creyente genuino, recibirá todos los beneficios de la gracia inconmensurable de Dios, al igual que todos los demás en el reino de Dios. Su lugar en el cielo no es un tiempo compartido donde el acceso se determina por cuánto tiempo pasó haciendo la obra del Señor. Las bendiciones de la redención no se reparten en cuotas sobre la base de los logros personales. El perdón no se mide por el peso de nuestras buenas acciones en contra de nuestros pecados, ni es parcialmente retenido si hemos pecado demasiado tiempo o demasiado mal. *Todo* el que entra en el reino recibe la abundancia plena dela gracia, la misericordia y el perdón de Dios. Esto es verdad, no importa el tiempo que haya trabajado en el reino de Dios. Esto es verdad, sin importar lo difícil o lo fácil que sean sus circunstancias. Es cierto si su servicio fue mínimo o máximo; si muere como un mártir en la flor de la vida o lleva una vida bastante tranquila y muere de viejo. Es verdad si viene a Cristo en la adolescencia o si se arrepiente verdaderamente de sus pecados al final de una vida libertina. Cuando esta vida terrenal termina, si usted es un creyente, va a estar con Cristo, al igual que el ladrón en la cruz (Lucas 23.43); al igual que el apóstol Pablo (2 Corintios 5.8); y al igual que cualquier otro santo que ha muerto desde entonces.

El cielo no es una recompensa por el servicio durante mucho tiempo o por el trabajo duro. Algunas personas sirven a Cristo toda su vida y otras por un tiempo muy corto. Todos nosotros entramos en la misma vida eterna. Todos vamos a recibir las mismas bendiciones espirituales en el cielo.

Si esto parece poco equitativo, recuerde que es mucho más de lo que cualquiera de nosotros se merece. Los beneficios del reino son los mismos para todo el mundo, porque en el primer lugar somos redimidos solo por la gracia de Dios, y nada más. Esta es realmente una buena noticia para usted y para mí; nosotros no tenemos que ganarnos nuestro camino al reino. El cielo no se basa en nuestros méritos.

El propósito

¿Por qué Jesús ideó esta parábola en este contexto? Los sucesos que Mateo relata antes y después de la parábola responden esta pregunta.

Nuestro Señor presentó esta analogía principalmente para el beneficio de sus doce discípulos inmediatamente después de su conversación con el joven rico. Este joven con gran riqueza e influencia había llegado hasta Jesús para preguntarle: «Maestro bueno, ¿qué bien haré para tener la vida eterna?» (Mateo 19.16). Él posiblemente pensaba que sería alabado porque claramente creía que había cumplido todos los deberes espirituales y que su vida estaba en orden. Ciertamente parecía un prospecto evangelístico prometedor.

Pero en lugar de simplemente darle las buenas nuevas del evangelio, Jesús lo retó en cuanto a su obediencia a la ley. Cuando el joven insistió: «Todo esto lo he guardado desde mi juventud. ¿Qué más me falta?» (Mateo 19.20), Jesús le dijo que vendiera todas sus posesiones, las diera a los pobres y lo siguiera. Este era un sacrificio que el joven no estaba dispuesto a hacer.

Jesús por lo tanto mostró el hecho de que el joven rico amaba más a sus posesiones de lo que amaba a Dios o a su prójimo. En otras palabras, a pesar de que afirmó haber cumplido la totalidad de la ley de Dios, él estaba violando el primero y el segundo más grande mandamientos (Mateo 22.37–40). Pero el hombre no reconocía esto. No dispuesto a enfrentar su pecado y arrepentirse, «se fue triste» (Mateo 19.22).

Los discípulos se sorprendieron cuando Jesús claramente parecía poner obstáculos en el camino del joven rico en vez de animarlo. Ellos estaban desconcertados: «¿Quién, pues, podrá ser salvo?» (v. 25).

La respuesta de Jesús hace hincapié en el hecho de que la salvación es obra de Dios, no algo que algún pecador puede lograr por sí mismo: «Para los hombres esto es imposible; mas para Dios todo es posible» (v. 26).

Así que los discípulos estaban pensando acerca de la imposibilidad de merecer el favor de Dios. Estaban, sin duda, examinando sus propios corazones. A diferencia del rico, de hecho ellos *habían* dejado todo para seguir a Cristo (v. 27). Estaban buscando alguna garantía de Cristo mismo de que el sacrificio de ellos no era en vano. Esto es lo que promovió esta parábola.

Cuando el joven rico se alejó, fue Pedro quien habló en nombre de todos los discípulos y dijo: «He aquí, nosotros lo hemos dejado todo, y te hemos seguido; ¿qué, pues, tendremos?» (v. 27). Los doce eran como el grupo de las seis de la mañana en la parábola. Ellos fueron los primeros que Jesús llamó al inicio de su ministerio. Habían estado trabajando a través del calor del día, por mucho más de doce horas. Ya había pasado casi tres años. Habían renunciado a sus hogares, trabajos y relaciones para servir a Cristo. Con la única excepción de Judas, ellos sin duda amaban a Jesús. Todos ellos darían sus vidas por causa del evangelio. Querían saber lo que iban a recibir por su sacrificio.

Sin duda, los discípulos pensaban que recibirían beneficios especiales. Creían que iban a heredar el reino muy pronto y esto les entusiasmaba. Estaban muy conscientes de que Jesús era el Mesías de Israel. Ellos esperaban indiscutiblemente un reino terrenal y político con toda la gloria y la riqueza que se podrían obtener mediante el dominio mundial. Ellos eran los primeros discípulos, por lo que tenía sentido que uno de ellos se sentaría a la diestra de Jesús, en el lugar de más alto honor.

Esta era una visión ingenua e inmadura de la misión de Jesús y que conservaron incluso después de la resurrección. Mientras que el Cristo resucitado se reunía con ellos como grupo y los prepara para el Pentecostés, preguntaron: «Señor, ¿restaurarás el reino a Israel en este tiempo?» (Hechos 1.6). Ahora que Cristo se había mostrado incluso triunfante sobre la muerte, ellos estaban esperando por fin conseguir sus coronas, tronos y lugares de honor.

Al final de Mateo 19, cuando Pedro le preguntó: «¿Qué, pues, tendremos?». Jesús respondió abordando su sed de honor especial. Les aseguró que de hecho tendrían lugares de honor en el reino. Pero Él continuó diciendo que *todos* en el reino serían honrados: «De cierto os digo que en la regeneración, cuando el Hijo del Hombre se siente en el trono de su gloria, vosotros que me habéis seguido también os sentaréis sobre doce tronos, para juzgar a las doce tribus de Israel. *Y cualquiera* que haya dejado casas, o hermanos, o hermanas, o padre, o madre, o mujer, o hijos, o tierras, por mi nombre, recibirá cien veces más, y heredará la vida eterna» (vv. 28–29, énfasis añadido).

Es interesante observar cuán poco efecto tuvo la lección de esta parábola en los doce discípulos. Ellos estaban tan obsesionados con la idea de honores *especiales* que, incluso después de que escucharon esta parábola, continuaron conspirando y compitiendo por el primer lugar. De hecho, el siguiente episodio que registra Mateo es este: «Entonces se le acercó la madre de los hijos de Zebedeo con sus hijos, postrándose ante él y pidiéndole algo. Él le dijo: ¿Qué quieres? Ella le dijo: Ordena que en tu reino se sienten estos dos hijos míos, el uno a tu derecha, y el otro a tu izquierda» (Mateo 20.20–21). Mateo (que por supuesto, era uno de los doce) afirma: «Cuando los diez oyeron esto, se enojaron contra los dos hermanos» (v. 24). ¡Ellos estaban molestos porque todos ansiaban los lugares principales!

Esto se convirtió en una fuente constante de disputas entre los doce. Incluso en el aposento alto en la noche de la traición al Señor, fue Jesús quien lavó los pies de los demás porque todos ellos deseaban ser considerados «grandes» y lavar los pies de alguien era un deber del más inferior de los siervos (Juan 13.4–17). Más tarde esa misma noche, justo después de que Jesús partió el pan y consagró el vino: «Hubo también entre ellos una disputa sobre quién de ellos sería el mayor» (Lucas 22.24).

Aunque la parábola de los obreros de la viña tenía como propósito enfrentar las percepciones egoístas, envidiosas y confusas de los discípulos, tomó tiempo para que hiciera su efecto en ellos.

Los principios

Aun así, la parábola está llena de principios vitales, incluso algunos —en realidad la mayoría de ellos— son verdades fundamentales del evangelio.

Se enseña, en primer lugar, que *la salvación no se gana*. La vida eterna es un don que Dios da por pura gracia conforme a su voluntad soberana.

Pero la lección más obvia de la parábola es que *Dios da la misma gracia abundante a todo el que sigue a Cristo*. Publicanos, rameras, mendigos y ciegos compartirán en la misma vida eterna como aquellos que han servido toda su vida; aquellos que han predicado el evangelio a miles y aquellos que fueron martirizados por Cristo. Gracias a Dios, Él no da ningún creyente lo que realmente se merece.

Cuando lleguemos al cielo todos vamos a vivir en la casa del Padre (Juan 14.2). Todos somos «herederos de Dios y coherederos con Cristo» y seremos glorificados juntamente (Romanos 8.17). Ninguno de nosotros recibirá solo una parte del cielo; todos recibiremos la totalidad plena del cielo.

Otro lugar de las Escrituras sí indica que, además de plena redención del pecado y la vida eterna, habrá diferentes recompensas que el Señor se complace en dar a sus hijos por su fidelidad. En el tribunal de Cristo: «Si permaneciere la obra de alguno que sobreedificó, recibirá recompensa. Si la obra de alguno se quemare, él sufrirá pérdida» (1 Corintios 3.14–15). Así que algunos van a sufrir pérdidas y algunos serán recompensados, dependiendo de la calidad perdurable de su trabajo.

Sin embargo, en Apocalipsis 4.10–11 vemos en qué se convierten esas recompensas:

> Los veinticuatro ancianos se postran delante del que está sentado en el trono, y adoran al que vive por los siglos de los siglos, y echan sus coronas delante del trono, diciendo: Señor, digno eres de recibir la gloria y la honra y el poder; porque tú creaste todas las cosas, y por tu voluntad existen y fueron creadas.

Las recompensas, sin embargo, no son el asunto en la parábola de los obreros de la viña. Jesús está enseñando una lección sobre la vida abundante y eterna que pertenece a todos los que lo aceptan como Señor y Salvador. El cielo en sí mismo no es una recompensa que puede ser ganada por el trabajo duro; es un don de gracia, dado en plena abundancia a todos los creyentes por igual. Dios «no hace acepción de personas» (Hechos 10.34). Él no hace distinción entre hombres y mujeres, ricos y pobres, judíos y gentiles (Gálatas 3.28).

Algunos principios secundarios importantes también se ilustran en esta parábola. Por ejemplo, podemos ver en el cuadro que *es Dios quien inicia la salvación*. En la parábola, el propietario salió a encontrar a los trabajadores en el mercado del mundo y los llevó a su viña. Dios es quien busca y salva. Nuestra salvación es enteramente su obra, y esta es la razón principal por la que no tenemos derecho a hacer demandas o establecer límites a lo que Él da a otra persona. Es prerrogativa de Dios y solo de Él mostrar misericordia a quien Él quiere.

Mientras tanto, *Él sigue llamando a obreros a su reino*. A lo largo de la historia y en todas las fases de la vida humana, Dios está llamando a personas a su reino. Es un trabajo continuo. Jesús afirmó en Juan 9.4: «Me es necesario hacer las obras del que me envió, entre tanto que el día dura; la noche viene, cuando nadie puede trabajar». Nuestra parábola ilustra lo que quiso decir. La redención continúa hasta que llegue el juicio. Y ese momento *se acerca*.

Dios llama a pecadores, no al autosuficiente. Él trae a su viña aquellos que reconocen sus propias necesidades, no a las personas que piensan que son «rico, y me he enriquecido, y de ninguna cosa tengo necesidad; y no sabes que tú eres un desventurado, miserable, pobre, ciego y desnudo» (Apocalipsis 3.17). Los hombres reunidos en el mercado en busca de trabajo estaban desesperados, plenamente conscientes de su necesidad. Eran pobres y humildes, carentes de recursos, pidiendo trabajo, en representación de los pobres en espíritu. No había nada de complacencia o satisfacción de sí mismos, sobre todo los que habían llegado al final del día y todavía no tenían nada. Este es exactamente el tipo de persona que Cristo vino a buscar y a salvar. Jesús dijo: «Los sanos no tienen necesidad de médico, sino los enfermos. No he venido a llamar a justos, sino a pecadores» (Marcos 2.17; cp. también 1 Corintios 1.26–31).

Dios es soberano en la manifestación externa de la salvación. ¿Por qué esperar hasta la última hora para llamar a algunos? ¿Por qué no contrató el dueño a todo el mundo en el mercado en su primer viaje allí? La parábola no revela las razones. Tampoco sabemos por qué Dios salva a las personas en diferentes etapas de la vida. Él soberanamente determina tanto cuándo como a quién va a llamar. Pero todos los que son llamados saben que son necesitados y están dispuestos a trabajar. Y su voluntad es el resultado, no la causa, de la gracia de Dios para ellos. «Porque Dios es el que en vosotros produce así el querer como el hacer, por su buena voluntad» (Filipenses 2.13).

Dios cumple su promesa. El propietario de la viña le dijo al primer grupo que le daría a cada uno un denario y así lo hizo. También cumplió su promesa a los que contrató más tarde. Les prometió que iba a darles lo que era justo y en lo que les dio fue más que generoso. De la misma manera, Dios nunca da menos de lo que promete y a menudo da «mucho más abundantemente de lo que pedimos o entendemos» (Efesios 3.20).

Dios siempre nos da más de lo que merecemos. «Toda buena dádiva y todo don perfecto desciende de lo alto, del Padre de las luces» (Santiago 1.17). Y todo lo que recibimos que no sea la condenación eterna es más de lo que merecemos. Así que no hay lugar para que los cristianos nos enojemos por la gracia de Dios hacia los demás o por pensar que de alguna manera Él nos ha defraudado. Esta misma idea está llena de blasfemia. De hecho, ese fue el espíritu del hermano mayor de la parábola del hijo pródigo. Le disgustó profundamente la gracia de su padre hacia su hermano, el hijo pródigo.

Dios es misericordioso y siempre debemos elogiar su gracia. La parábola de los obreros de la viña exalta maravillosamente el principio de la gracia. Mi propia respuesta a esta parábola es de profundo agradecimiento, ya que hay muchos que han sido más fieles que yo, han trabajado más duro que yo, más tiempo que yo y han padecido bajo más grandes pruebas. Quizá hay otros que han trabajado menos, por menos años, con menos diligencia. Pero la gracia abunda incluso para el más grande de los pecadores y Dios nos salva perpetuamente (Hebreos 7.25). Esto le da la gloria y que sin duda es una razón para alabarle y regocijarnos junto con *todos* los que han recibido esta gracia.

5

Una lección acerca del amor al prójimo

Porque toda la ley en esta sola palabra se cumple:
Amarás a tu prójimo como a ti mismo.

—Gálatas 5.14

La conmovedora historia del buen samaritano en Lucas 10.30–37 es una de las más queridas e interesantes de todas las parábolas de Jesús. Es tan conocida que se ha convertido en una referencia común de la magnificencia y gentileza del sacrificio. Llamar a alguien un buen samaritano es un cumplido noble. Pero nuestra familiaridad con esta parábola puede hacernos creer que conocemos la historia mejor de lo que realmente pensábamos. Muchas personas dan por sentado que entienden exactamente de qué trata esta historia y lo que se pretende transmitir, cuando la mayoría de las veces en realidad no es así.

La lección del buen samaritano no es solo una exhortación a ayudar a los necesitados. Sería demasiado simplista decir que la idea principal de Jesús es ser bondadosos con los extranjeros. Más bien, Él contó esta historia para ilustrar hasta qué punto todos nos quedamos cortos al tratar de cumplir lo que la ley de Dios en realidad exige. A través de ella está explicando *por qué* todas nuestras buenas obras y méritos religiosos nunca son suficientes para ganarnos el favor de Dios. Está mostrando lo que la ley realmente exige de nosotros y, por lo tanto, está quitándoles por completo las esperanzas a las personas religiosas extremadamente escrupulosas que piensan que pueden merecer la vida eterna por seguir meticulosamente las tradiciones rabínicas, obsesionadas con las minucias de la ley de Dios e inventando cómo evadir los principios verdaderamente importantes y las partes difíciles de las Escrituras.

El verdadero punto de la parábola se hace evidente cuando nos fijamos en el contexto inmediato en Lucas 10. En síntesis, Jesús le está contando esta parábola a un legalista religioso pedante que estaba tratando de disminuir la fuerza de la ley de Dios con un análisis de sutilezas de la palabra *prójimo*.

Una pregunta con trampa

Durante el ministerio de Jesús en Galilea (la región donde Él se crio), Él encontró la oposición implacable de los líderes religiosos clave y sus seguidores. En Lucas 10, Él envía a setenta de sus discípulos en una última misión de llevar el evangelio a las ciudades de Galilea. Él sabía que los discípulos también encontrarían mucha oposición, por lo que les instruye:

> Mas en cualquier ciudad donde entréis, y no os reciban, saliendo por sus calles, decid: Aun el polvo de vuestra ciudad, que se ha pegado a nuestros pies, lo sacudimos contra vosotros. Pero esto sabed, que el reino de Dios se ha acercado a vosotros. Y os digo que en aquel día será más tolerable el castigo para Sodoma, que para aquella ciudad. (Lucas 10.10–12)

Entonces Jesús continúa con algunas palabras cortantes de condena para tres ciudades específicas donde Él ya había pasado una gran cantidad de tiempo durante su ministerio en Galilea: Corazín, Betsaida y (la más importante) Capernaum, ciudad natal de muchos de los discípulos (Lucas 10.13–16). Sus palabras de condena a estas ciudades son algunas de las palabras más duras que jamás pronunció Jesús.

Tal como era de esperar, este discurso profético directo enfureció aún más a los líderes religiosos que ya se le oponían. En ese momento, un experto legal (uno de los líderes religiosos hostiles, no un abogado civil) dio un paso adelante y le formuló a Jesús una pregunta acerca de la vida eterna en un intento de atraparlo o avergonzarlo.

Lucas registra la escena: «Y he aquí un intérprete de la ley se levantó y dijo, para probarle: Maestro, ¿haciendo qué cosa heredaré la vida eterna?» (Lucas 10.25). Las Escrituras señalan la falta de sinceridad del hombre. Esta no era una pregunta honesta de alguien que quería aprender; era una prueba, un desafío o una estratagema para tratar de atrapar o confundir a Jesús al plantear un dilema moral o paradoja del que el abogado pensaba que no tenía alguna respuesta clara. Esta fue solo la primera de una serie de preguntas que el abogado tenía prevista y (como veremos en breve), está claro a dónde iba. Él quería avergonzar a Jesús e impresionar a la multitud con sus propias habilidades supuestamente superiores como un sofista legal y de aspectos teológicos delicados.

A pesar de la mala motivación del intérprete de la ley, la primera pregunta que planteó es una pregunta importante. De hecho, es la pregunta más grande jamás preguntada o respondida, y estaba con frecuencia en las mentes y los corazones de los que se acercaron a Jesús para aprender de Él. Es la que había en el corazón de Nicodemo cuando vino a Jesús amparado por la oscuridad en Juan 3. Es la misma pregunta del joven rico en Mateo 19. De hecho, la misma pregunta se le formuló con frecuencia a Jesús y aparece en varios lugares en los Evangelios.

El Antiguo Testamento prometió la vida eterna, un reino sin fin en la que los verdaderos creyentes vivirían, en la presencia de Dios, en cumplimiento de todas las promesas divinas. Jesús mismo habló a menudo acerca de la vida eterna, porque era la promesa central del evangelio, el mensaje que Él vino a proclamar «para que todo aquel que en él cree, no se pierda, mas tenga vida eterna» (Juan 3.16). Jesús afirmó cosas como: «Yo soy la resurrección y la vida; el que cree en mí, aunque esté muerto, vivirá. Y todo aquel que vive y cree en mí, no morirá eternamente» (Juan 11.25–26). «El que bebiere del agua que yo le daré, no tendrá sed jamás; sino que el agua que yo le daré será en él una fuente de agua que salte para vida eterna» (Juan 4.14). «El que oye mi palabra, y cree al que me envió, tiene vida eterna; y no vendrá a condenación, mas ha pasado de muerte a vida» (Juan 5.24) y así sucesivamente.

Los rabinos habían enseñado a los judíos que su linaje, su circuncisión, sus ceremonias y sus tradiciones eran lo que les hacían aptos para el reino eterno. Pero está claro que todavía había una sensación persistente de incertidumbre y culpa en muchos corazones, ya que la gente constantemente formulaba esta pregunta a Jesús. Sus propios corazones les acusaban y temían que a pesar de todas sus cualidades étnicas y religiosas, a pesar de lo que parecía en la superficie, eran solo superficialmente guardadores de la ley y mantenedores de una fachada. Sabían por la luz de la conciencia que no eran dignos de ser parte de ese reino.

Esta vez, Jesús respondió a la pregunta con otra pregunta: «Él le dijo: ¿Qué está escrito en la ley? ¿Cómo lees?» (Lucas 10.26). Literalmente: ¿cómo lo lees? Jesús se refería a la *Keri'at Shema*, la lectura diaria en voz alta de Deuteronomio 6.4–5: «Oye, Israel: Jehová nuestro Dios, Jehová uno es. Y amarás a Jehová tu Dios de todo tu corazón, y de toda tu alma, y con todas tus fuerzas».

En respuesta, el abogado citó este mismo pasaje, añadiendo la última mitad de Levítico 19.18. «Aquél, respondiendo, dijo: Amarás al Señor tu Dios con todo tu corazón, y con toda tu alma, y con todas tus fuerzas, y con toda tu mente; y a tu prójimo como a ti mismo» (Lucas 10.27). Este era un resumen perfecto de las demandas morales de la ley. Es precisamente la misma respuesta que Jesús dio en otra ocasión en Mateo 22.37–40 cuando otro intérprete de la ley le preguntó: «Maestro, ¿cuál es el gran mandamiento en la ley?» (v. 36). En ese contexto, Jesús expresó las palabras de Deuteronomio 6.5 («amarás a Jehová tu Dios de todo tu corazón») como el primer y más grande mandamiento y Levítico 19.18 («amarás a tu prójimo como a ti mismo») como el segundo. Luego agregó: «De estos dos mandamientos depende toda la ley y los profetas» (Mateo 22.40).

Como ya he explicado, los Diez Mandamientos están divididos en estas mismas dos categorías. Los primeros cuatro explican lo que se admitía que es amar y honrar a Dios correctamente. Del quinto al décimo se esboza lo que es amar al prójimo. Así que todo el contenido moral de la ley se resume en estos dos simples mandamientos. El abogado en Lucas 10 consiguió exactamente lo que era recto: amar a Dios con todo su corazón y amar al prójimo como a sí mismo. Si hiciéramos estas dos cosas a la perfección, no necesitaríamos ninguna otra norma. Todos los demás mandamientos, todos los preceptos morales en el pacto mosaico, simplemente explican en detalle lo que en realidad involucra amar a Dios y al prójimo.

Entonces Jesús le dijo al intérprete de la ley: «Bien has respondido» (Lucas 10.28). Y añadió: «Haz esto, y vivirás». *¿Quiere vida eterna? Obedezca la ley.*

Esta es similar a la respuesta de Jesús al joven rico. No es el evangelio, sino la ley. Las Escrituras en otra parte afirman: «Por las obras de la ley ningún ser humano será justificado delante de él; porque por medio de la ley es el conocimiento del pecado» (Romanos 3.20). De hecho, la respuesta de Jesús parece a primera vista contradecir la esencia misma de la verdad del evangelio: «El hombre no es justificado por las obras de la ley, sino por la fe de Jesucristo, nosotros también hemos creído en Jesucristo, para ser justificados por la fe de Cristo y no por las obras de la ley, por cuanto por las obras de la ley nadie será justificado» (Gálatas 2.16).

¿Qué está pasando aquí? ¿Por qué Jesús no le predicó el evangelio en lugar de la ley a este hombre?

Un corazón duro

Jesús estaba simplemente sosteniendo el espejo de la ley ante este «experto» en la ley para demostrarle cómo la ley le condenaba. Si el abogado era un hombre sincero, debería haber reconocido que *no* amaba a Dios como debería; ni siquiera amaba a sus prójimos como debería. Inmerso en el estudio de la ley de Dios, debería haber sido quebrantado por el mensaje de la ley; haber sentido una profunda convicción. Tendría que haberse ido penitente, contrito y humilde. Su siguiente pregunta debería haber sido algo así como: «Yo sé por amarga experiencia que no puedo cumplir incluso los mandamientos más básicos de la ley. ¿Dónde puedo encontrar redención?».

En cambio, él apagó el fuego de su conciencia con el agua del orgullo de la justicia propia. «Pero él, *queriendo justificarse a sí mismo*, dijo a Jesús: ¿Y quién es mi prójimo?» (Lucas 10.29, énfasis añadido).

Quería convencer a la gente de que él era justo, aunque sabía que no lo era. Quería mantener la fachada. Este era el problema con los legalistas fariseos y otros religiosos santurrones que constantemente desafiaban a Jesús. Ellos «confiaban en sí mismos como justos, y menospreciaban a los otros» (Lucas 18.9). Esta era la crítica central de Jesús a la religión de los fariseos. Él les explicó: «Vosotros sois los que os justificáis a vosotros mismos delante de los hombres; mas Dios conoce vuestros corazones» (Lucas 16.15). En palabras del apóstol Pablo: «Porque ignorando la justicia de Dios, y procurando establecer la suya propia, no se han sujetado a la justicia de Dios» (Romanos 10.3). Este legalista en particular estaba desesperado por quedar bien ante los ojos de los demás, independientemente de lo que Dios pensara de él.

Así que en lugar de responder de la manera debida a la pregunta de Jesús, le preguntó: «¿Y quién es mi prójimo?» (Lucas 10.29).

En primer lugar, observe que él pasó por alto la parte acerca de amar a Dios con todo su corazón, alma, mente y fuerza. En su lugar, quería discutir el aspecto técnico sobre la identidad del prójimo. Porque, como Jesús dice en otra parte, la interpretación rabínica tradicional y popular de Levítico 19.18 («Amarás a tu prójimo como a ti mismo») es «Amarás a tu prójimo y odiarás a tu enemigo» (Mateo 5.43). Esto le quita toda fuerza al mandato porque si usted es libre de odiar a su enemigo, entonces no tiene la obligación de amar a alguien a quien decida considerar como enemigo. Bajo esta interpretación, no tiene obligación legal o moral de amar a alguien que realmente no quiere.

Es obvio el propósito del intérprete de la ley. Él quería enredar a Jesús en un debate acerca de quién es mi prójimo y quién no lo es. Él pensó que podría «justificarse a sí mismo» si podía hacer una defensa convincente de la noción tradicional de que el enemigo no es nuestro «prójimo».

En este momento, Jesús podía simplemente haberlo despedido. Pudo haberle dicho: «Puedo ver que estás excluido del reino de Dios» y seguir su enseñanza. Pudo haberlo dejado allí en su orgullo propio. Pero, en lugar de eso, le mostró bondadosa compasión a este hombre terco y orgulloso. Nuestro Señor está dándonos a conocer a nosotros el mismo principio mediante una parábola. Es un precepto que Él enseñó y vivió: «Amad a vuestros enemigos, bendecid a los que os maldicen, haced bien a los que os aborrecen, y orad por los que os ultrajan y os persiguen» (Mateo 5.44).

A pesar de que este abogado ha conseguido rechazar el intento de Cristo de traer convicción a su corazón; a pesar de que el motivo del hombre era tratar de exaltarse a sí mismo a costa de rebajar a Jesús, el Salvador le responde con bondad misericordiosa y amable. No es con la dura reprimenda que se merecía. Y le narra una historia.

La historia que nuestro Señor le dice es una de sus parábolas más conmovedoras y poderosas. Sin duda, habría sido suficiente para hacer añicos el orgullo de cualquier sensible y espiritual buscador de la verdad. Esta es una historia demoledora que produce inmensa convicción. No es una lección simple de etiqueta o un manual sobre la forma de ayudar a los menos afortunados (aunque sin duda tiene implicaciones tanto para la caridad como para las buenas costumbres). No es una lección para los niños acerca de cómo compartir sus juguetes y ser amables con el chico nuevo en la clase. Es una historia contada a un no creyente religioso, a un hombre con justicia propia, como un esfuerzo de evangelización para traerlo al verdadero sentido de su pecaminosidad y su necesidad de misericordia. Es la apelación de Jesús a un alma condenada (pero profundamente religiosa). Jesús está instando al hombre a despertar y a ver cuán perdido estaba en realidad.

Una respuesta apacible con un poderoso mensaje

He aquí la parábola del buen samaritano:

> Un hombre descendía de Jerusalén a Jericó, y cayó en manos de ladrones, los cuales le despojaron; e hiriéndole, se fueron, dejándole medio muerto. Aconteció que descendió un sacerdote por aquel camino, y viéndole, pasó de largo. Asimismo un levita, llegando cerca de aquel lugar, y viéndole, pasó de largo. Pero un samaritano, que iba de camino, vino cerca de él, y viéndole, fue movido a misericordia; y acercándose, vendó sus heridas, echándoles aceite y vino; y poniéndole en su cabalgadura, lo llevó al mesón, y cuidó de él. Otro día al partir, sacó dos denarios, y los dio al mesonero, y le dijo: Cuídamele; y todo lo que gastes de más, yo te lo pagaré cuando regrese. (Lucas 10.30–35)

Una vez más, el hecho de que Jesús continuó respondiéndole a este hombre era en sí mismo un acto de gracia. El intento del hombre de hacer quedar mal a Jesús era aborrecible. Los líderes religiosos intentaron muchas veces hacer esto con Jesús y *siempre* fracasaron. Su capacidad para responder a todas las preguntas difíciles de ellos solo les enfureció. Aunque lo intentaban, no podían provocarlo.

En esta ocasión en particular, la respuesta de Jesús se destaca por su amable y afectuosa moderación de buen corazón. El hombre estaba deliberadamente tratando de incitar a Jesús, pidiendo una respuesta aguda que planeaba seguir con un debate acalorado. Pero a veces «la lengua blanda quebranta los huesos» (Proverbios 25.15) y esto fue lo que ocurrió aquí.

Jesús no está narrando como si se tratara de una historia real. Es una parábola, una dramatización, en una manera inolvidable, con la que Él quería penetrar en este legalista corazón y en los nuestros también. Al igual que en la mayor parte de las historias y las parábolas de Jesús, Él tiene un aspecto sencillo que afirmar. Hay un montón de detalles en esta historia y un montón de consecuencias secundarias, pero lo importante aquí es la lección central y en esta es la que tenemos que enfocarnos.

El camino peligroso y el ataque

La historia comienza con un viaje en un camino muy peligroso. Es el camino «de Jerusalén a Jericó» (Lucas 10.30). El camino es real. He viajado en ese mismo camino. Los visitantes de Israel todavía pueden tomar la misma ruta utilizada por los viajeros en el tiempo de Jesús. De Jerusalén a Jericó es una bajada de más de mil metros de altitud a través de veinticinco kilómetros de sinuoso camino, cruzando montañas estériles sobre terreno muy áspero. Algunos lugares de la carretera están bordeados por precipicios de casi cien metros. Gran parte de la ruta está bordeada de cuevas y rocas macizas que ofrecen escondites para los ladrones. Todavía es un camino peligroso.

En la historia de Jesús sucede lo predecible. Un hombre que viajaba solo por ese camino fue asaltado por una banda de ladrones particularmente crueles. Ellos no solo le robaron; también le quitaron todo, dejándolo casi desnudo. No se limitaron a tomar su bolso con su dinero; se llevaron todo lo que tenía. Luego lo golpearon brutalmente y lo dejaron por muerto. Diríamos hoy que estaba en estado crítico, un hombre moribundo en un camino desierto.

En ese camino se veía un flujo constante de viajeros que iban y venían de Jerusalén para las fiestas. Pero en otras estaciones del año, especialmente durante la época de más calor del verano o de la temporada de viento sofocante y el frío del invierno, el movimiento por el camino podía ser escaso. No había casas y muy pocos puntos de parada en ese tramo. No era un agradable lugar, sobre todo para alguien solo y desesperado. Puede ser que tomara un tiempo muy largo antes que la ayuda llegara, si alguna vez llegaba. No había ninguna garantía que alguien lo encontrara y lo ayudara.

El sacerdote y el levita

En este momento dramático de la historia, Jesús presenta un poco de esperanza. «Aconteció que descendió un sacerdote por aquel camino» (Lucas 10.31). A primera vista, esta parece ser la mejor de las noticias. Aquí viene un siervo de Dios, el que ofrece sacrificios por el pueblo en el templo, un hombre espiritual que debe ser un modelo de compasión (Hebreos 5.2). Él representa lo mejor de los hombres. Un sacerdote, de todas las personas, sería el más familiarizado con la ley mosaica. Sabría Levítico 19.18 que afirma: «Amarás a tu prójimo como a ti mismo». Él debía saber también que los versículos 33 y 34 de ese mismo capítulo expone el principio del amor al prójimo, con aplicación en particular a los extranjeros: «Cuando el extranjero morare con vosotros en vuestra tierra, no le oprimiréis. Como a un natural de vosotros tendréis al extranjero que more entre vosotros, y lo amarás como a ti mismo». Un sacerdote sabría Miqueas 6.8:

> Qué pide Jehová de ti:
> solamente hacer justicia,
> y amar misericordia,
> y humillarte ante tu Dios.

El sacerdote estaría plenamente consciente de que «el que cierra su oído al clamor del pobre, también él clamará, y no será oído» (Proverbios 21.13). El principio detallado en Santiago 2.13 se entreteje con el Antiguo Testamento: «Porque juicio sin misericordia se hará con aquel que no hiciere misericordia».

Sin duda estaba familiarizado con Éxodo 23.4–5: «Si encontrares el buey de tu enemigo o su asno extraviado, vuelve a llevárselo. Si vieres el asno del que te aborrece caído debajo de su carga, ¿le dejarás sin ayuda? Antes bien le ayudarás a levantarlo». Así que si una persona encontraba el burro de su enemigo en una zanja, estaba obligado a rescatarlo, ¿cierto? Por supuesto tenía un deber mayor de ayudar a un hombre en condición grave.

Pero este destello de esperanza duró poco. Cuando el sacerdote vio al hombre herido, «pasó de largo» (Lucas 10.31). El texto griego usa un verbo que no se encuentra en ninguna otra parte de las Escrituras y es el siguiente: *antiparerchomai*. El prefijo *anti*, por supuesto, significa «opuesto». Es un verbo activo que significa que el sacerdote deliberadamente se trasladó al lado opuesto del camino. Se salió de su ruta para evitar al viajero herido, rehuyendo a propósito al hombre necesitado.

Es obvio que el sacerdote no tenía compasión por la gente en peligro grave. Ninguna otra conclusión se puede sacar de esto. Jesús le devolvió la pregunta que el intérprete de la ley le había hecho: «¿Quién es mi prójimo?». Pero esa no era la pregunta correcta. Jesús le está demostrando mediante esta parábola que la recta compasión no es estrecha. No está buscando las definiciones de cuáles de los que sufren califican para merecer ayuda. Los deberes del segundo gran mandamiento no se definen por la cuestión de quién es nuestro prójimo. De hecho, lo contrario es cierto: el amor verdadero nos obliga a ser prójimos incluso de los extraños y extranjeros. El significado pleno del segundo gran mandamiento incluye el principio que Jesús recalcó en Mateo 5.44: *Debemos amar incluso a nuestros enemigos*. Son nuestros prójimos también y por lo tanto, estamos obligados a bendecirlos, hacerles bien y oran por ellos.

El sacerdote insensible en esta parábola no es necesariamente incluido como una acusación del sacerdocio en general. Era muy cierto que muchos de los sacerdotes y otros líderes religiosos en la época de Jesús carecían de compasión. Pero ese no es el asunto aquí. Este sacerdote representa a cualquier persona con pleno conocimiento de las Escrituras y familiarizada con los deberes de la ley, quien se espera que ayude pero no lo hace.

El siguiente versículo presenta a un levita. Todos los sacerdotes eran, por supuesto, de la tribu de Leví. Más específicamente, los que servían como sacerdotes eran descendientes de Aarón (uno de los hijos de Leví). Por lo tanto, el término *levita* se refirió a los descendientes de Leví que no eran también descendientes de Aarón. Ellos servían en papeles subordinados en el Templo. Algunos eran ayudantes de los sacerdotes; algunos eran de la policía del templo; otros trabajaban en varios papeles de mantenimiento y servicio en los terrenos del templo. Pero sus vidas estaban dedicadas al servicio religioso, por lo que como los sacerdotes, se esperaba que tuvieran un buen conocimiento de las Escrituras hebreas.

Sin embargo, cuando este levita llegó al lugar donde el herido estaba, hizo lo mismo que el sacerdote. Tan pronto como vio a la víctima indefensa en el suelo, se movió hacia el lado opuesto del camino. Este era otro hombre desprovisto de compasión y carente de misericordia.

Anteriormente en Lucas 10, Jesús oró: «Yo te alabo, oh Padre, Señor del cielo y de la tierra, porque escondiste estas cosas de los sabios y entendidos, y las has revelado a los niños. Sí, Padre, porque así te agradó» (v. 21). Estos dos personajes religiosos en la parábola, un sacerdote y un levita, encarnan lo que Jesús quiso decir con «los sabios y entendidos». Representaban los más educados y más altamente estimados dignatarios religiosos de su cultura. Pero en realidad no conocían a Dios.

Tampoco eran verdaderamente aptos para el cielo; eran «hijos de desobediencia» y por lo tanto, objetos de la ira de Dios (Efesios 2.2; 5.6; Colosenses 3.6). Ellos no tenían verdadero amor a Dios, porque si alguien ama a Dios, también guarda sus mandamientos. También no amaban a sus prójimos, porque cuando se enfrentaron a una necesidad real y urgente y tuvieron la oportunidad de demostrar el amor, se negaron a hacerlo. Ellos son notables ejemplos de hipócritas religiosos, que observaban la ley ceremonial e incluso dedicaban sus vidas al servicio del Templo, pero carecían de cualquier virtud real.

La gente a veces cita la historia del buen samaritano, señalando al sacerdote y al levita como ejemplos de absoluta impiedad, y luego cierran el libro con una sensación de superioridad moral.

Para hacer esto es no entender el mensaje de Jesús.

Es cierto que se puede condenar la cruel indiferencia de estos dos hombres, y su negligencia deliberada es digna de mirarse con absoluto desprecio. Pero al hacerlo, nos condenamos también a nosotros mismos. La actitud de ellos es precisamente lo que vemos en la naturaleza humana en la actualidad, incluso dentro de nuestros propios corazones.

Pensamos: *No me quiero involucrar. No conozco lo que este hombre o las personas que lo golpearon pudieran hacerme.* Sin en modo alguno justificar la apatía insensible que Jesús estaba condenando, debemos confesar que nosotros también somos culpables de ciega indiferencia similar, miserable insensibilidad, indiferencia y descuido de personas en extrema necesidad. Incluso, si no nos alejáramos cada vez que viéramos a alguien en necesidad, todos fracasamos en esta tarea lo suficiente para ser culpable ante la ley con su demanda de perfección absoluta.

Jesús muestra esta idea inconfundible al presentarnos al buen samaritano.

Los judíos y los samaritanos

El samaritano aparece como un giro inesperado en la historia de Jesús. Al igual que el hombre que fue golpeado y robado, el samaritano viajaba solo. En algún momento después de que el sacerdote y el levita habían pasado, el samaritano llegó a la escena. A diferencia de los dos clérigos profesionales, el samaritano «tuvo compasión» cuando vio el cuerpo ensangrentado del pobre viajero (Lucas 10.33).

La víctima del robo era un hombre judío. Esto sería perfectamente claro para los oyentes de Jesús, ya que el escenario de la historia está en Israel, en un camino desierto para salir de Jerusalén. Los gentiles raramente viajaban por allí y mucho menos los samaritanos. En la mente de la audiencia original de Jesús, un samaritano sería la fuente probable de menos ayuda para un viajero judío en peligro en el camino de Jericó. En primer lugar, los samaritanos evitaban habitualmente este camino. Un samaritano viajaría por él si había una emergencia grave que le obligara a hacerlo. Pero más que esto, los judíos despreciaban a los samaritanos y viceversa.

Una enconada hostilidad mutua había dividido a los dos pueblos desde hacía siglos. Los viajeros judíos que iban a Galilea tomaban el camino de Jerusalén a Jericó precisamente porque querían evitar Samaria. La gente en este camino no se dirigía hacia el norte en dirección a Galilea de manera directa, sino hacia el este, a Perea, al otro lado del río Jordán. Era una ruta indirecta a Galilea, más larga y más ardua, pero sin tener que pasar por Samaria.

El pueblo judío consideraba a los samaritanos étnica y religiosamente impuros. Los samaritanos igualmente estaban resentidos y menospreciaban sus primos judíos. Los samaritanos descendían de israelitas que se habían casado con paganos después de que la mayoría de la población del reino norte de Israel fueron exiliados por los asirios en el año 722 a.c. (2 Reyes 17.6). Cuando los asirios conquistaron el reino norte de Israel, se llevaron gran parte de la población en cautiverio y a propósito poblaron la tierra con paganos expatriados de otras tierras gentiles. «Y trajo el rey de Asiria gente de Babilonia, de Cuta, de Ava, de Hamat y de Sefarvaim, y los puso en las ciudades de Samaria, en lugar de los hijos de Israel; y poseyeron a Samaria, y habitaron en sus ciudades. Y aconteció al principio, cuando comenzaron a habitar allí, que no temiendo ellos a Jehová...» (vv. 24–25).

Algunos israelitas rezagados permanecieron o volvieron a la tierra después de que la mayoría de sus hermanos se vieron obligados a exiliarse. Estos israelitas dispersos se mezclaron y se casaron con los colonos paganos. Si bien mantuvieron algunas tradiciones arraigadas en doctrinas del Antiguo Testamento, también añadieron suficientes creencias paganas en la mezcla que en última instancia se convirtió en el culto samaritano, algo fundamentalmente diferente del judaísmo o del paganismo. Era una religión mestiza, equivalente a las sectas cuasicristianas de hoy día. Por supuesto, los judíos fieles veían al samaritanismo como corrupto, sucio y una traición al Dios de las Escrituras.

Durante la época de Esdras, los judíos del reino del sur comenzaron a regresar de la cautividad babilónica. Cuando empezaron a reconstruir el templo de Jerusalén, los samaritanos les ofrecieron ayuda. Incapaces de ocultar su desprecio justificado por el sincretismo samaritano, los judíos se negaron a recibir la ayuda de ellos. Así que los samaritanos trataron de sabotear el proyecto (Esdras 4.1–5). Unos años más tarde, bajo el impulso de Sanbalat, ellos también trataron de detener la reconstrucción del muro de Jerusalén (Nehemías 4.2). A partir de esa época, a través de los siglos, judíos y samaritanos mantuvieron la más amarga enemistad entre ellos.

Los judíos consideraban a los samaritanos como apóstatas que habían vendido su primogenitura espiritual. Después de todo, los samaritanos habían participado activamente en la contaminación de la tierra; habían contaminado la descendencia y eran culpables de idolatría. En la manera de pensar de los judíos, la mera existencia de los samaritanos era el malévolo fruto derivado de los «pecados de Jeroboam» (1 Reyes 14.16; 2 Reyes 17.22). Al igual que Jeroboam, en última instancia, los samaritanos construyeron un templo para ellos mismos, con sacerdotes falsos y sacrificios fuera de la ley. Según los cálculos de los judíos, eran peores que los paganos debido a la sutileza con la que habían contaminado su religión.

El odio de los samaritanos hacia los judíos no se quedaba atrás. Cerca de ciento treinta años antes de la época de Cristo, la nación samaritana había sido derrotada por Juan Hircano, un rey judío de la dinastía asmonea (macabeos). Los judíos demolieron el templo samaritano del monte Gerizim. Y a pesar de que el templo nunca fue reconstruido, los samaritanos insistían en que Gerizim era el único lugar legítimo de adoración (Juan 4.20). Hoy día hay menos de un millar de samaritanos, pero todavía adoran en Gerizim.

En tiempos de Jesús, la animosidad entre judíos y samaritanos era especialmente feroz. El profundo desprecio de los judíos por sus primos sediciosos se ve no solo en la forma en que evitaban viajar por Samaria, sino quizá aún más en la forma en que hablaban de los samaritanos. En un momento dado algunos líderes judíos exasperados, ante la pérdida de un debate público con Jesús pero tratando desesperadamente de desacreditarlo, le lanzaron el peor insulto que podían imaginar: «¿No decimos bien nosotros, que tú eres samaritano, y que tienes demonio?» (Juan 8.48).

Así que aquí está un hombre samaritano, a quien el líder religioso judío típico asumiría que es el enemigo obligado del viajero herido. Si el sacerdote y el levita le dieron la espalda, ¿qué haría este samaritano cuando viera a un judío indefenso en medio de un apartado camino? ¿Lo mataría y robaría su cadáver?

De ningún modo: «Viéndole, fue movido a misericordia» (Lucas 10.33).

¿Qué está tratando de decir Jesús? Fue una respuesta preliminar a la pregunta original. Y es una respuesta difícil con un reproche sutil dirigido al intérprete de la ley que planteó la cuestión en el primer lugar. Sus posiciones privilegiadas como líderes religiosos *no sirvió* para que el sacerdote y el levita fuesen aptos para el reino. «La religión pura y sin mácula delante de Dios» no consiste en derechos de nacimiento y abolengo, o en rituales y confesiones rutinarias de la fe (cf. Santiago 1.27). La religión pura es algo completamente distinto.

Cómo amó el samaritano

El samaritano ahora toma un lugar central en la historia, y aquí viene el punto principal: observe *cómo* este hombre ama. «Viéndole» (Lucas 10.33). Nada notable hay aquí. El sacerdote y el levita llegaron hasta ese punto, pero no mostraron amor. Este hombre, un hereje marginado, fue movido por la compasión. Algo en su corazón se compadeció del hombre: una sensación de tristeza, pena, empatía tierna. Él vio y aceptó la necesidad urgente de rescatar y recuperar al hombre. *Él llevó la carga del hombre herido como si fuera la suya propia.*

«Acercándose» (v. 34). Este es el polo opuesto de lo que hicieron el sacerdote y el levita. Él «vendó sus heridas, echándoles aceite y vino». Recuerde que todo lo de valor había sido tomado del hombre herido. Así que sea cual sea los vendajes que el samaritano usó, salieron de su propia bolsa o desde su propia ropa. El vino era un antiséptico y el aceite era un bálsamo y un analgésico. Esto limpiaría y sellaría las heridas de manera que ayudaría a prevenir la infección. El aceite también hidrataba, calmaba y suavizaba el tejido. (El aceite de oliva era el principal calmante usado en la medicina de esa época y era eficaz para traer alivio rápido del dolor punzante de ulceraciones y heridas sangrantes).

¿De dónde vinieron el aceite y el vino? Los viajeros de largas distancias llevaban aceite para cocinar y vino para beber (el agua a lo largo del camino no era potable). El samaritano estaba usando sus propias provisiones. La expresión utilizada nos dice que él no fue tacaño con el vino y el aceite. Él no estaba usando un gotero o untando solo un poco en los lugares lesionados. Él lavó completamente las heridas del hombre. Jesús está recalcando deliberadamente la fastuosa generosidad del samaritano.

Entonces Jesús dice: «y poniéndole en su cabalgadura»; este era probablemente un burro o una mula (v. 34). Se trata del «propio animal» del *samaritano*. Así que el samaritano caminó mientras que el hombre lesionado iba en su cabalgadura. Lo que Jesús pretende subrayar aquí es que esto no es un cuidado mínimo; el samaritano estaba haciendo un sacrificio extraordinario para alguien que ni siquiera lo sabía.

El samaritano «lo llevó al mesón, y cuidó de él» (v. 34). Él no lo dejó allí solo; se quedó con el viajero herido. Adquirió una habitación, instaló al hombre en ella y luego se quedó con él para cuidarlo hasta que recobrara la salud. Él continuó tratando sus heridas, lo alimentó, veló su sueño, se preocupó que se sintiera cómodo, que tuviera agua para beber y de cualquiera otro cuidado que el hombre herido necesitara. El samaritano se quedó con él durante toda la noche, porque el versículo 35 expresa: «*Otro día* al partir, sacó dos denarios, y los dio al mesonero, y le dijo: Cuídamele; y todo lo que gastes de más, yo te lo pagaré cuando regrese» (énfasis añadido).

Dos denarios eran el salario de dos días completos y por lo que sabemos de los precios en aquel momento, eran suficientes para dos meses de alojamiento y comida en una posada junto al camino como esta. De nuevo, esto era una notable muestra de caridad, especialmente teniendo en cuenta que los hombres eran extraños entre sí y habrían sido considerados enemigos por la mayoría. Sin embargo, el samaritano renunció a sus propias ropas, a sus provisiones, a su tiempo, a una noche de sueño y una suma importante de dinero. Él incluso se comprometió a pagar más si fuese necesario. Alguien podría regañarlo por ingenuamente exponerse a la posibilidad de ser aprovechado. Pero él estaba más preocupado por las necesidades de su prójimo que por cualquier otra cosa. Así que dejó una cuenta abierta a favor del hombre herido.

El samaritano no conocía al otro hombre. Él no sabía por qué el viajero estaba en la condición que lo encontró, y en la narración de la historia por Jesús, ni siquiera se detuvo a investigar o someter al hombre a cualquier tipo de interrogatorio. Su corazón estaba tan lleno de amor que cuando alguien se cruzó en su camino con una necesidad desesperada que él era capaz de satisfacer, hizo todo lo que podía hacer. Nunca hubo una duda o vacilación.

En otras palabras, el samaritano nunca se detuvo a preguntar lo que el abogado había preguntado: «¿Y quién es mi prójimo?». La pregunta mucho más importante sería: «¿De quién soy yo prójimo?». La respuesta es de cualquier persona en necesidad.

Pero seamos honestos con nosotros mismos. Si nos encontráramos en un escenario como este en la vida real, la mayoría de nosotros probablemente pensaría que la generosidad del samaritano hacia un extraño parecía excesiva. ¿Alguna vez dejó todo de lado para ayudar a un desconocido en una situación desesperada? Más al punto, ¿alguna vez ha hecho esto a alguien que era su enemigo? ¿Corrió usted el riesgo de contagiarse con tal de ministrar a todas sus necesidades? ¿Le proporcionó todo lo que necesitaba, vendas para sus heridas, le alimentó, se quedó con él a través de una larga noche de dolor, pagó sus cuentas, le proveyó habitación por varias semanas, comida y atención médica, y luego le dejó un cheque en blanco para que pagara todo lo que pudiera necesitar en el ínterin?

¿No?

Amor sin límites

En realidad, *hay* alguien que ha hecho todas estas cosas: usted para sí mismo. Esta es precisamente la forma en que cuidamos de nuestras propias necesidades. *Dame lo que necesito. Llama al mejor médico. Llévame a la mejor instalación médica. Organiza el mejor cuidado que puedas conseguir. Cuida de mí siempre y cuando lo necesite. Mímame. No escatimes nada para mí*. Podríamos conseguir estar más cerca al verdadero sacrificio propio con un miembro de la familia o con un amigo muy cercano. Pero, ¿quién haría esto por un extraño, y es más, por un enemigo? Esto es algo que simplemente no se hace.

Sin duda usted ha hecho algo maravillosamente generoso en algún momento de su vida. Pero ¿en realidad ama a extraños como este todo el tiempo?

Por supuesto que no. Jesús está describiendo un amor poco común que no tiene límites. Tenga en cuenta que esta es también una especie de réplica a la pregunta original del intérprete de la ley en Lucas 10.25: «¿Haciendo qué cosa heredaré la vida eterna?». La respuesta es la siguiente:

¿Qué está escrito en la ley?

«Amarás... a tu prójimo como a ti mismo» (v. 27).

«Bien has respondido; haz esto, y vivirás» (v. 28).

Jesús contó la parábola del buen samaritano con el fin de mostrar el estándar increíblemente alto que establece la ley para nosotros. Es un reproche no solo para el abogado, sino también para todos nosotros. Si realmente amáramos siempre a nuestros prójimos de la misma forma en que amamos y cuidamos de nosotros mismos, la generosidad del samaritano no parecería tan notable.

Cualquiera que fuera la trampa polémica que el intérprete de la ley tenía prevista poner a Jesús, fue vencida por esta parábola. Al final de la historia, Jesús le volvió la propia pregunta al abogado: «¿Quién, pues, de estos tres te parece que fue el prójimo del que cayó en manos de los ladrones?» (v. 36).

Con la poderosa lección de la parábola todavía flotando en el aire, el abogado tenía una sola respuesta posible: «El que usó de misericordia con él» (v. 37).

La siguiente respuesta de Jesús debería haber provocado una profunda convicción y una humilde confesión de la propia incapacidad del hombre: «Ve, y haz tú lo mismo» (v. 37).

Aquí está el asunto: la ley exige que usted ame así *todo el tiempo*. Como intérprete de la ley, el hombre debería haber sabido que no podía realizar un simple acto de altruismo extravagante e imaginar que él había cumplido con las exigencias de la ley para siempre. La ley exige la perfección *todo el tiempo*. «Maldito el que no confirmare [todas] las palabras de esta ley para hacerlas» (Deuteronomio 27.26). «Porque cualquiera que guardare toda la ley, pero ofendiere en un punto, se hace culpable de todos» (Santiago 2.10).

Así que la respuesta final de Jesús al hombre: «Ve, y haz tú lo mismo», debería haber movido al intérprete de la ley para abogar por la gracia y el perdón. Si esto es lo que significa la ley cuando promete vida a los que obedecen (Levítico 18.5), nosotros no tenemos esperanza en absoluto bajo la ley. Lo único que la ley puede hacer por nosotros es condenarnos. «Y hallé que el mismo mandamiento que era para vida, a mí me resultó para muerte» (Romanos 7.10). Debido a que la ley exige una absoluta perfección sagrada (Mateo 5.48), nadie que alguna vez haya pecado puede estar preparado para la vida eterna en términos de la ley. Esto es lo que el abogado debería haberse dado cuenta. Así debemos hacerlo nosotros. La plena verdad es que incluso los cristianos, en cuyos corazones «el amor de Dios ha sido derramado» (Romanos 5.5) no aman consecuentemente como exige la ley.

Pero hay una lección más profunda aquí. La forma en que el buen samaritano cuidó al viajero es la manera en que Dios ama a los pecadores. De hecho, el amor de Dios es infinitamente más profundo y más increíble que esto. El samaritano sacrificó su tiempo y dinero para cuidar a un enemigo herido. Dios dio a su propio Hijo eterno para que muriera por los pecadores que merecen nada más que la condenación eterna. «Porque Cristo, cuando aún éramos débiles, a su tiempo murió por los impíos. Ciertamente, apenas morirá alguno por un justo; con todo, pudiera ser que alguno osara morir por el bueno. Mas Dios muestra su amor para con nosotros, en que siendo aún pecadores, Cristo murió por nosotros» (Romanos 5.6–8). De hecho, «siendo *enemigos*, fuimos reconciliados con Dios por la muerte de su Hijo» (v. 10, énfasis añadido).

¿Qué hizo Cristo para redimir a su pueblo que supera con creces el acto admirable de benevolencia en la parábola? Cristo es la encarnación viva del amor divino en toda su perfección. Él es sin pecado: «santo, inocente, sin mancha, apartado de los pecadores» (Hebreos 7.26). Durante su vida terrenal, Él *cumplió* literalmente cada jota y cada tilde de la ley en absoluta perfección. Y luego en la muerte, Él llevó el castigo del pecado de otros. Por otra parte, su justicia inmaculada, incluyendo el mérito completo de ese perfecto amor, es imputada a aquellos que confían en Él como Señor y Salvador. Sus pecados son perdonados y son vestidos de la justicia perfecta que requiere la ley. Heredan la vida eterna, no como una recompensa por sus buenas obras, sino por pura gracia, por la obra de Cristo en favor de ellos.

Si este abogado solo hubiera confesado su culpa y admitido su incapacidad para hacer lo que la ley exige, Jesús habría estado dispuesto a ofrecerle una eternidad de misericordia, gracia, perdón y amor verdadero. Si él simplemente hubiera sentido su necesidad, la respuesta en lenguaje sencillo y directa a su pregunta ya estaba en los labios de Jesús, quien dijo repetidamente cosas como: «El que oye mi palabra, y cree al que me envió, tiene vida eterna; y no vendrá a condenación, mas ha pasado de muerte a vida» (Juan 5.24). «El que cree en el Hijo tiene vida eterna» (3.36). «Mis ovejas oyen mi voz, y yo las conozco, y me siguen, y yo les doy vida eterna; y no perecerán jamás» (10.27–28). «Y todo aquel que vive y cree en mí, no morirá eternamente» (11.26).

Jesús nunca hizo tal promesa a almas engreídas y santurronas. Tanto este hombre como el joven rico le hicieron preguntas específicas acerca de cómo heredar la vida eterna, y Él les respondió confrontándolos con las exigencias de la ley. Pero para aquellos que tienen oídos para oír, Él dejó de forma constante y muy clara que la vida eterna no se gana mediante los méritos de la ley; más bien, es la herencia de gracia de todos los que verdaderamente ponen su fe en Cristo como Señor y Salvador.

¿El hombre aceptó la lección que Jesús le estaba enseñando? ¿Confesó su incapacidad cuando Jesús le dijo: «Ve, y haz tú lo mismo»? ¿Reconoció su necesidad de gracia y arrepentimiento?

Al parecer no. Este es el final de la historia. Lucas pasa inmediatamente a un incidente diferente del ministerio de Jesús. Públicamente deshonrado en su fallido intento de ganar un combate verbal con Jesús, el anónimo intérprete de la ley simplemente desaparece de la narración y nunca más oímos hablar de él. Como típica persona religiosa orgullosa y autosuficiente, podría haber hecho una resolución de duplicar sus buenas obras con el fin de demostrarse a sí mismo que era digno del favor divino y la vida eterna. Tales personas ignoran (o deciden no creer) lo que la justicia de Dios en realidad exige de ellas. Tratan de establecer su propia justicia sin someterse a la justicia que Dios ha revelado en Cristo (cp. Romanos 10.3). Leen la parábola del buen samaritano como si nada más fuera un mandato para el humanitarismo.

Está bien que la parábola nos motive a perfeccionar nuestro amor por nuestro prójimo. Espero que usted sea motivado de esta manera. Pero si esta es su *única* respuesta a la parábola, entonces es prácticamente la peor respuesta que alguien podría dar a la lección que Jesús estaba enseñando. Esta parábola tiene el propósito de impulsarnos a confesar nuestra debilidad pecaminosa (revelada en nuestra falta de compasión y amor sacrificial) y buscar gracia y misericordia, acercándonos, arrepentidos, con fe a Jesucristo. Él es el único que cumplió verdadera y perfectamente lo que la ley exige de nosotros. Solo Él «puede también salvar perpetuamente a los que por él se acercan a Dios» (Hebreos 7.25). Él es la única fuente verdadera de vida eterna.

Si ese abogado verdaderamente hubiera mirado en la ley de Dios (como él mismo recitaba los mandamientos) y hubiera reconocido su pecado en lugar de alejarse «y luego olvida cómo era» (Santiago 1.24), habría encontrado un Salvador cuyo yugo es fácil y ligera su carga. Pero como vemos, la historia termina sin una pizca de arrepentimiento de su parte.

Esta *no debe* ser nuestra respuesta a esta parábola.

6

Una lección acerca de la justificación por fe

Pero cuando se manifestó la bondad de Dios nuestro Salvador, y su amor para con los hombres, nos salvó, no por obras de justicia que nosotros hubiéramos hecho, sino por su misericordia, por el lavamiento de la regeneración y por la renovación en el Espíritu Santo, el cual derramó en nosotros abundantemente por Jesucristo nuestro Salvador, para que justificados por su gracia, viniésemos a ser herederos conforme a la esperanza de la vida eterna.

—Tito 3.4-7

Los fariseos del tiempo de Jesús eran la secta religiosa más estricta y más influyente en todo Israel. El Nuevo Testamento no los pinta de manera positiva. Uno de los momentos clave en el ministerio de Juan el Bautista fue su represión impactante de algunos fariseos que vinieron para ser bautizados. Juan se negó diciéndoles: «¡Generación de víboras! ¿Quién os enseñó a huir de la ira venidera? Haced, pues, frutos dignos de arrepentimiento» (Mateo 3.7-8; Lucas 3.7-8).

No mucho tiempo después de esto, Juan el Bautista señaló a Jesús como el verdadero Cordero de Dios (Juan 1.29–30). Como era de esperar, este respaldo inmediato de Juan no quedó bien con los fariseos. Tan pronto como se hizo evidente que Jesús estaba ganando más seguidores que Juan, los fariseos se opusieron a Él (Juan 4.1–3). A lo largo del ministerio terrenal de Jesús, los fariseos eran sus opositores más visibles e implacables. Los principales fariseos fueron los que en última instancia iniciaron y planearon la conspiración para matar a Jesús (Juan 11.46–53).

El desprecio de Cristo de parte de los fariseos continuó, incluso después de su resurrección, especialmente mientras la iglesia primitiva echaba raíces. En Hechos 7.58—8.1 se nos dice que Saulo de Tarso supervisó la lapidación del primer mártir cristiano, Esteban. En Hechos 26.10 se da a entender que la lapidación de Esteban fue solo el inicio de una campaña brutal de terror que Saulo emprendió contra los creyentes. Saulo era «fariseo, hijo de fariseo» (Hechos 23.6). En otras palabras, provenía de un linaje de fariseos y fue adiestrado desde su nacimiento en las doctrinas del fariseísmo, tratando de observar la ley de Moisés durante toda su vida. Él era el fariseo ideal, «circuncidado al octavo día, del linaje de Israel, de la tribu de Benjamín, hebreo de hebreos; en cuanto a la ley, fariseo; en cuanto a celo, perseguidor de la iglesia; en cuanto a la justicia que es en la ley, irreprensible» (Filipenses 3.5–6).

Así que nacido y criado en el fariseísmo, Saulo se convirtió en una figura destacada en la secta cuando aún era muy joven. Fue nombrado personalmente por los jefes de los sacerdotes para hostigar y encarcelar a los primeros cristianos por su fe. Cada vez que los seguidores de Jesús iban a juicio por su vida ante el consejo judío, Saulo emitía su voto a favor de la lapidación (Hechos 26.10). El hecho de que tenía voto en el asunto sugiere que el propio Saulo era para entonces un miembro del Sanedrín. Él había llegado a la cima de la influencia en la secta y la devoción a sus enseñanzas. Su celo inusual por el fariseísmo se refleja claramente en su odio del cristianismo.

Todo esto, por supuesto, precedió su famoso encuentro con Cristo en el camino a Damasco, cuando Saulo de Tarso fue transformado al instante y por completo en el apóstol Pablo. Al dar su testimonio años después, Pablo dijo que veía como «basura» (Filipenses 3.8) todos sus esfuerzos como fariseo para ser justo. La versión Reina-Valera Antigua traduce la palabra más literal y más vívidamente como «estiércol». Esta era la evaluación franca de Pablo del fariseísmo, al escribir como un santo experimentado y un apóstol maduro.

De principio a fin, el Nuevo Testamento deja claro que el fariseísmo y el cristianismo no se mezclan. De hecho, ciertos principios fundamentales de la religión y la visión del mundo de los fariseos son hostiles al mensaje fundamental del evangelio.

Esto no quiere decir que el fariseísmo es la más extrema perversión de la religión. Lejos de ello, los fariseos enseñaban mucho que era cierto, debido a que sus creencias estaban estrechamente ligadas a las Escrituras. Jesús mismo dijo de ellos: «Así que, todo lo que os digan que guardéis, guardadlo y hacedlo» (Mateo 23.3). A diferencia de tantas sectas y religiones falsas que son extremadamente poco ortodoxas, abiertamente diabólicas o despreocupadamente indiferentes a la ley de Dios, los fariseos eran tradicionalistas e idealistas bien conocidos por su obsesión puntillosa con los detalles más pequeños de la ley. El fariseísmo sobresale en el Nuevo Testamento no porque era algo casi inverosímil fruto de la superstición humana extrema, sino porque representaba la más fácil y sutil manera de apartarse de la verdad bíblica. Los peligros espirituales encarnados en el fariseísmo pueden ser una tentación y lazo incluso para el más devoto estudiante de las Escrituras.

¿Por qué era tan mortal esta rama en particular del judaísmo? Después de todo, los fariseos tenían toda *la apariencia* de ser campeones de la justicia. De hecho, las apariencias externas eran las que más les preocupaban. La idea de la justicia de ellos era principalmente cosmética. Ellos sobresalieron en ocultar su propia maldad y tapar sus pecados secretos con obras religiosas, mientras que declamaban apasionadamente en contra de los pecados más visibles de los demás. Lejos de ser descuidados con respecto a la ley, hicieron un gran espectáculo de la obediencia a los pequeños puntos de la ley de una manera exagerada y ostentosa

(Mateo 23.5). Su uso de la ley como una excusa por su pecado invirtió todo el propósito de la ley. Mientras que la ley debía revelar el pecado y mostrar su pecaminosidad, la utilizaban para ocultar lo que realmente estaba en sus corazones; y resolvían su propia culpa por la rectitud propia comparándose con los demás. La sutileza de su error, oscurecida por la pretensión de que estaban fuertemente comprometidos con la ley de Dios, es lo que hizo de la religión de ellos algo tan peligroso.

Sin embargo, los fariseos eran de hecho estudiantes rigurosos del texto bíblico. Algunos elementos nobles y loables se destacan en sus creencias y enseñanzas. Por ejemplo, se opusieron a todas las formas paganas de idolatría y estaban decididos a no permitir que su nación cayera en el tipo de transigencia y decadencia que matizaba la historia de Israel en el Antiguo Testamento. Eran de muchas maneras lo mejor de todas las sectas del judaísmo del primer siglo.

De manera específica, los fariseos eran menos místicos y más comprometidos con la práctica de su fe en el mundo real que los esenios, ascetas que vivían en grupos comunales. Estaban mucho más doctrinalmente correctos que los saduceos, quienes eran escépticos acerca de todo lo sobrenatural (Mateo 22.23; Hechos 23.8). Ellos no produjeron los extremistas políticos, rufianes, bandidos y asesinos que surgieron del partido de los zelotes.

Por el contrario, los fariseos eran tan meticulosos en el cumplimiento de las minucias legales que filtrarían cuidadosamente cualquier bebida mientras la servían para asegurarse que ningún mosquito se había metido en el vino mientras era puesto en contacto con el aire. (Los mosquitos son insectos y por lo tanto contaminaban ceremonialmente). Ellos cuidadosamente contaban las pequeñas semillas con el fin de asegurarse que su diezmo era exacto (Lucas 11.42). Después de todo, Levítico 27.30 afirma: «Y el diezmo de la tierra, así de la simiente de la tierra como del fruto de los árboles, de Jehová es; es cosa dedicada a Jehová».

Jesús no los reprendió por la obsesión particular de ellos de contar las semillas, colar los mosquitos y otras observancias insignificantes. Más bien, Jesús afirmó: «Esto era necesario hacer», pero sin abandonar los principios morales más importantes de la ley (Mateo 23.23). A pesar de toda la atención de ellos a los detalles externos de la ley, eran totalmente ajenos al mensaje central de la ley. Ella debió haberlos humillado mostrándoles la magnitud de su culpa. En cambio, se convirtió en un asunto de orgullo extremo para ellos.

Jesús llamó a los fariseos «¡Guías ciegos, que coláis el mosquito, y tragáis el camello!» (v. 24). Los mosquitos, por supuesto, son las criaturas inmundas más diminutas que se describen en la ley de Moisés; los camellos son las más grandes. Las figuras evocadas por las palabras de Jesús provocan una imagen mental de humor, pero su punto era totalmente serio: todos los exigentes esfuerzos de ellos para mantener las apariencias no habían disminuido su culpabilidad. Mucho menos habían reducido la expresión del pecado en sus propios corazones. Él les dijo: «Sois semejantes a sepulcros blanqueados, que por fuera, a la verdad, se muestran hermosos, mas por dentro están llenos de huesos de muertos y de toda inmundicia. Así también vosotros por fuera, a la verdad, os mostráis justos a los hombres, pero por dentro estáis llenos de hipocresía e iniquidad» (Mateo 23.27-28). Eran pecadores culpables. Estaban tan perdidos, depravados y espiritualmente ciegos como las personas parias e impuras a las que trataban con extremo desprecio. A pesar de su legalismo bien afinado que oscurecía la maldad de ellos a los ojos humanos, no engañaban a Dios. La hipocresía de los fariseos era en sí misma un pecado condenable.

Dos hombres en el templo

A pesar de lo que ellos pensaban, no había absolutamente ningún valor justificante en la preocupación de los fariseos con minucias legales. Por el contrario, su piadosa ostentación en realidad magnificaba su culpabilidad, mientras que producía una falsa confianza en ellos mismos. Esta lección precisa fue el asunto central de la parábola que Jesús narra en Lucas 18.9-14. Esta parábola también se erige como clara y sucinta afirmación de los propios labios de nuestro Señor en relación con el principio de la Reforma de la *sola fide,* la fe es el único instrumento de justificación:

> A unos que confiaban en sí mismos como justos, y menospreciaban a los otros, dijo también esta parábola:
>
> Dos hombres subieron al templo a orar: uno era fariseo, y el otro publicano. El fariseo, puesto en pie, oraba consigo mismo de esta manera: Dios, te doy gracias porque no soy como los otros hombres, ladrones, injustos, adúlteros, ni aun como este publicano; ayuno dos veces a la semana, doy diezmos de todo lo que gano. Mas el publicano, estando lejos, no quería ni aun alzar los ojos al cielo, sino que se golpeaba el pecho, diciendo: Dios, sé propicio a mí, pecador.
>
> Os digo que éste descendió a su casa justificado antes que el otro; porque cualquiera que se enaltece, será humillado; y el que se humilla será enaltecido.

Tal como es el caso de muchas de las historias de nuestro Señor, la parábola no era solo contraria a la intuición, sino también impactante y vergonzosa para toda norma religiosa de la época. Al decir que un pecador confeso salió del templo justificado mientras que esencialmente se consideró totalmente sin valor las muchas buenas obras de un fariseo meticuloso, Jesús se puso a sí mismo en abierta oposición a la teología de la salvación predominante en el judaísmo. Más que esto, estableció su evangelio en contra de la enseñanza de todas las grandes religiones del mundo, contra toda doctrina que se deriva de la teología natural y contra toda noción innata del corazón humano caído.

Esta parábola fue una lección gráfica acerca de la gracia hacia los humildes, cuidadosamente calculada para penetrar el orgullo de la justicia propia de los fariseos. Como tal, proporcionó a los líderes judíos que escuchaban a Jesús una razón más para rechazarlo. La historia les ofendió, degradando toda su religión. La gente hoy día que está más preocupada por el protocolo y de no ofender a nadie podría considerar esto como una forma de discurso de odio. Los seguidores de los fariseos en la reunión original de Jesús probablemente consideraron la historia como un sacrilegio. Es probable que la hayan visto como un descenso de la norma divina. Dar a entender que el más bajo de los pecadores puede ser justificado, mientras que un líder religioso devoto es rechazado les sonaba como un ataque completo contra la justicia divina, la ley mosaica y todas las reglas de la justicia y la piedad. ¿Cómo puede Dios ser justo si Él justifica al impío?

Por supuesto, esta es la misma pregunta a la que responde el evangelio. Porque Dios ha proporcionado bondadosamente una expiación mediante la muerte de Cristo, Él es *a la vez* «el justo, y el que justifica al que es de la fe de Jesús» (Romanos 3.26). «Él es fiel *y justo* para perdonar nuestros pecados, y limpiarnos de toda maldad» (1 Juan 1.9, énfasis añadido).

El problema para los pecadores

Sin embargo, es fácil ver por qué la justificación de los pecadores planteaba un dilema imposible para la gente antes de la muerte y resurrección de Cristo. Ellos no tenían idea de lo que una perfecta expiación por el pecado podría ser. No podían concebir cómo el perdón completo por una vida de pecado podría ser posible. De hecho, en los términos de la ley por sí sola, el perdón podría parecer completamente fuera de alcance.

La dificultad comienza con una comprensión del requerimiento de justicia de la ley. En Levítico 19.2, Dios mismo afirma: «Santos seréis, porque santo soy yo Jehová vuestro Dios». Por lo tanto, la propia santidad perfecta de Dios establece la norma jurídica y la exigencia moral para una buena relación con Dios. Jesús reitera el mismo estándar en el Nuevo Testamento, esta vez con un lenguaje claramente diseñado para subrayar la total imposibilidad de alcanzar un nivel tan alto. En su Sermón del Monte Él declaró: «Si vuestra justicia no fuere mayor que la de los escribas y fariseos, no entraréis en el reino de los cielos» (Mateo 5.20).

Esto fue, sin duda, muy desconcertante para todos los que escuchaban. No importaba lo que se dijera acerca de la hipocresía de los fariseos y de la maldad oculta, ellos ya habían elevado la obediencia a los mandatos externos de la ley a un nivel sin precedentes. Si Dios calificara el comportamiento humano, los fariseos estarían a la cabeza. Pero Jesús estaba señalando que Dios no ajusta la escala de la justicia para dar cabida a la insuficiencia humana. Su propia justicia es perfecta, y rebajar ese nivel incluso un poco con el fin de dar cabida a nuestro pecado le haría a Él impuro.

Así que la justicia que Dios exige debe exceder aun la justicia al parecer superior de los fariseos. ¿Qué exactamente requiere esto de nosotros? Jesús responde esta pregunta también, y en términos inequívocos: «Sed, pues, vosotros perfectos, como vuestro Padre que está en los cielos es perfecto» (Mateo 5.48). La verdadera justicia, tal como se define por el carácter de Dios mismo, exige perfección absoluta y sin transigencia. Jesucristo mismo es la medida estándar y verdadera de la perfección que Él requiere de nosotros.

En este mismo contexto, Jesús enseñó que no es suficiente obedecer las exigencias obvias y externas de la ley, incluso los pequeños detalles como contar las semillas y colar el mosquito. Nuestras actitudes y deseos deben también ajustarse en todo momento perfectamente a los requisitos de la ley. Una mirada lujuriosa viola el mismo principio moral que un acto de adulterio (Mateo 5.27–28). Enojarse sin causa, insultar a alguien o aborrecer a otra persona es violar el mismo mandamiento que nos prohíbe matar a alguien (Mateo 5.21–22).

Para empeorar las cosas, Santiago 2.10 afirma: «Porque cualquiera que guardare toda la ley, pero ofendiere en un punto, se hace culpable de todos». No hay vacíos legales o cláusulas de escape en la ley. Solo puede condenar a los que la quebrantan.

Por encima de esto, Dios abomina a cualquiera que justifique al malvado: «El que justifica al impío, y el que condena al justo, ambos son igualmente abominación a Jehová» (Proverbios 17.15). Por supuesto, sabemos que «Jehová es tardo para la ira y grande en poder» (Nahum 1.3). Pero el mismo versículo que hace esta promesa continúa diciendo que Dios «no tendrá por inocente al culpable». Dios advirtió a los israelitas: «De palabra de mentira te alejarás, y no matarás al inocente y justo; porque *yo no justificaré al impío*» (Éxodo 23.7, énfasis añadido).

¿Quién entonces puede estar a cuentas con Dios? Si Dios dice que es malo justificar a cualquiera que sea culpable y declara enfáticamente que Él no va a justificar al impío, ¿cómo puede alguien que ha pecado permitírsele entrar al reino de los cielos? La respuesta se insinúa en el relato del Génesis de Abraham: «Y creyó a Jehová, y le fue contado por justicia» (Génesis 15.6). La justicia fue *imputada* a Abraham. Una justicia que no le pertenecía se le atribuye a su cuenta (Romanos 4.1–12). Él no ganó la justicia por sus obras; la obtuvo por la fe. Por otra parte, «de modo que [todos] los de la fe son bendecidos con el creyente Abraham» (Gálatas 3.9). Esta es la doctrina de la justificación por fe.

Pero, ¿en qué condiciones es tal justificación posible, dado que Dios dice que no va a simplemente absolver a los pecadores o declararlos justos por decreto divino solo?

La respuesta completa a esta pregunta se encuentra en el sacrificio ofrecido por Jesucristo. Dios no descarta la culpa de los pecadores pretendiendo que su pecado nunca sucedió. Él no ignora el mal, barre todo por puro edicto suyo o absuelve a los pecadores arbitrariamente. Más bien, Él proveyó una expiación completa y perfecta por el pecado en la persona de su Hijo, «a quien Dios puso como propiciación por medio de la fe en su sangre, para manifestar su justicia» (Romanos 3.25). Cristo también proporciona la perfecta justicia que se les imputa a los que creen: «Al que no conoció pecado, por nosotros [Dios el Padre] lo hizo pecado, para que nosotros fuésemos hechos justicia de Dios en él» (2 Corintios 5.21).

Había indicios de esta verdad en el Antiguo Testamento. En Isaías 53, Dios, hablando proféticamente, afirmó: «Justificará mi siervo justo a muchos, y llevará las iniquidades de ellos» (v. 11). El tema de todo ese capítulo es la expiación sustitutoria:

> Ciertamente llevó él nuestras enfermedades, y sufrió nuestros dolores; y nosotros le tuvimos por azotado, por herido de Dios y abatido. Mas él herido fue por nuestras rebeliones, molido por nuestros pecados; el castigo de nuestra paz fue sobre él, y por su llaga fuimos nosotros curados. Todos nosotros nos descarriamos como ovejas, cada

cual se apartó por su camino; mas Jehová cargó en él el pecado de todos nosotros. (vv. 4–6)

Pero la plena comprensión de este pasaje era difícil de alcanzar mientras Jesús no cumpliera la profecía de su muerte en la cruz. Por supuesto, esto todavía no había ocurrido cuando Jesús dijo esta parábola. Sin embargo, la misma parábola está llena de lecciones acerca de la depravación humana, la gracia divina, la redención del pecado y la doctrina de la justificación por fe.

«Justificado»

Las palabras finales de la parábola son la clave del asunto. Jesús afirma del publicano menospreciado: «Os digo que éste descendió a su casa justificado» (Lucas 18.14). De esto es de lo que trata la parábola: la justificación.

Aquí está el tipo más abyecto de pecador, un recaudador de impuestos. Un traidor a su pueblo que se ha vendido por dinero. Sin embargo, él obtiene una buena relación con Dios, aparte de cualquier ritual religioso, en ausencia de cualquier tipo de expiación propia y sin llevar a cabo ningún acto meritorio. Cada detalle de la doctrina de la justificación por fe se encuentra en esta parábola, ya sea expresamente establecido, implícito, ilustrado o afirmado.

Jesús no solo afirmó que Dios aceptó al publicano, sino también dejó claro que el fariseo fue rechazado. «Éste descendió a su casa justificado *antes que* el otro» (Lucas 18.14). Esto era sorprendente. ¿Cómo era posible tal cosa?

Esta pregunta es relevante para cada uno de nosotros: *¿cómo puede un pecador estar a cuentas con Dios?* De hecho, no hay cuestión más importante. ¿Cómo podemos ser redimidos de nuestra condición caída? En palabras de Bildad en Job 25.4: «¿Cómo, pues, se justificará el hombre para con Dios?». O como lo expresó el carcelero de Filipos en Hechos 16.30: «¿Qué debo hacer para ser salvo?». En última instancia es la misma cuestión planteada por el joven rico en Mateo 19.16: «¿Qué bien haré para tener la vida eterna?». Y por el intérprete de la ley en Lucas 10.25: «¿Haciendo qué cosa heredaré la vida eterna?».

Tenga en cuenta que Jesús respondió tanto al joven rico como al abogado citando las exigencias de la ley. El joven rico afirmó que había guardado la ley desde la más temprana edad. Parecía aturdido cuando Jesús no le elogió (Mateo 19.20). El propósito del abogado era lo mismo: querer «justificarse a sí mismo» (Lucas 10.29). Ambos eran precisamente como el fariseo en la parábola de Lucas 18: confiados en que se merecían la alabanza y la aceptación de Dios, sin darse cuenta de la magnitud de su propia culpabilidad, ajeno al verdadero mensaje de la ley y despreciando a las personas consideradas por ellos pecadores.

¿Se ha preguntado alguna vez por qué Jesús les predicó la ley en lugar de la gracia? En ninguno de los casos les da la respuesta del evangelio a la pregunta eternamente importante que estos hombres plantearon. ¿Por qué? Porque lo que necesitaban oír era la ley. Ninguno de los dos había sentido verdaderamente el peso de la ley. Ellos no creían que estaban perdidos. «Los sanos no tienen necesidad de médico, sino los enfermos. [Dijo Jesús:] No he venido a llamar a justos, sino a pecadores» (Marcos 2.17).

El evangelio no tiene nada que decir a las personas que están satisfechas con su propia justicia. No hay realmente una buena noticia para alguien en esta condición mental.

La parábola del fariseo y el publicano ilustra este asunto con vívida precisión. En forma de una historia velada, *da* la verdadera respuesta del evangelio a la cuestión de cómo los pecadores pueden estar a cuentas con Dios. ¿Cuál es la respuesta? En una palabra: *gracia*. Dios libremente «justifica al impío» (Romanos 4.5). Él «atribuye justicia sin obras» (v. 6). Toda la doctrina de la justificación por fe es expuesta aquí con increíble profundidad, sencillez y claridad.

El mensaje de Jesús es sencillo: todos los que están decididos a establecer su propia justicia perecerán y por lo tanto, se condenarán a sí mismos; pero los que se sometan a la justicia de Dios son bondadosamente justificados por Él (cp. Romanos 10.3–4). Nadie puede justificarse a sí mismo ante Dios; solo Dios es «el que justifica al que es de la fe de Jesús» (Romanos 3.26).

Este principio es la línea divisoria entre el evangelio de Jesucristo y cada sistema de creencias erróneas o demoníacas. En esencia, toda religión falsa ideada por mentes réprobas es un sistema de méritos. Todas ellas enseñan que la justificación se gana o logra porque el creyente hace algo para Dios: una especie de buen trabajo, sacramento o ceremonia religiosa; un acto de caridad o altruismo; un estilo de vida austero; o (últimamente) la devoción a una causa política, campaña ambiental o sistema de valores alternativos. El celo religioso que las personas caídas cultivan por su causa o credo elegidos nunca es verdaderamente desinteresado o sacrificial. La causa se convierte en una plataforma desde la que se ven a los demás inferiores a ellos. La mayoría de la gente piensa exactamente como el fariseo de la parábola de Jesús: *Yo no soy tan malo como otras personas; voy a estar bien*. Nada es más natural para el corazón humano no regenerado.

No se necesita ser un fariseo en el pleno sentido del término para pensar así. Incluso los ateos más apasionados se dicen a sí mismos que son decentes, honorables, generosos o lo bastante buenos. Rara vez siguen su incredulidad hasta su conclusión moral obvia (si acaso existe algún principio kármico o fuerza natural para mantener el universo equilibrado mediante las recompensas). Como todos los demás, no pueden vivir de acuerdo con cualquier estándar moral que piensan que deben cumplir. Sin embargo, tienen un impulso al parecer irresistible para justificarse a sí mismos de todos modos. Cada encuesta que ha planteado la cuestión revela que la mayoría de la gente asume que es lo bastante buena para ir al cielo, o al menos demasiado buena para que Dios le envíe al infierno.

El error subyacente en todo esto es la creencia que la gente puede ganarse el favor de Dios por ser lo bastante buena. Esta es la mentira central que domina toda religión falsa.

La parábola de Jesús presenta la necedad de esta idea. La parábola marca una línea clara de distinción entre los dos únicos tipos de religión que existe: la falsa religión de *los logros humanos*, en comparación con el verdadero evangelio de *la realización divina*. El fariseo de la parábola es petulante, con justicia propia, despreciable, con un complejo muy grande de superioridad. Se pone de pie lo más cerca posible al lugar santo sin tocar a nadie que considere inferior a él. Por su forma de pensar, el contacto con los pecadores podría contaminarlo. Él no busca misericordia, ni gracia, ni perdón, ni ninguna simpatía por él mismo. No le pide a Dios nada, porque él posiblemente piensa que no necesita nada. Él simplemente está agradecido de que no es injusto. Al exaltarse a sí mismo, él sale sin ser justificado.

El otro personaje es un cobrador de impuestos, un paria pecador, el objeto del desprecio de todo el mundo (incluso de sí mismo). Él sabe que es culpable. Está muy lejos del lugar santo, porque se siente impuro y rechazado. Ni siquiera puede levantar los ojos al cielo. Está claramente angustiado por su propio pecado. Se golpea el pecho con vergüenza. Está en el punto más bajo de la desesperación, sin ninguna esperanza redención. Todo lo que puede hacer es pedir humildemente a Dios misericordia y gracia. Jesús dijo que ese mismo día fue a su casa justificado.

Analizando la parábola

Lucas está claro sobre a cuál público Jesús desea alcanzar con esta parábola: «A unos que confiaban en sí mismos como justos, y menospreciaban a los otros, dijo también esta parábola» (Lucas 18.9). El texto griego usa un pronombre indefinido (*tis*, traducido como «a unos») que significa «todo el mundo, alguien o cualquiera». Esta no estaba dirigida a un fariseo específico (o incluso a todos los fariseos en particular) como la parábola del buen samaritano. Esta parábola es un mensaje para todos sin excepción «que confiaban en sí mismos como justos, y menospreciaban a los otros». Como acabamos de ver, esto incluye a toda persona no regenerada. Hay un aspecto evangelizador deliberado en esta parábola. Esta es una lección para todos los que confían que son justos en sí mismos, en lugar de mirar a Cristo para que les sea imputada la propia justicia (justicia perfecta) de Él.

Sin embargo, no hay duda que el asunto de esta parábola era especialmente significativo para los fariseos. Era un golpe directo al corazón de su sistema de creencias. Ellos no solo eran justos ante sus propios ojos, sino también odiosos en esto. Constantemente veían a los demás con desprecio (Lucas 7.39; 15.2; Juan 7.47–49; 9.34). Y sabemos que los fariseos estaban constantemente presentes cuando Jesús enseñaba en público porque estaban buscando con insistencia razones para acusarlo. Solo dos capítulos antes, en Lucas 16.14, leemos: «Y oían también todas estas cosas los fariseos... y se burlaban de él». La respuesta de Jesús a ellos incide con la misma nota que nuestra parábola: «Vosotros sois los que os justificáis a vosotros mismos delante de los hombres; mas Dios conoce vuestros corazones; porque lo que los hombres tienen por sublime, delante de Dios es abominación» (v. 15).

Así que aunque Jesús intentó que la lección de esta parábola fuera para todos nosotros, ella se aplica claramente a los fariseos y sus engañados seguidores de una manera particular. El personaje que encarna la justicia propia en la parábola es un fariseo, quien se adapta perfectamente a la descripción de Lucas 18.9. Claramente él era alguien que confiaba en sí mismo, mientras que despreciaba a los demás.

La palabra griega traducida como «menospreciaban» en el versículo 9 es *exoutheneō*, un vocablo que solo se usa una vez más en los Evangelios, en Lucas 23.11, donde dice: «Entonces Herodes con sus soldados le menospreció y escarneció [a Jesús], vistiéndole de una ropa espléndida». La palabra expresa el más elevado tipo de vulgar y mordaz escarnio, abierto desprecio, ridículo, burla y sarcasmo. Los fariseos eran propensos a tratar a los demás de esa manera. Estaban tan inmersos en su estilo característico de la piedad de ser más santo que los otros, que ellos realmente veían su total desprecio hacia los demás como un símbolo de su propia justicia. Esta palabra griega, *exouthenéo*, está compuesta por la combinación de la preposición *ex* («fuera de») con la palabra *outhen* («nada» o «sin valor»). Los fariseos creían que cualquiera fuera de su círculo de discípulos no servía para nada. Mientras más notorio era el pecado de una persona, más despreciada era por los fariseos.

Su nombre para sus propios discípulos, personas que seguían la estricta interpretación farisea de la ley, era *haberim* («socios»). Las personas que no seguían las reglas de los fariseos eran *am ha'aretz* (literalmente «gente de la tierra»). La expresión significaba alguien sucio, una escoria humana.

Al comentar sobre esta distinción, Kenneth Bailey escribe:

> Ante los ojos de un fariseo estricto, el candidato más obvio para la clasificación de *am haaretz* sería un recaudador de impuestos... Si [el fariseo] rozaba accidentalmente a un publicano (o cualquier otro *am haaretz* que podía estar entre los adoradores), se volvería *midras,* o sea impuro o inmundo. El estado de limpieza era demasiado importante. No debería comprometerse por razón alguna. El aislamiento físico, desde su punto de vista, sería una afirmación importante de lo que esto significaba para ellos. Así, el fariseo se encuentra cuidadosamente separado de los demás reunidos en torno al altar.[1]

De modo que estos dos personajes de la parábola de Jesús representan extremos opuestos.

Los contrastes

Aquí están dos hombres, polos opuestos en todos los sentidos. Las marcadas diferencias entre ellos se ven en su estatus social, su postura en la oración, el contenido de sus oraciones y su posición final ante Dios.

Su posición

El fariseo era un privilegiado social y religioso que ocupaba uno de los peldaños más elevados en la escala de la alta sociedad judía. Los fariseos eran invitados de honor en cualquier reunión social. Debido a la exclusividad de su confraternidad (el nombre *fariseo* significa «separatista»), tener a un fariseo en una cena o una reunión era una señal de elevado estatus social.

En el extremo opuesto de la escala social estaban los recaudadores de impuestos, las personas más universalmente detestadas en todo Israel. Eran básicamente renegados y delincuentes, en bancarrota moral, tontos útiles de Roma y enemigos de todo lo santo. De hecho, los recaudadores de impuestos pertenecían a la misma categoría social que las rameras (Mateo 21.31–32) y los borrachos (Lucas 7.34) y la mayoría de ellos se rodeaba de tales personas. Tenían fama de ser no solo deshonestos y crueles, sino también moralmente envilecidos en todas las formas imaginables.

Los recaudadores de impuestos compraban franquicias de los conquistadores romanos. El acuerdo les obliga a pagar una cantidad fija a los romanos cada año. Cualquier cosa que recogieran más de esto quedaba para ellos. Las riquezas que acumulaban las obtenían mediante el aprovechamiento injusto de su propio pueblo. Eran miserables traidores a su religión y a su nación, excluidos de toda actividad religiosa y de las relaciones sociales normales. Eran, a los ojos de sus compatriotas, las criaturas más alejadas de Dios, lo más bajo de lo más bajo, por completo sin posición social, sin que importara la cantidad de riquezas que pudieran acumular mediante robo y extorsión.

Su postura

El contraste en el comportamiento físico de estos dos hombres es también significativo. El fariseo «puesto en pie, oraba consigo mismo» (Lucas 18.11). Estaba bien, incluso normal, que permaneciera erguido. Jesús dijo a sus discípulos: «Y siempre que os pongáis de pie a orar, perdonad» (Marcos 11.25, RVR1977). De pie era y sigue siendo la postura normal para la oración en el Monte del Templo o cerca de él en Jerusalén. Los hombres de Israel acostumbraban a tener los ojos y las manos levantadas hacia el cielo cuando oraban. Se mantenían así, listos para recibir del Señor. Era una postura que significaba tanto alabanza como sumisión.

Así que en sí mismo, el hecho de que el fariseo estuviera de pie no era un problema. Lo que es significativo de su postura es la manera que eligió para posicionarse en un lugar distintivo en el que sin duda se destacara y estuviera al margen de todos. Jesús mencionó esta práctica de los fariseos en su Sermón del Monte: «Y cuando ores, no seas como los hipócritas; porque ellos aman el orar en pie en las sinagogas y en las esquinas de las calles, para ser vistos de los hombres» (Mateo 6.5).

Este fariseo estaba sin duda en un lugar importante en el patio interior, lo más cerca que podía llegar al lugar santísimo, porque en su propia mente le pertenecía estar ahí. Eso transformó lo que debería haber sido una postura de adoración en un signo de orgullo ostentoso de sí mismo.

El publicano también se ubicó en un lugar aparte, no visiblemente en el centro por donde todos pasaban o en algún pedestal en el patio interior, sino «estando lejos, no quería ni aun alzar los ojos al cielo» (Lucas 18.13). En otras palabras, el recaudador de impuestos se quedó en el borde exterior de los terrenos del templo. ¿Por qué? Porque él sabía que no merecía estar en la presencia de Dios o incluso ante otros adoradores. Era un paria, no solo de la sociedad, sino más significativamente de Dios. Él lo sabía y se reflejaba en su postura. A diferencia del fariseo, no podía ni siquiera alzar los ojos. Estaba abrumado con un profundo sentimiento de culpa, vergüenza intensa y un sentido total de desgracia. Sabía que era indigno, y lo confesó sin ninguna excusa o condición. No hay ni siquiera un indicio de justificación propia. Sintió claramente el peso de su alejamiento de Dios. Todo en su postura lo decía.

Jesús dice que «se golpeaba el pecho» (v. 13). Orar con la mirada hacia abajo y con las manos sobre el pecho era una postura de humildad. Este hombre fue aún más allá de eso. Sus manos se convirtieron en puños y se golpeaba su propio pecho. El significado de su gesto no necesita explicación. Estaba claramente en un estado de extrema angustia, de duelo por su pecado, lleno de remordimiento, tristeza, vergüenza y todas las emociones relacionadas. No hay paralelo para esto en el Antiguo Testamento y solo hay otro lugar en el Nuevo Testamento donde se menciona este gesto. Lo vemos alrededor de la cruz, justo después de que Jesús murió. Lucas 23.48 dice que «toda la multitud de los que estaban presentes en este espectáculo, viendo lo que había acontecido, se volvían golpeándose el pecho». Este gesto se menciona en la literatura extra bíblica antigua, pero sobre todo asociado con el dolor de las mujeres.

Así que aquí está un hombre haciendo un gesto muy inusual que demuestra la angustia extrema. ¿Y por qué el pecho? ¿Por qué no algún otro sitio en el cuerpo? Proverbios 4.23 ordena: «Guarda tu corazón; porque de él mana la vida». Nuestro verdadero carácter se define por lo que somos por dentro, por el interior de la persona; el asiento de nuestros pensamientos, deseos y afectos. Las Escrituras hablan de esto como el corazón. Jesús mismo afirmó: «Porque de dentro, del corazón de los hombres, salen los malos pensamientos, los adulterios, las fornicaciones, los homicidios, los hurtos, las avaricias, las maldades, el engaño, la lascivia, la envidia, la maledicencia, la soberbia, la insensatez. Todas estas maldades de dentro salen, y contaminan al hombre» (Marcos 7.21–23). Por supuesto que Jesús no estaba hablando del órgano literal en el pecho. Este es lenguaje figurado. Sin embargo, golpearse el pecho simbolizaba los remordimientos de este hombre por la maldad que había atesorado en su propio corazón. Entendía que «engañoso es el corazón más que todas las cosas, y perverso» (Jeremías 17.9) así que, golpearse el pecho, era una manera vívida de reconocer esto.

Sus oraciones

Jesús hace esta interesante declaración acerca de la oración del fariseo: Él «oraba consigo mismo» (Lucas 18.11). Esto puede tener dos posibles significados. Podría haber estado orando en forma inaudible (como Ana en 1 Samuel 1.13). Pero este era un fariseo y oraciones silenciosas en un lugar público no eran su estilo. Por otra parte, la elección de Jesús de las palabras, así como el contexto en Lucas 18, parecen indicar que el fariseo oraba en voz alta, de manera autocomplaciente, porque se complacía en oírse a sí mismo recitar sus propias virtudes en público. En efecto, estaba orando para sí, para acariciar su propio ego, en lugar de realmente hablar con Dios. En el lapso de dos versículos (vv. 11–12) utiliza el pronombre en primera persona cinco veces. A pesar de que «gracias a Dios» él es mejor que los demás, no da ninguna alabanza real a Dios. No le pide nada: ni misericordia, ni gracia, ni perdón, ni ayuda. Él parece referirse a Dios solo porque esa es la forma en que se supone que las oraciones comiencen: «Dios, te doy gracias porque no soy como los otros hombres...».

La única confesión inequívoca del hombre a Dios era esta afirmación sobre su propio mérito, apuntalada por una recitación de los pecados de los demás. A continuación siguió una enumeración verbal de sus propias buenas obras. Recuerde, él estaba de pie en un lugar importante. Fue sin duda una oración en voz alta, probablemente lo más fuerte que podía hacer sin gritar.

Y para asegurarse que Dios y todos los demás a su alrededor captaran el mensaje, el fariseo fue lo más específico posible. Como la gente con justicia propia invariablemente hace, se comparó a sí mismo con lo peor de lo peor. Mencionó específicamente a las personas que roban, las que hacen trampa y las que cometen fornicación: «ladrones, injustos, adúlteros» (v. 11). Recuerde, estas categorías de pecado se asociaban todas a los publicanos.

Ya que él estaba dando este resumen de fracasos morales notorios, sus ojos estaban puestos en el recaudador de impuestos. Así lo señaló como la personificación viviente de lo que él, el fariseo, estaba orgulloso de no ser.

Esta es la detestable justicia propia. El fariseo oraba para sí mismo, mostrando quién era a los demás y olvidándose de Dios. No le pidió nada de Dios. ¿Por qué habría de hacerlo? No podía pensar en nada que le faltaba. Él solo quería que la gente tomara nota de lo diferente que era del *am ha'aretz*.

Pero este no fue el final de la oración del fariseo. También quería anunciar sus virtudes positivas: «Ayuno dos veces a la semana, doy diezmos de todo lo que gano» (Lucas 18.12). Él era, sin duda, uno de los que contaba las semillas para asegurarse que su diezmo fuera preciso. Y en cuanto a su ayuno, la ley del Antiguo Testamento requería solo un ayuno cada año, en preparación para el Día de la Expiación (Levítico 16.29–31). Pero los fariseos ayunaban todos los lunes y jueves. Ellos creían que podían adquirir más méritos por añadirle a la ley real de Dios un montón de reglas hechas por el hombre, ceremonias y rituales religiosos. Muchas religiones falsas hacen lo mismo, pensando que en realidad pueden hacer algo *más* que lo que Dios mismo requiere y, por lo tanto, ganar méritos adicionales. Los católicos romanos se refieren a esto como «obras de supererogación».

Pero la única cosa que el fariseo realmente tenía en gran abundancia era su autoestima. Pensaba claramente más alto de sí de lo que debía. Aquí es donde el contraste entre él y el publicano es más evidente.

La oración del publicano era corta y sincera. Era una súplica genuina y urgente a Dios por misericordia. No era una exposición de pasión religiosa artificial para beneficio de los que pasaban por allí. Es evidente la absoluta vergüenza del hombre, tanto por sus palabras como por su postura. Estas son las palabras de un verdadero penitente: «Dios, sé propicio a mí, pecador» (Lucas 18.13). El texto griego original utiliza el artículo definido: «*El* pecador». La expresión es una reminiscencia de lo que el apóstol Pablo expresó en 1 Timoteo 1.15: «... pecadores, de los cuales yo soy el primero». Este hombre se preocupaba por su propia culpa, no por la de otra persona. Y confiesa su necesidad de gracia, algo a lo que el fariseo no hizo referencia.

Las similitudes

El fariseo y el publicano en realidad tenían muchas de sus creencias fundamentales en común. Ambos entendían que las Escrituras del Antiguo Testamento revelan el verdadero Dios: YHWH. Ambos creían en Él como el Dios de Abraham, de Isaac y de Jacob; el Dios que dio su Palabra por medio de Moisés, David y todos los profetas. Ambos creían en el sacerdocio del Antiguo Testamento y el sistema de sacrificios. Su creencia en estas cosas es lo que les llevó a ambos al templo.

Esto significa que el fariseo *creía* en la necesidad de expiación. Nadie con el conocimiento de la ley que tenía un fariseo podía creer que estuviera totalmente libre de pecado. Pero al parecer, pensaba que se había ganado el derecho de ser perdonado. En otras palabras, creía que había expiado de manera eficaz por sus propios pecados. Pensaba que sus buenas obras superaban y anulaban sus faltas. Había ofrecido los sacrificios necesarios. Había actuado mucho mejor que la mayoría. Sin duda, si las buenas obras y la devoción religiosa pudieran inclinar la balanza de la justicia divina a favor de alguien, este fariseo estaría entre las personas que merecerían un lugar de gran honor. Esta es la forma en que la mayoría de las personas religiosas piensa. La mayoría no es reacia a confesar que ha pecado; al parecer, no puede considerar el hecho de que sus buenas obras no pueden ganar algún mérito para ellos. Piensan que Dios va a perdonar las cosas malas que han hecho porque se han ganado su favor con buenas obras.

El publicano quizá pensó de esta manera alguna vez, pero la vida le había llevado a la conclusión de que no tenía nada con lo que negociar el favor de Dios. Sus mejores obras estaban contaminadas por la verdad tan obvia de quién era en realidad en su corazón. La lección de Isaías 64.6 se le mostraba en toda su realidad: «Todos nosotros somos como suciedad, y todas nuestras justicias como trapo de inmundicia».

La miseria que debe haber sentido al llegar a este entendimiento era en realidad un don bondadoso de Dios, el precursor necesario para la redención del hombre. «Porque la tristeza que es según Dios produce arrepentimiento para salvación, de que no hay que arrepentirse» (2 Corintios 7.10).

La principal diferencia

La diferencia fundamental entre el fariseo y el publicano se reduce a una muy clara y obvia distinción entre los dos hombres. El fariseo pensó que podría agradar a Dios por su cuenta; el cobrador de impuestos sabía que no podía. El publicano se arrepintió verdaderamente; el fariseo parecía no sentir necesidad de arrepentimiento. Esta misma distinción nos divide a todos en dos categorías claras.

Varias lecciones claves surgen del contraste vívido que Jesús hace entre estos dos hombres. Por un lado, el ministerio del evangelio verdadero debe conducir a los pecadores a un arrepentimiento. No es suficiente decirles a los pecadores que Dios los ama y tiene un plan maravilloso para sus vidas. Antes de que el evangelio pueda llegar a ser verdaderamente buenas noticias, el pecador debe haberse enfrentado con las malas noticias de la ley.

Abundan personas religiosas que creen muchas cosas que son bíblicas. Profesan fe en Jesucristo. Cantan himnos acerca de la cruz y la resurrección. La mayoría confiesa libremente que han pecado. Pero demasiadas personas (incluso en las iglesias evangélicas sólidas) no ven la verdadera gravedad de su pecado. Piensan que son lo bastante buenas, caritativas o religiosas para anular cualquier culpa en que incurran por pecar. Esto es lo que creía el fariseo.

Pero observe cómo el recaudador de impuestos oró: «Dios, sé propicio a mí». Esta frase es muy importante. El lenguaje que él utilizó no es un alegato general de clemencia; estaba utilizando el lenguaje de la expiación. En el texto griego, la expresión es *hilaskoti moi*, «sea propicio para mí». Esto no quiere decir «muéstrame tolerancia»; esta habría sido una palabra diferente. Pero la palabra que Jesús utiliza en esta parábola es una forma del verbo griego *hilaskomai*, que significa «ser apaciguado». Sabiendo que nunca podría expiar su propio pecado, el recaudador de impuestos estaba esencialmente pidiendo a Dios que hiciera expiación a favor de él. No le pidió que pasara por alto su pecado o lo ignorara; le estaba suplicando a Dios que hiciera lo que fuera necesario para que él (publicano) pudiera satisfacerlo a Él (Dios) y Dios lo librara de la condenación del pecado.

Él sabía que la paga del pecado es muerte (Romanos 6.23) y que «el alma que pecare, esa morirá» (Ezequiel 18.20). Tal vez pensó en las palabras de Abraham a Isaac: «Dios se proveerá de cordero para el holocausto» (Génesis 22.8). Entendía la lección central del sistema de sacrificios, que «sin derramamiento de sangre no se hace remisión» (Hebreos 9.22). «Porque la vida de la carne en la sangre está, y yo os la he dado para hacer expiación sobre el altar por vuestras almas; y la misma sangre hará expiación de la persona» (Levítico 17.11).

El recaudador de impuestos le confesó que era un pecador sin esperanza. Su misma postura demostró que era indigno de estar cerca del Lugar Santo. Sintió que no era digno ni siquiera de mirar al cielo. Estaba en una profunda angustia por su miseria. Lo único que podía hacer era abogar para que le fuera aplicada una expiación completa y eficaz.

La actitud del fariseo había sido: «Toma a este tipo y lánzalo fuera de la puerta oriental con el resto de la chusma que no pertenecen al monte del templo».

Pero este no era el sentir de Dios.

Bien con Dios

Jesús debe haber logrado fuertes manifestaciones de asombro e indignación de quienes le oían cuando afirmó: «Os digo que éste descendió a su casa justificado antes que el otro» (Lucas 18.14). La palabra *justificado* en el texto griego es un participio pasivo perfecto: «habiendo sido justificado». Él está describiendo aquí un tiempo pasado, una realidad ya terminada, al igual que Romanos 5.1: «Por tanto, habiendo sido justificados por la fe, tenemos paz para con Dios por medio de nuestro Señor Jesucristo» (LBLA). El resultado es una posesión en tiempo presente, al igual que Romanos 8.1: «Ahora, pues, ninguna condenación hay para los que están en Cristo Jesús». El recaudador de impuestos ahora era permanentemente recto ante Dios.

Esto había hecho añicos las sensibilidades teológicas de los fariseos. Pero cuando Jesús dijo: «Os digo que...», estaba dejando claro que no tenía necesidad de citar a algún rabino eminente o escriba. No estaba considerando doctrinas de la tradición judía; estaba hablando con absoluta autoridad divina. Dios encarnado, el Santo de Israel, el inmaculado y sin pecado Cordero de Dios, estaba enseñando que en un momento de gracia el pecador más grande puede ser declarado justo de manera instantánea, sin realizar ninguna obra, sin ganar ningún mérito, sin seguir ningún ritual ni justicia propia alguna.

El punto de vista de Jesús es bastante claro. Estaba enseñando que la justificación es solo por la fe. Toda la teología de la justificación está ahí. Pero sin profundizar en la teología abstracta, con una parábola Jesús ha pintado claramente el cuadro para nosotros.

Un decreto forense de Dios

La justificación de este publicano fue una realidad instantánea. Dios lo declaró justo de la misma manera que un juez da el veredicto sobre el acusado: por un decreto forense. No hubo ningún proceso, ningún lapso de tiempo, ni temor al purgatorio. Él «descendió a su casa justificado» (Lucas 18.14), no por algo que había hecho, sino por lo que se había hecho a favor de él.

Recuerde, el recaudador de impuestos entendía plenamente su propia impotencia. Tenía una deuda imposible que él sabía que no podía pagar. Lo único que podía hacer era arrepentirse y suplicarle a Dios que le proveyera expiación. No se ofreció a hacer algo para Dios. Estaba en busca de que Dios hiciera algo por él, lo que no podía hacer por sí mismo. Esta es la clase de penitencia que Jesús pide.

Solo por fe

El recaudador de impuestos se fue plenamente justificado sin realizar ninguna obra de penitencia, sin hacer ningún sacramento o ritual, sin ningún tipo de obras meritorias. Su justificación fue completa sin ninguna de esas cosas; ocurrió únicamente sobre la base de la fe. Todo lo necesario para expiar su pecado y ofrecerle perdón se había hecho a su favor. Fue justificado por la fe en aquel mismo momento.

Una vez más, esto constituyó un gran contraste con la forma en que pensaba el fariseo petulante. Él estaba *seguro* que todos sus ayunos y diezmos y otras obras lo habían hecho aceptable ante Dios. Pero el fariseo estaba completamente equivocado. La justicia que verdaderamente justifica no se adquiere por la obediencia legal o por obras de cualquier tipo; hay que obtenerla por fe.

Una justicia imputada

La declaración de Cristo de que este hombre estaba justificado no era ficción. No era un truco o un juego de palabras. Dios no puede mentir. Así que, ¿de dónde el publicano obtuvo una justicia que excedía a la del fariseo (Mateo 5.20)? ¿Cómo podía un recaudador de impuestos traidor convertirse en justo ante los ojos de Dios?

La única respuesta posible es que recibió una justicia que no era la suya (cp. Filipenses 3.9). La justicia le fue imputada a él por fe (Romanos 4.9–11).

¿De quién era la justicia que le fue contada? Solo podía ser la perfecta justicia de un Sustituto impecable, quien a su vez deberá llevar los pecados del publicano y sufrir el castigo de la ira de Dios en su lugar. El evangelio nos dice que esto es precisamente lo que hizo Jesús.

Esta es la única manera en que un recaudador de impuestos podría ser justificado. Dios debe declararlo justo, imputándole la justicia plena y perfecta de Cristo, perdonándole de toda maldad y librándole de toda condenación. A partir de ese momento y para siempre, el pecador justificado permanece ante Dios en una justicia perfecta que ha sido contada a su favor. *Esto* es lo que significa la justificación. Es el único evangelio verdadero. Cualquier otro aspecto de la doctrina bíblica de la salvación emana de esta verdad fundamental. Como J. I. Packer escribió una vez: «La doctrina de la justificación por fe es como Atlas: lleva al mundo sobre sus hombros, todo el conocimiento evangélico de la salvación por gracia».[2] Una correcta comprensión de la justificación por fe es el fundamento mismo del evangelio. Si se está equivocado en este asunto, es muy probable que también esto corromperá cualquier otra doctrina.

Lo que esta parábola ilustra es el *verdadero* evangelio. Todo lo que cualquier pecador puede hacer es recibir el don mediante la fe penitente, en la creencia de que una expiación perfecta se debe hacer, la que ha sido hecha por Cristo, y que satisface la ira de Dios contra el pecado. El que contó esta historia es el que hizo la expiación: Jesucristo. No hay salvación en ningún otro nombre.

Una breve conclusión

Nuestro Señor termina esta magnífica historia con un simple proverbio: «Porque cualquiera que se enaltece, será humillado; y el que se humilla será enaltecido» (Lucas 18.14). La palabra *enaltecido* en este contexto es sinónima de justificación. El que se humille a sí mismo en fe arrepentida obtendrá justicia.

En sentido estricto, solo Dios es verdaderamente exaltado y por lo tanto, solo Dios puede exaltar a los hombres. Él hace esto al conferirles la justicia perfecta de Cristo. Así que la exaltación aquí incluye la salvación del pecado y la condenación, la reconciliación con Dios, la plena justificación y membresía en el reino eterno de Cristo.

Todos los esfuerzos para lograrlo por su cuenta le dejarán humillado. Así que «cualquiera que se enaltece», es decir, aquellos que piensan que pueden salvarse a sí mismos, adquirir justicia propia o méritos con Dios por sus propias obras, «será humillado». Será «humillado» en el sentido más severo de esta palabra: aplastado bajo el juicio divino, sufriendo pérdida eterna y castigo eterno. El camino de la exaltación propia *siempre* termina en el juicio eterno, porque «Dios resiste a los soberbios, y da gracia a los humildes» (1 Pedro 5.5; Santiago 4.6).

Para decirlo de otra manera: los malvados piensan que son buenos. Los salvos saben que son malos. Los malvados creen que el reino de Dios es para los que son dignos de ellos. Los salvos saben que el reino de Dios es para aquellos que se dan cuenta de lo indigno que son. Los malvados creen que la vida eterna se gana. Los salvos saben que es un regalo. Los malvados buscan el elogio de Dios. Los salvos buscan su perdón.

Y Él concede el perdón mediante la obra de Cristo. «Porque por gracia sois salvos por medio de la fe; y esto no de vosotros, pues es don de Dios; no por obras, para que nadie se gloríe» (Efesios 2.8-9).

7

Una lección acerca de la fidelidad

*Pero de aquel día y de la hora nadie sabe, ni aun los ángeles
que están en el cielo, ni el Hijo, sino el Padre. Mirad, velad
y orad; porque no sabéis cuándo será el tiempo. Es como el
hombre que yéndose lejos, dejó su casa, y dio autoridad a sus
siervos, y a cada uno su obra, y al portero mandó que velase.
Velad, pues, porque no sabéis cuándo vendrá el señor de la
casa; si al anochecer, o a la medianoche, o al canto del gallo,
o a la mañana; para que cuando venga de repente, no os halle
durmiendo. Y lo que a vosotros digo, a todos lo digo: Velad.*

—Marcos 13.32-37

El Evangelio de Mateo se estructura cuidadosamente para que su relato detallado del ministerio público de Jesús se encuentre entre los dos más grandes discursos de nuestro Señor: el Sermón del Monte y el Discurso del Monte de los Olivos.

Mateo 5 presenta el registro de Mateo de la enseñanza de Jesús en el Sermón del Monte.* Este sermón, que abarca tres capítulos, es el registro

---

* Los cuatro primeros capítulos del Evangelio de Mateo son introductorios y describen el nacimiento, el bautismo y la tentación de Jesús. El capítulo 4 culmina con el llamamiento de los discípulos. A más largo sin interrupciones de las palabras de Jesús en cualquier lugar en las Escrituras. De ninguna manera fue este el primer suceso en el ministerio terrenal de Jesús. Las mejores cronologías lo colocan alrededor de un año y medio después del bautismo de Jesús (es decir, cerca del punto medio de su ministerio de tres años). Pero es un lugar apropiado para que Mateo comenzara porque maravillosamente resume el contenido de las enseñanzas de Jesús y nos ayuda a que consideremos todo lo demás que dijo e hizo con una luz más clara.

Mateo entonces organiza los diversos acontecimientos de la vida y ministerio de Jesús en cierto modo temáticamente. Resalta las lecciones clave en los principales discursos, cinco de ellas en total. En el capítulo 10 hay una comisión ampliada de Jesús que acompaña el envío de los Doce; en el capítulo 13 hay una larga serie de parábolas sobre el reino y en el capítulo 18, una lección prolongada sobre tener fe como un niño.

Por último, hacia el final de su Evangelio, justo antes de la descripción del arresto y crucifixión de Jesús, Mateo lleva su narración del ministerio de enseñanza formal de Jesús a su fin con el Discurso del Monte de los Olivos (Mateo 24–25). Aquí Jesús, sentado en la cima del Monte de los Olivos (24.3), habla en privado a sus discípulos más cercanos acerca de su segunda venida, respondiendo a sus preguntas acerca de «qué señal habrá de tu venida, y del fin del siglo» (v. 3).

Tal como se observó en la introducción a este libro, el registro de Mateo del Sermón del Monte contiene solo una parábola muy breve, que comprende los cuatro versículos finales (7.24–27). Esta parábola (la de los dos cimientos) ilustra lo necio de escuchar las palabras de Jesús y no creerlas.

En contraste, el Discurso del Monte de los Olivos contiene muchas parábolas, algunas muy cortas y más complejas. Estas incluyen el cuerpo muerto y las águilas (24.28), la higuera (vv. 32–34), el dueño de la casa (vv. 43–44), los siervos sabios y los malvados (vv. 45–51), las diez vírgenes (25.1–13), los talentos (vv. 14–30) y las ovejas y las cabras (vv. 32–33).

---

continuación, comenzando con el Sermón del Monte, Mateo empieza a relatar los sucesos del ministerio público de Cristo.

En este capítulo examinaremos tres de las parábolas más largas de esta serie: los siervos sabios y los malvados, las diez vírgenes y los talentos. Esas tres historias enlazan a Mateo 24 y 25. Deliberadamente se dicen en estrecha secuencia, y juntas hacen un solo y simple punto sobre la importancia de la fidelidad a la luz del retorno de Jesucristo.

El Discurso del Monte de los Olivos es uno de los pasajes más maltratados de todas las Escrituras. Algunos intérpretes relegan todo el discurso casi a la irrelevancia, afirmando que todas las palabras proféticas de esta sección de las Escrituras se cumplieron por completo en el año 70 A.D. cuando los ejércitos romanos saquearon Jerusalén y destruyeron el templo judío. (Este punto de vista se conoce como *preterismo*). En el extremo opuesto están los que parecen pensar que el periódico de hoy es la clave para entender el Discurso del Monte de los Olivos. Ellos recorren las noticias diarias de «guerras y rumores de guerras» (Mateo 24.6); «hambres, pestilencias, y terremotos en diferentes lugares» (v. 7); señales y prodigios en los cielos (v. 29), u otros ecos de este pasaje. Por supuesto, ellos no dejan de descubrir nuevos informes que parecen encajar en el pasaje. Algunos parecen pensar que todo el discurso es un amplio rompecabezas con un código que da una respuesta oculta a la pregunta de los discípulos: «¿Cuándo serán estas cosas?» (24.3). Casi cada década algún falso profeta surge y afirma que ha descubierto exactamente cuándo volverá el Señor.

No obstante, Jesús niega enfáticamente la posibilidad de tal conocimiento: «Pero del día y la hora nadie sabe, ni aun los ángeles de los cielos, sino sólo mi Padre» (v. 36). De hecho, Jesús *repite* esto en varias ocasiones en el Discurso del Monte de los Olivos: «No sabéis a qué hora ha de venir vuestro Señor» (Mateo 24.42). «El Hijo del Hombre vendrá a la hora que no pensáis» (v. 44). «El señor de aquel siervo en día que éste no espera» (v. 50). «No sabéis el día ni la hora en que el Hijo del Hombre ha de venir» (25.13). *Todas* las tres parábolas que estaremos estudiando hacen hincapié en la imposibilidad de conocer el día y la hora de su regreso.

En otras palabras, Jesús deliberadamente dejó sin respuesta la pregunta de los discípulos sobre el calendario de acontecimientos que rodearían su venida. No dejó lugar para la especulación ni el sensacionalismo.

Por otra parte, en el proceso de delinear los problemas más graves de los últimos días, les dijo a sus discípulos: «Mirad que no os turbéis» (Mateo 24.6).

Es evidente que Jesús no nos está dando una forma de averiguar con precisión cuándo debemos esperar su retorno; ni está tratando de asustarnos con respecto a la terrible época de tribulación que precederá a su venida. ¿Cuál entonces es el asunto principal de este discurso? La respuesta es simple y obvia: es una exhortación extendida de Cristo a sus discípulos, exhortándolos a ser fieles hasta que Él vuelva. En lugar de responder a la pregunta sobre el momento de su retorno, les dice tres parábolas que cubren todas las posibilidades.

Una historia de dos siervos

La primera en este trío es una historia que contrasta a dos servidores, uno que es «fiel y prudente» y el otro, malo (Mateo 24.45, 48). El verdadero carácter del siervo malo se manifiesta rápidamente cuando el señor se va por una temporada. Él se dice a sí mismo que el señor no va a volver pronto. Esta creencia elimina todo sentido de la rendición de cuentas de su mente y anda fuera de control:

> ¿Quién es, pues, el siervo fiel y prudente, al cual puso su señor sobre su casa para que les dé el alimento a tiempo? Bienaventurado aquel siervo al cual, cuando su señor venga, le halle haciendo así. De cierto os digo que sobre todos sus bienes le pondrá.
>
> Pero si aquel siervo malo dijere en su corazón: Mi señor tarda en venir; y comenzare a golpear a sus consiervos, y aun a comer y a beber con los borrachos, vendrá el señor de aquel siervo en día que éste no espera, y a la hora que no sabe, y lo castigará duramente, y pondrá su parte con los hipócritas; allí será el lloro y el crujir de dientes. (Mateo 24.45–51)

El contraste entre los dos servidores es deliberadamente extremo. El siervo fiel y prudente entiende que la ausencia del señor en realidad aumentaba la carga de responsabilidad sobre él. Tenía que trabajar más duro y ser más consciente que nunca porque sabía que al final tendría que rendir cuenta. Ya sea que el señor regresara temprano o tarde, este siervo fiel quería encontrarse cumpliendo con paciencia sus deberes. Pero el siervo malo vio la ausencia del maestro como una oportunidad para irse de fiesta. Él se quitó toda restricción y eludió cualquier responsabilidad. Hizo todo lo que su corazón malvado le inclinaba a hacer, porque no había nadie para verlo y no tenía sentido de responsabilidad.

Cuando el señor vuelve de repente, el siervo fiel es recompensado más allá de cualquier expectativa. Es inmediatamente promovido a la posición más alta de autoridad y honor. Se le da privilegios que reflejan las prerrogativas del propio señor. Este es un cuadro de la recompensa eterna de todos los cristianos fieles. Ellos reinarán con Cristo en el reino (2 Timoteo 2.12; Apocalipsis 20.6). Ellos son coherederos con Jesucristo y serán glorificados juntamente con Él (Romanos 8.17). El lugar de ellos en el cielo será una posición de insondable alto honor y recompensa. Se sentarán con Él en su trono (Apocalipsis 3.21).

Sin embargo, el siervo malo representa a un incrédulo que se engaña a sí mismo, que se ha identificado con la iglesia y se hace pasar como servidor del Maestro. Pero en realidad, no ama al Señor ni espera su retorno. De hecho, no parece creer en absoluto que el Maestro volverá, o al menos no en un corto plazo. Dice «en su corazón: Mi señor *tarda* en venir» (Mateo 24.48, énfasis agregado). Su falta de fe incentiva su mal comportamiento.

Cuando el señor *sí* vuelva, de pronto y mucho antes de lo esperado, el siervo malo será expuesto al instante por lo que es. Su castigo es tan severo como la recompensa del primer siervo fue pródiga: «lo castigará duramente» (v. 51). Pero este no es el final. Su porción (su suerte en el más allá) sería estar «con los hipócritas; allí será el lloro y el crujir de dientes». Tal lenguaje, por supuesto, denota el infierno, por lo que sabemos que este hombre era un incrédulo.

De hecho, la expresión «el lloro y el crujir de dientes» era familiar para los discípulos, porque Jesús la había utilizado muchas veces para describir el dolor sin fin y el lamento agónico de las almas en el infierno (Mateo 8.12; 22.13; Lucas 13.28). Ese es el significado aquí también. La actitud cínica del siervo malo al regreso de su amo es un emblema del rango de incredulidad, y «el que no cree, ya ha sido condenado» (Juan 3.18). Esto demuestra lo grave que es el pecado de burlarse de la promesa del retorno de Cristo (2 Pedro 3.3–4).

La misma gracia que nos salva nos enseña que «vivamos en este siglo sobria, justa y piadosamente, aguardando la esperanza bienaventurada y la manifestación gloriosa de nuestro gran Dios y Salvador Jesucristo» (Tito 2.12–13). «Porque aún un poquito, y el que ha de venir vendrá, y no tardará» (Hebreos 10.37). En el libro de Apocalipsis, Cristo dice repetidamente: «He aquí, yo vengo pronto» (Apocalipsis 3.11; 22.7, 12, 20).

Esta es la lección que se resalta en esta parábola. El retorno de Cristo es *inminente*. Esto significa que podría suceder en cualquier momento. «El Señor está cerca» (Filipenses 4.5). «La venida del Señor se acerca [...] el juez está delante de la puerta» (Santiago 5.8–9). Nada se interpone en el camino del retorno inmediato de nuestro Señor, y se nos enseña en varias ocasiones en las Escrituras que debemos estar listos, expectantes, ocupados, obedientes, leales, totalmente preparados, como el siervo fiel y prudente en esta parábola «porque no sabéis a qué hora ha de venir vuestro Señor» (Mateo 24.42).

Las diez vírgenes

La división de capítulos entre Mateo 24 y 25 hace una interrupción artificial en el flujo de la narración. (Las divisiones de capítulos y versículos, por supuesto, no son parte del texto inspirado; fueron añadidas alrededor del siglo XIII). No hay interrupción o interludio entre la parábola de los siervos y la historia que sigue, y es importante leerlas de esa manera. Las dos parábolas van de la mano, haciendo hincapié en diferentes aspectos de una misma lección clave.

La parábola de los dos siervos enfatiza el punto de que no debemos asumir que Cristo demorará su venida, sino estar preparados cuando regrese en cualquier momento. La parábola de las vírgenes sabias y necias sigue de inmediato y simplemente invierte el punto. Estar «listo para que Él vuelva en cualquier momento» también significa que no debemos ser atrapados con la guardia baja *si* demora. La verdadera disposición exige equilibrio en nuestras expectativas.

La historia de la iglesia está repleta de establecedores de fechas y sus sectas quienes, pensando que habían encontrado el tiempo específico para la segunda venida, renunciaron a sus trabajos, vendieron sus activos y se trasladaron a una montaña o a algún lugar desierto para esperar el sonido de la trompeta final. Especialmente en las últimas décadas se ha visto un recrudecimiento de autoproclamados profetas y numerólogos aficionados que han determinado la fecha y la cronología de los últimos tiempos. Todos ellos han sido decepcionados, desacreditados, desilusionados y, de alguna manera, difamados, y con razón.

Jesús prohíbe expresamente este tipo de presunción. Como se ha señalado, este es uno de los principales asuntos de todo el discurso del Monte de los Olivos y es el mismo punto que ilustran estas tres parábolas.

Por supuesto que *sí* creemos sin reservas que el retorno de Cristo se acerca rápidamente. «Es ya hora de levantarnos del sueño; porque ahora está más cerca de nosotros nuestra salvación que cuando creímos» (Romanos 13.11). «El tiempo es corto... Porque la apariencia de este mundo se pasa» (1 Corintios 7.29, 31). «Mas el fin de todas las cosas se acerca; sed, pues, sobrios, y velad en oración» (1 Pedro 4.7). Nada se interpone en el camino del retorno del Señor y es imperativo que estemos listos si Él regresara hoy.

Pero nuestra ignorancia sobre el momento del retorno de Cristo tiene otra implicación: tenemos que seguir siendo pacientes, diligentes, fieles, no importa cuánto tiempo nuestro Señor puede parecer que retrasa su retorno. El tiempo *es* corto, pero «para con el Señor un día es como mil años, y mil años como un día. El Señor no retarda su promesa, según algunos la tienen por tardanza, sino que es paciente para con nosotros, no queriendo que ninguno perezca, sino que todos procedan al arrepentimiento. Pero el día del Señor *vendrá* como ladrón en la noche» (2 Pedro 3.8–10, énfasis añadido). Mientras tanto, tenemos que estar preparados si Él regresa de inmediato o espera otros mil años. Y mientras esperamos, debemos permanecer fieles a nuestras responsabilidades. Esto es lo que la verdadera disponibilidad significa. Es diametralmente opuesta al escapismo de los que abandonan, se mudan a la cima de una montaña y se sientan allí de brazos cruzados esperando a que suene la trompeta final.

Con el fin de ilustrar por qué tenemos que estar preparados en caso de que su venida se retrase, Jesús cuenta una parábola sobre las «diez vírgenes». Estas son diez damas de honor en una boda. (Por costumbre, solo solteras servían como damas de honor). Esta que Jesús está describiendo es una gran fiesta de bodas, con un número inusualmente grande de participantes, lo que da a entender que se trata de familias ilustres. Es una ocasión muy importante.

Pero la boda está plagada de una serie de problemas que ninguna novia desearía. Se está haciendo muy tarde. El novio aun ha llegado. Las damas de honor se han dormido y sus lámparas ceremoniales se apagan. La mitad de ellas vinieron sin aceite adicional, por lo que les era imposible volver a llenar sus lámparas. Y sin lámparas adecuadas, no podían llevar a cabo la tarea sencilla que se supone debían hacer.

Aquí está la parábola en las palabras de Jesús:

> Entonces el reino de los cielos será semejante a diez vírgenes que tomando sus lámparas, salieron a recibir al esposo. Cinco de ellas eran prudentes y cinco insensatas. Las insensatas, tomando sus lámparas, no tomaron consigo aceite; mas las prudentes tomaron aceite en sus vasijas, juntamente con sus lámparas. Y tardándose el esposo, cabecearon todas y se durmieron.
>
> Y a la medianoche se oyó un clamor: ¡Aquí viene el esposo; salid a recibirle!

Entonces todas aquellas vírgenes se levantaron, y arreglaron sus lámparas. Y las insensatas dijeron a las prudentes: Dadnos de vuestro aceite; porque nuestras lámparas se apagan.

Mas las prudentes respondieron diciendo: Para que no nos falte a nosotras y a vosotras, id más bien a los que venden, y comprad para vosotras mismas.

Pero mientras ellas iban a comprar, vino el esposo; y las que estaban preparadas entraron con él a las bodas; y se cerró la puerta.

Después vinieron también las otras vírgenes, diciendo: ¡Señor, señor, ábrenos!

Mas él, respondiendo, dijo: De cierto os digo, que no os conozco.

Velad, pues, porque no sabéis el día ni la hora en que el Hijo del Hombre ha de venir. (Mateo 25.1–13)

Una boda a media noche marcada por el retraso del novio pareciera extraño y absolutamente desastroso en la mayoría de las culturas del siglo XXI. Pero el escenario que Jesús describe seguramente no sonaba extraño en los oídos de los discípulos.

El proceso de compromiso y matrimonio en el judaísmo del primer siglo tenía tres fases. La primera fase era la *promesa* de matrimonio, por lo general formalizado mediante un contrato. Este arreglo se hacía típicamente entre los dos conjuntos de padres y era sellado con un pago hecho por el padre del novio al padre de la novia. La segunda fase era el *desposorio*. Esta comenzaba con el intercambio público de votos y regalos entre la pareja. Una pareja desposada estaba entonces legalmente comprometida a casarse entre sí; la unión no podía ser rota, excepto por divorcio (cp. Mateo 1.19). Pero el matrimonio no se consumaba hasta después de la tercera fase: *la fiesta de bodas*. Esto podía ocurrir tan tarde como un año después del desposorio. Esta fase marcaba la finalización del período de compromiso con una gran celebración que duraba varios días. Solo después de hacerse el banquete de bodas, la pareja empezaba a vivir junta.

Lo que la parábola describe es el primer día de la fiesta de bodas. La llegada del novio señalaría el inicio de las festividades, y las damas de honor vendrían a su encuentro y le acompañarían a través de las calles de la ciudad o pueblo a su destino con lámparas o antorchas con aceite como combustible. Un comienzo por la noche sería común en esa cultura. (Estaba previsto después de la puesta del sol para la comodidad de las personas que viajaban para llegar allí).

En este caso el novio estaba tarde, muy tarde. No se nos dice la razón de la larga demora, pero debe haber sido algo significativo e inevitable. No se aclara por qué el novio era indiferente acerca de la boda o frío hacia su novia, porque cuando por fin llegó a la medianoche, no esuvo dispuesto a esperar un minuto más para iniciar la ceremonia. Los invitados se habían quedado a pesar de la demora. Todo estaba listo a excepción de las cinco damas de honor necias que habían salido de las instalaciones para tratar de comprar más aceite.

Se puede apreciar la molestia que sentía el novio. En primer lugar, era inexcusable que ellas no llevaran aceite. Mantener sus lámparas encendidas era su único deber. La irresponsabilidad de ellas era similar o hasta peor que la negligencia del hombre en Mateo 22.11–14, quien se presentó en una boda real sin estar vestido para la ocasión. Era un insulto desconsiderado al novio.

Tan pronto como se supo que el novio venía, las jóvenes irresponsables despertaron de su letargo y salieron a tratar de comprar aceite (seguramente una misión difícil a esa hora de la noche). «Pero mientras ellas iban a comprar, vino el esposo; y las que estaban preparadas entraron con él a las bodas; y se cerró la puerta» (Mateo 25.10). Las insensatas se perdieron su venida y fueron excluidas de la fiesta de bodas. Deberían de haber estado preparadas para una posible demora.

Finalmente, regresaron y pidieron ser admitidas en la fiesta, pero el novio había tomado su decisión. Ellas habían estropeado su único deber como damas de honor; ahora eran una interrupción a la celebración. La respuesta del novio para ellas es fría: «De cierto os digo, que no os conozco» (v. 12). Este es un eco espeluznante de lo que Jesús dirá a los hipócritas religiosos en el juicio final: «Nunca os conocí; apartaos de mí, hacedores de maldad» (Mateo 7.23). También es una reminiscencia de sus palabras en Lucas 13.24–28:

Esforzaos a entrar por la puerta angosta; porque os digo que muchos procurarán entrar, y no podrán. Después que el padre de familia se haya levantado y cerrado la puerta, y estando fuera empecéis a llamar a la puerta, diciendo: Señor, Señor, ábrenos, él respondiendo os dirá: No sé de dónde sois. Entonces comenzaréis a decir: Delante de ti hemos comido y bebido, y en nuestras plazas enseñaste. Pero os dirá: Os digo que no sé de dónde sois; apartaos de mí todos vosotros, hacedores de maldad. Allí será el llanto y el crujir de dientes, cuando veáis a Abraham, a Isaac, a Jacob y a todos los profetas en el reino de Dios, y vosotros estéis excluidos.

El asunto de la parábola es sencillo: Cristo (el novio) se acerca. Él puede llegar más tarde de lo que esperamos y debemos estar preparados para esa posibilidad. Esto significa permanecer despiertos, velando y preparados para recibirlo, no importa cuán tarde sea. De hecho, a medida que pasa el tiempo y su venida se acerca más, la necesidad de velar es más grande, no menos. El *único* momento en que podemos prepararnos para Cristo es ahora mismo, porque su repentina llegada señalará el final de toda oportunidad. Los que no estén listos para Él cuando llegue serán completa y permanentemente excluidos de la fiesta de bodas.

Los talentos

A la parábola de las vírgenes prudentes y necias le sigue sin interrupción la tercera y última parábola en esta cadena de lecciones. Esta es la parábola de los talentos, y las respectivas lecciones de estas tres parábolas están entrelazadas a propósito para darnos una comprensión completa de lo que significa ser fiel mientras esperamos el retorno de Cristo. La parábola de los dos siervos elogia la virtud del *expectante velar* por el retorno de Cristo. La parábola de las vírgenes es una lección sobre la *paciente espera* por Él. La parábola de los talentos es un recordatorio de que debemos seguir *trabajando diligentemente* mientras le esperamos.

En contraste con aquellos inclinados a abandonarlo todo y ponerse a esperarlo en una colina, el creyente fiel debe seguir trabajando y planificando con la vista puesta en el futuro. Planificar con cuidado y prudencia no es antagónico a vivir por fe. De hecho, la falta de planes para el futuro no es fe en absoluto; es pura necedad. En las palabras de Jesús: «Porque ¿quién de vosotros, queriendo edificar una torre, no se sienta primero y calcula los gastos, a ver si tiene lo que necesita para acabarla? No sea que después que haya puesto el cimiento, y no pueda acabarla, todos los que lo vean comiencen a hacer burla de él, diciendo: Este hombre comenzó a edificar, y no pudo acabar» (Lucas 14.28–30).

La parábola de los talentos elogia el trabajo fiel y la planificación prudente. En esta historia, un hombre rico viaja a algún lugar lejano. Nombra a tres siervos como administradores sobre asignaciones específicas de su riqueza hasta que regrese. Dos de ellos ponen el dinero a trabajar y fueron capaces de duplicar sus porciones. El tercero enterró su tesoro y este no ganó nada para el dueño:

> Porque el reino de los cielos es como un hombre que yéndose lejos, llamó a sus siervos y les entregó sus bienes. A uno dio cinco talentos, y a otro dos, y a otro uno, a cada uno conforme a su capacidad; y luego se fue lejos. Y el que había recibido cinco talentos fue y negoció con ellos, y ganó otros cinco talentos. Asimismo el que había recibido dos, ganó también otros dos. Pero el que había recibido uno fue y cavó en la tierra, y escondió el dinero de su señor. Después de mucho tiempo vino el señor de aquellos siervos, y arregló cuentas con ellos.
>
> Y llegando el que había recibido cinco talentos, trajo otros cinco talentos, diciendo: Señor, cinco talentos me entregaste; aquí tienes, he ganado otros cinco talentos sobre ellos.
>
> Y su señor le dijo: Bien, buen siervo y fiel; sobre poco has sido fiel, sobre mucho te pondré; entra en el gozo de tu señor.
>
> Llegando también el que había recibido dos talentos, dijo: Señor, dos talentos me entregaste; aquí tienes, he ganado otros dos talentos sobre ellos.

Su señor le dijo: Bien, buen siervo y fiel; sobre poco has sido fiel, sobre mucho te pondré; entra en el gozo de tu señor.

Pero llegando también el que había recibido un talento, dijo: Señor, te conocía que eres hombre duro, que siegas donde no sembraste y recoges donde no esparciste; por lo cual tuve miedo, y fui y escondí tu talento en la tierra; aquí tienes lo que es tuyo.

Respondiendo su señor, le dijo: Siervo malo y negligente, sabías que siego donde no sembré, y que recojo donde no esparcí. Por tanto, debías haber dado mi dinero a los banqueros, y al venir yo, hubiera recibido lo que es mío con los intereses. Quitadle, pues, el talento, y dadlo al que tiene diez talentos.

Porque al que tiene, le será dado, y tendrá más; y al que no tiene, aun lo que tiene le será quitado. Y al siervo inútil echadle en las tinieblas de afuera; allí será el lloro y el crujir de dientes (Mateo 25.14–30).

Esa parábola no se debe confundir con la de las minas en Lucas 19.11–27. La esencia de las dos historias y las lecciones que enseñan son muy similares, pero los detalles y el contexto son claramente diferentes. Ambas parábolas corrigen con gentileza la expectativa de los discípulos que «pensaban que el reino de Dios se manifestaría inmediatamente» (Lucas 19.11).

Cada vez que se presenta el tema de la venida del Señor, las Escrituras nos animan a estar atentos y expectantes. Esta parábola es un definido recordatorio de que mientras esperamos, debemos estar preparados para ese día trabajando fielmente para el Maestro. Las dos parábolas anteriores mostraron que la expectativa debe ser modulada con la paciencia. Esta otra parábola nos recuerda que, ya sea que Cristo regrese temprano o tarde, Él debe encontrarnos ocupados en su servicio. Esta parábola completa el triple equilibrio necesario: velar, esperar y trabajar.

La historia es acerca de un hombre rico que se va en un viaje largo. Él representa claramente a Cristo. Nombra a siervos que se hagan cargo de sus asuntos y espera, por supuesto, que actúen como fieles mayordomos de los recursos de su amo. Les da todo el poder para manejar las riquezas asignadas que deja a su cuidado.

A estos tres siervos se les confió una inmensa responsabilidad. El primero recibió «cinco talentos» (Mateo 25.15); a los otros, dos y uno, respectivamente. Un *talento* no es una moneda o cierto tipo de moneda, sino una unidad de peso bastante grande.** La gran *menorá* de oro en el tabernáculo pesaba un talento (Éxodo 25.39). Un talento griego pesaba poco más de veinticinco kilogramos; un talento romano algo más de treinta; un talento babilónico poco menos de treinta. Estos eran talentos de oro o plata, por lo que un talento no era una suma pequeña. Incluso, un solo talento sería una inmensa fortuna.

A cada hombre se le dio responsabilidad de acuerdo con su carácter y capacidad. El primero era claramente el más hábil y confiable de los tres, por lo que se le encomendó la mayor parte de lo que le pertenecía a su señor, y demostró sus capacidades y su carácter.

Dos de los tres hombres se pusieron a trabajar fielmente y cumplieron con su deber. El adverbio *luego* en Mateo 25.15 («luego se fue lejos») es probable que pertenezca al versículo 16, describiendo la acción de los siervos en lugar de la salida de su amo. El amo sale de viaje «y el que había recibido cinco talentos [*inmediatamente*] fue y negoció con ellos, y ganó otros cinco talentos. Asimismo el que había recibido dos, ganó también otros dos» (vv. 16–17). Con todo vigor los dos siervos fieles emprendieron la responsabilidad que se les había dado. Sin saber cuánto tiempo tendrían, rápidamente se pusieron a trabajar, a negociar y a invertir. Ambos duplicaron el valor de los recursos que se habían puesto a su cuidado.

Pero el tercero literalmente no hizo nada, sino enterrar el dinero de su señor en la tierra (v. 18). Se aprovechó de la ausencia su señor para hacer lo que quería hacer para sí mismo. Tal vez acalló su conciencia con la seguridad de que se estaba evitando correr riesgos. Pudo udo haber

---

** La palabra *talento*, que significa una habilidad especial o capacidad, en realidad se deriva de esta parábola. Es una relación apropiada porque todas nuestras aptitudes y facultades se nos dan como una mayordomía del Señor, y tenemos el deber de hacerlas productivas para su gloria.

tenido incluso la visión de que el mercado iba a dar un giro negativo y entonces sería visto como un héroe por haber conservado su asignación de dinero en efectivo, mientras que todos los demás perderían dinero. En realidad, lo que estaba haciendo era eludir su deber. Su falta de responsabilidad garantizaba que los recursos que le habían sido confiados nunca ganarían algún beneficio.

El viaje del amo fue largo, «a un país lejano» (Mateo 25.14). En esa cultura era imposible viajar largas distancias con un calendario definido. Los siervos, por lo tanto, no sabían con exactitud cuándo su señor regresaría, y parece que el viaje duró más de lo que cualquiera pudo haber esperado. El retraso, sin duda, reforzó y alentó la complacencia del siervo infiel. Estaba claro que no se encontraba preparado para dar cuenta cuando llegara el momento.

Al fin llegó el tiempo para dar cuentas: «Después de mucho tiempo vino el señor de aquellos siervos» (Mateo 25.19). Los siervos fieles fueron elogiados y recompensados. De hecho, las palabras del dueño a ellos dos fueron idénticas: «Bien, buen siervo y fiel; sobre poco has sido fiel, sobre mucho te pondré; entra en el gozo de tu señor» (vv. 21, 24). Fueron honrados por su fidelidad, no por la ganancia que obtuvieron. Esta es precisamente la forma en que las Escrituras describen el tribunal de Cristo: «Cada uno recibirá su recompensa *conforme a su labor*», no de acuerdo con los resultados (1 Corintios 3.8, énfasis añadido).

La respuesta del señor muestra que era un hombre amable y generoso. Él premió a los fieles administradores otorgándoles más autoridad, mayores oportunidades y un lugar de gozo y favor. La recompensa de ellos delinea con claridad el cielo. El cielo no es un lugar de eterno aburrimiento y tediosa inactividad; está lleno de exaltación y honor, de más oportunidades para el servicio y el más grande gozo de todos: la comunión eterna con Cristo. Las promesas y las parábolas de Jesús están repletas de figuras que representan el cielo (cp. Lucas 12.35-37, 44; 19.17–19; 22.29–30; Juan 12.26).

El siervo infiel intentó desviar el juicio que se merecía al afirmar que estaba paralizado por el terror, y que el propio carácter y la reputación del dueño le daban la fama de ser un hombre despiadado, exigente y nada ético, quien cosechaba los beneficios del trabajo de los demás (Mateo 25.24–25). Lo que intentó hacer el siervo infiel es un ejemplo clásico de querer traspasar la culpa y una calumnia impía contra la bondad del otro; en este caso, su señor. Nada de eso era cierto. Aun si hubiera sido, no era razón para la inactividad. Como el dueño señaló, si este siervo perezoso realmente hubiese creído que su señor era tan severo y exigente, *lo peor* que pudo hacer era enterrar su talento en la tierra, donde estaba garantizado que no ganaría nada. ¿Realmente era esto lo que había estado pensando, que podía haber puesto el dinero en un banco, en el que por lo menos hubiera ganado intereses? Es evidente que la afirmación de que estaba paralizado por el miedo era una mentira total. El verdadero problema era la pereza malvada del siervo infiel (vv. 26–27). La verdad es que a su señor le había perdido tanto el temor como el respeto.

El castigo del siervo inútil es un recordatorio de lo que el hombre disoluto recibió en Mateo 24.51. Una vez más, Jesús emplea un lenguaje que evoca claramente las imágenes del infierno: «Y al siervo inútil echadle en las tinieblas de afuera; allí será el lloro y el crujir de dientes» (Mateo 25.30).

Está claro que el siervo inútil muestra a un incrédulo. Pertenece a la misma categoría que el siervo malo y las vírgenes fatuas en las dos parábolas anteriores. Nos ofrece otra imagen del típico mundano descuidado: arrogante en su absoluta indiferencia, desobediente a su amo, obstinado en su comportamiento e infiel en todo deber moral. Desde el punto en que el señor regresa, el desarrollo de la historia sigue el mismo patrón básico de las dos anteriores. El hombre es sorprendido sin estar preparado; su infidelidad se hace manifiesta a todos; su culpabilidad no se puede cubrir o explicar; y su castigo es terriblemente severo.

Lo que enlaza estas parábolas

El impacto colectivo de estas tres parábolas es una exhortación profunda con respecto a cómo debemos pensar acerca del retorno del Señor. En la superficie, las tres parábolas parecen completamente diferentes.

Muestran escenarios contrastantes. Una muestra la necedad de pensar que el Señor no volverá pronto; la siguiente, la necedad de la presunción de que *vendrá* de inmediato; y la tercera, la importancia de ser fiel, sin que medie cuándo vaya a regresar.

Pero hay claras similitudes que unen a las tres parábolas. Las tres hablan de lo inevitable de la venida del Señor y el juicio inminente. Las tres nos exhortan a estar listos. Y las tres contrastan la fidelidad y la incredulidad; la prudencia y la necedad; el estar preparado y la indiferencia.

De hecho, estas particulares son las características que definen a los cristianos auténticos de los no creyentes. Nadie en cualquiera de estas parábolas tipifica a un «cristiano carnal» a medias o tibio. Es por eso que el mismo Jesús descartó la posibilidad de que existan tales personas. En sus propias palabras: «El que no es conmigo, contra mí es; y el que conmigo no recoge, desparrama» (Mateo 12.30). Una persona no es un verdadero creyente en lo absoluto si él o ella no tiene una expectativa real del retorno de Cristo, no desea encontrarse con Él, no anhela que Él se manifieste. De hecho, las lecciones de estas parábolas son las mismas lecciones que la gracia salvadora enseña a todo verdadero creyente: «Renunciando a la impiedad y a los deseos mundanos, vivamos en este siglo sobria, justa y piadosamente, aguardando la esperanza bienaventurada y la manifestación gloriosa de nuestro gran Dios y Salvador Jesucristo» (Tito 2.12–13).

Así que las tres parábolas en conjunto nos dan un mensaje claro y poderoso: «No sabéis cuándo vendrá el señor de la casa; si al anochecer, o a la medianoche, o al canto del gallo, o a la mañana» (Marcos 13.35). «Por tanto, también vosotros estad preparados; porque el Hijo del Hombre vendrá a la hora que no pensáis» (Mateo 24.44). Mientras tanto, siga velando, esperando y trabajando fielmente.

8

Una lección acerca de la sabiduría serpentina

Sed, pues, prudentes como serpientes, y sencillos como palomas.

—Mateo 10.16

El dinero es un tema común en las parábolas de Jesús. Aproximadamente un tercio de los cuarenta o más parábolas que Jesús contó tiene algo que ver con riquezas terrenales, tesoros, monedas o dinero de algún tipo. Este hecho es a menudo citado por los falsos profetas de hoy y los predicadores de la prosperidad. Ellos emplean esto para justificar su propia obsesión con todas las clases de riqueza temporal. Escucharlos puede dar la impresión de que Jesús mismo era un amante del dinero, o que la forma principal (o única) en que Dios bendice a los fieles es haciéndolos ricos.

Sin embargo, el verdadero asunto de Jesús (y el tema constante de su enseñanza) era precisamente lo contrario: «¡Cuán difícil les es entrar en el reino de Dios, a los que confían en las riquezas!» (Marcos 10.24). «No podéis servir a Dios y a las riquezas» (Mateo 6.24). «Mas buscad primeramente el reino de Dios y su justicia» (v. 33). En ningún caso Jesús hizo o dijo algo que pudiera alentar a sus discípulos a entregar sus corazones y esperanzas a la prosperidad material o las posesiones terrenales. De hecho, todas las parábolas que mencionan el dinero hacen lo opuesto.

Por ejemplo, el hombre rico y Lázaro igual como la historia del rico insensato en Lucas 12.16–21 ilustran cómo las riquezas pueden ser un impedimento para entrar en el reino de los cielos (Mateo 19.23–24). Pensemos en la parábola de los talentos, la de las minas (Lucas 19.12–27) y la de los viñadores (Lucas 20.9–16). Estas historias nos recuerdan que somos nada más que administradores de todos los recursos terrenales que el Señor confía a nuestro cuidado. Debemos ser prudentes y fieles en la forma en que los usamos, sean cuales sean las posesiones y las oportunidades que Dios pone a nuestra disposición. El tesoro escondido y la perla preciosa (Mateo 13.44–46) no tratan sobre la búsqueda o el acaparamiento de la riqueza terrenal. Todo lo contrario; ilustran el valor infinito del reino celestial.

Las Escrituras condenan enfáticamente el amor al dinero. «Porque raíz de todos los males es el amor al dinero, el cual codiciando algunos, se extraviaron de la fe, y fueron traspasados de muchos dolores. Mas tú, oh hombre de Dios, huye de estas cosas, y sigue la justicia, la piedad, la fe, el amor, la paciencia, la mansedumbre» (1 Timoteo 6.10–11).

Jesús resumió su enseñanza sobre el asunto en una exhortación clara en su Sermón del Monte: «No os hagáis tesoros en la tierra, donde la polilla y el orín corrompen, y donde ladrones minan y hurtan; sino haceos tesoros en el cielo, donde ni la polilla ni el orín corrompen, y donde ladrones no minan ni hurtan. Porque donde esté vuestro tesoro, allí estará también vuestro corazón» (Mateo 6.19–21).

En Lucas 16, narra una parábola que evoca y pone de manifiesto esta amonestación de una manera muy inusual. Es la historia de un siervo infiel, mentiroso y engañador quien fue descubierto y se le avisó que sería despedido. Entonces, astutamente utiliza la riqueza de su amo para comprar amistades que le serán de utilidad para amortiguar su caída:

Había un hombre rico que tenía un mayordomo, y éste fue acusado ante él como disipador de sus bienes. Entonces le llamó, y le dijo: ¿Qué es esto que oigo acerca de ti? Da cuenta de tu mayordomía, porque ya no podrás más ser mayordomo. Entonces el mayordomo dijo para sí: ¿Qué haré? Porque mi amo me quita la mayordomía. Cavar, no puedo; mendigar, me da vergüenza. Ya sé lo que haré para que cuando se me quite de la mayordomía, me reciban en sus casas. Y llamando a cada uno de los deudores de su amo, dijo al primero: ¿Cuánto debes a mi amo? Él dijo: Cien barriles de aceite. Y le dijo: Toma tu cuenta, siéntate pronto, y escribe cincuenta. Después dijo a otro: Y tú, ¿cuánto debes? Y él dijo: Cien medidas de trigo. Él le dijo: Toma tu cuenta, y escribe ochenta. Y alabó el amo al mayordomo malo por haber hecho sagazmente; porque los hijos de este siglo son más sagaces en el trato con sus semejantes que los hijos de luz. (Lucas 16.1–8)

¡Qué cosa tan extraña por la cual alabar a alguien! Esta es una de las más sorprendentes y enigmáticas de las parábolas de Jesús. Las historias que nuestro Señor contó a menudo contenían giros profundamente espeluznantes, pero ninguna es más desconcertante que esta. ¿Cómo es posible la elaboración de algún principio espiritual positivo a partir de las acciones poco éticas de un mayordomo injusto? ¿Puede alguna buena enseñanza provenir de tan patente mal ejemplo?

Pero esto no es un error. Jesús era muy hábil para ilustrar sus ideas por medio de parábolas.

La historia

El personaje principal de esta parábola es un hombre al que Jesús se refiere como un «mayordomo malo» (Lucas 16.8). Así que no hay duda acerca de su carácter torcido. Las acciones propias del mayordomo revelan que era malvado, conspirador, totalmente carente de principios y descaradamente sin vergüenza en su maldad.

Pero al parecer, llegó a este punto por una progresión de transigencias que probablemente parecían pequeños al principio. Su caída comenzó porque él manejaba las propiedades de su amo de una manera que era un desperdicio, un gasto excesivo o tal vez utilizaba los recursos de la empresa para pagar sus gastos personales. Debe haberse imaginado que era libre de gastar de forma extravagante porque el amo nunca le haría una comprobación. Pero una acusación creíble contra él llegó a oídos de su jefe rico, quien le dio su aviso de despedida y ordenó una auditoría completa.

El mayordomo sabía que sería imposible encubrir su mala conducta. Su mala gestión derrochadora sería totalmente documentada y él sería deshonrado y desacreditado. Reconoció por sí mismo que no podía hacer un trabajo físico fuerte y que era demasiado orgulloso para pedir limosna. Así que optó por engañar al hombre rico aún más. Preparó, entonces, los libros a favor de las personas que le debían dinero a su amo. Gratuitamente les perdonó grandes deudas. En efecto, le robó a su amo con el fin de ganar amigos y comprar favores, asegurándose así que cuando el hombre rico finalmente lo despidiera, sería recibido por la gente que ahora estaría en deuda con él.

No hay manera de darle la vuelta al comportamiento sin escrúpulos del hombre, o destacar positivamente el hecho de que Jesús utiliza el comportamiento de un sinvergüenza para ilustrar su asunto. Recuerde que el mismo Jesús se refiere al hombre como un «mayordomo malo». No hay hechos atenuantes o detalles ocultos que puedan poner las acciones inmorales y poco éticas de este hombre en una mejor proyección. Sí Jesús hubiese querido ser exonerado de la acusación de elogiar la astucia de un hombre malvado, Él podría haber utilizado una trama diferente. No hay necesidad de imaginar un contexto que pudiera hacer que el comportamiento del hombre pareciera menos malvado. Después de todo, esta es una parábola. No es la vida real. Jesús inventó esta historia. Los únicos hechos registrados son los que Él dio. Si nos impacta el sorpresivo final, esto es lo que exactamente Él se proponía. También su audiencia original se habría escandalizado con esta historia.

El público principal aquí era que los discípulos («Dijo también *a sus discípulos*» [Lucas 16.1, énfasis añadido]). Así que este no es el mismo género que la parábola del hijo pródigo. Esa historia es un mensaje evangelístico, un llamado a los fariseos y escribas a arrepentirse, a creer en el evangelio, a recibir la entrada al reino celestial y a entrar en el gozo del Señor. Esta parábola sigue a la del hijo pródigo en el Evangelio de Lucas, pero se dirige a personas que ya se han comprometido a seguir a Jesús, hombres y mujeres que aman la justicia, se han apartado del mal y viven sus vidas preocupados por la gloria de Cristo. Este es un mensaje de discipulado. Esto es para los creyentes.

El hombre rico de la parábola es un magnate impresionantemente rico, no alguien con un negocio pequeño. Él es tan rico que ni siquiera se dignaba a participar en la operación diaria de sus negocios. En su lugar, él contrata un gerente, un administrador, para conducir su empresa. Es claramente una enorme responsabilidad debido a que solo dos de las deudas contraídas por sus deudores eran «cien barriles de aceite» y «cien medidas de trigo» (vv. 6-7). El hombre rico probablemente vivía en una mansión a cierta distancia de la sede de su negocio, ya que no tenía conocimiento de primera mano de lo que estaba haciendo su mayordomo.

Es evidente que el mayordomo era un administrador experto y hábil, un hombre distinguido. (Por su propio testimonio, no era alguien acostumbrado al trabajo manual). Sin duda, tenía el respeto de la mayoría de la gente. No habría sido puesto en una posición tan importante si no hubiera tenido la confianza plena e incondicional del hombre rico. Probablemente, los dos hombres tenían una relación muy larga de confianza y afecto mutuos. (A menudo, los mayordomos a menudo eran siervos de confianza que habían nacido y se habían criado en el hogar del dueño y eran tratados como parte de la familia). En cualquier caso, la confianza del hombre rico en la habilidad y la integridad del mayordomo era tal que le había confiado el control total sobre sus asuntos y bienes. El mayordomo tenía derecho a actuar por su propia cuenta sin una estrecha supervisión o interferencia. El dueño de la empresa nunca hubiera descubierto la mala gestión del administrador si alguien de afuera no se lo dijera.

Debe haber sido una muy mala noticia para el hombre rico cuando el mayordomo «fue acusado ante él como disipador de sus bienes» (Lucas 16.1). A juzgar por la respuesta, tanto del hombre rico como las acciones posteriores del mayordomo, había mucho de verdad en el informe. Este administrador de confianza efectivamente había violado la confianza implícita que se había depositado en él, y no se podía negar el hecho.

El hombre rico actuó de inmediato. Llamó a su mayordomo y le preguntó: «¿Qué es esto que oigo acerca de ti? Da cuenta de tu mayordomía, porque ya no podrás más ser mayordomo» (v. 2). Una vez más, esto indica que el dueño vivía a cierta distancia del sitio donde se encontraban las instalaciones del negocio, porque no intervino de inmediato para hacerse cargo de los asuntos de la empresa. En lugar de esto, exigió una explicación completa del mayordomo y le advirtió que una vez terminado de hacer su informe, quedaría sin su empleo. El mayordomo solo necesitaba terminar lo que estaba haciendo y prepararse para dejar la empresa.

Francamente, esto fue una mala decisión por parte del propietario. Si el informe de mal manejo económico era creíble, ¿por qué darle más tiempo para hacer más daño? Cuando claras señales indican que alguien es culpable de la mala gestión, esa persona debería separarse de inmediato de toda responsabilidad. Porque si un mayordomo despilfarra los bienes de su amo, tiene que responder por esa mala conducta. Claramente en este caso el mayordomo no era de confiar cuando se había eliminado el último incentivo para que fuera honesto.

Evidentemente, no tenía cómo encubrir su culpabilidad. Así, mientras preparaba su contabilidad final, inventó un plan audaz para asegurarse que cuando perdiera su trabajo, no terminaría en la calle. Evidentemente el negocio le había proporcionado vivienda, porque esta era una de sus principales preocupaciones (v. 4). Una vez que no continuara con este trabajo quedaría literalmente sin ingresos y sin un lugar para vivir. Se enfrentaba a un futuro sombrío con una mancha indeleble en su expediente de empleo. Su situación parecía desesperada.

Todos estos pensamientos se expresaron en su soliloquio: «Cavar, no puedo; mendigar, me da vergüenza» (Lucas 16.3). Era un hombre profesional; un ejecutivo de escritorio. Cavar es un trabajo duro, y además, él pensaba que ese trabajo estaba por debajo de su condición. *Desde luego*, no quería volverse un mendigo.

Pero entonces tuvo una gran idea, una especie de epifanía. «Ya sé lo que haré» (v. 4). El verbo en el texto griego es *egnon*, literalmente: «¡Ya sé!». Tiene el sentido de una idea brillante en la que cayó en cuenta de repente. Se le ocurrió que él todavía tenía a su disposición los medios para congraciarse con los deudores del hombre rico. A juzgar por el tamaño de sus deudas, ellos también eran hombres de recursos sustanciales. El mayordomo utilizaría lo poco que le quedaba de su autoridad delegada para reducir las deudas de ellos a fin de que le quedaran debiendo grandes favores.

Este era su plan: las deudas en esta economía agrícola normalmente se pagaban en especie al tiempo de cosecha. El aceite en el versículo 6 se refiere al aceite de oliva, un alimento básico en todas las culturas del Mediterráneo. El trigo era igualmente un producto esencial. No era inaudito entonces (como lo sería ahora) que un acreedor renegociara sus deudas en productos básicos como estos y con ello evitar ejecuciones financieras en tiempos de sequía, daños a los cultivos u otros problemas económicos. Por ejemplo, si el mal tiempo o los insectos causaban una destrucción generalizada de los cultivos, el valor del trigo y el aceite subirían. Una sola medida de trigo en tiempos difíciles podría valer más de cinco medidas en tiempos de abundancia. Para un acreedor podría resultarle ventajoso aceptar un retorno reducido de la inversión en tiempos difíciles en lugar de llevar a la quiebra a sus deudores.

Pero en este caso no había ningún indicio de fluctuaciones de precios o malas cosechas. Se trataba, simplemente, de que el administrador estaba actuando en favor de sí mismo. Así que antes de que los deudores incluso se enteraran de que había sido despedido, los llamó uno por uno y les hizo ofertas para descontar sus deudas en cantidades que iban del veinte al cincuenta por ciento. Cuando llegara la cosecha y también el pago de la deuda, tendrían que pagar mucho menos de lo que originalmente debían. Este fue un gran favor a los deudores y por lo tanto, el mayordomo hizo que quienes le debían a su amo ahora estuvieran en deuda con él. En aquella sociedad la reciprocidad se consideraba esencial, por lo que le estaba garantizado que cuando ya no estuviera empleado como mayordomo, él seguiría siendo bien recibido.

Técnicamente, el hombre todavía tenía autoridad legal para dar descuentos como estos. Sin embargo, moral y éticamente, sus acciones eran reprochables. Ya estaba siendo despedido por el derroche de recursos de su amo. Este plan de descuentos equivalía a malversación de fondos. Fue una apropiación indebida y deliberada de los recursos del dueño. El mayordomo infiel nunca sería capaz de ocultar lo que estaba haciendo, pero este hombre no tenía ni conciencia ni remordimiento. Él era descarado. Estaba preocupado de una sola persona en el universo: él mismo. Si no podía ganarse la vida honestamente, lo haría de cualquier otra manera que pudiera.

Después de todo, él no tenía nada que perder. Si hubiera sido alguien con principios o que se preocupaba por la integridad, él no habría llegado a esta situación en primer instancia. Su reputación no tardaría en verse seria y permanentemente empañada. Pero por muy poco tiempo, tenía autoridad legal para negociar estos «arreglos». El dueño no tendría medios para castigarlo aún más. ¿Qué le podrían importar los escrúpulos a un hombre en esta posición?

Estos eran grandes y costosos descuentos. Cien barriles de aceite eran 875 galones. El precio de esta cantidad de aceite sería de alrededor de unos mil denarios. Un cincuenta por ciento de descuento era igual al salario medio de un obrero durante más de un año y medio. Cien medidas de trigo eran mil fanegas. Se requiere un centenar de hectáreas para producir esta cantidad de trigo. Su valor total igualaba entre ocho y diez años de trabajo para el agricultor promedio. Este veinte por ciento significa una reducción de pago de cerca de dos años. Y estos dos deudores eran solo una muestra representativa. El versículo 5 dice que el mayordomo «llamando a cada uno de los deudores de su amo» les dio descuentos similares a todos ellos. Una docena o más de descuentos a ese nivel representaba una fortuna que le compraría al mayordomo favores para toda la vida.

Por supuesto, los deudores estaban felices de aceptar el trato («pronto», como el mayordomo dice en el versículo 6). Probablemente asumieron que él estaba actuando de buena fe a favor de su amo.

Acababa de estafar una fortuna al hombre rico.

Lo traumatizante

Aquí es donde la historia toma un giro sorprendente. Podríamos esperar que esta parábola terminara como la historia del otro mayordomo malvado en Mateo 24.50–51: «Vendrá el señor de aquel siervo en día que éste no espera, y a la hora que no sabe, y lo castigará duramente, y pondrá su parte con los hipócritas; allí será el lloro y el crujir de dientes».

Pero no fue así, sino que «alabó el amo al mayordomo malo por haber hecho sagazmente» (Lucas 16.8).

Hasta este punto de la historia era bastante fácil simpatizar con el hombre rico. Parecía solo una víctima de la argucia del mayordomo infiel. Pero el hecho de que él admiraba la estratagema poco ética de su empleado da a entender que el hombre rico a sí mismo no era un dechado de integridad pura.

Es importante entender que a diferencia del dueño en Mateo 24.45–51, o el señor en Mateo 25.14–30, el hombre rico en esta historia no es una figura de Cristo. Jesús estableció deliberadamente esta historia en el ámbito de los negocios seculares, donde este tipo de pecado, de protección propia y de maniobras maquiavélicas no solo son comunes, sino que a menudo se consideran parte del juego. Incluso hoy, los hombres de negocios ricos a menudo expresan admiración por las tácticas astutas, pero solapadas, tanto de los rivales como de los socios. Tal es la naturaleza de los negocios en un mundo sin Dios.

Pero nótese también que el lenguaje en el texto es muy específico. No es la villanía del mayordomo *per se* la que el señor admira. Recuerde que el hombre rico en esta parábola pretende castigar al administrador por ser un despilfarrador. Desde luego, no estaba de acuerdo con la deslealtad del hombre ni pensaba lo mejor de su despreciable personalidad. Él no aplaudió la falta de honor del mayordomo. Lo que elogió fue lo sagaz que había sido. «Y alabó el amo al mayordomo malo *por haber hecho sagazmente*» (Lucas 16.8, énfasis añadido).

La palabra griega traducida como «sagazmente» es *phronimos*, que significa «con prudencia» o «astutamente». El vocablo tiene la idea de ser cauteloso, ingenioso y perspicaz. El plan del mayordomo, aunque solapado, era extremadamente ingenioso: aprovechó de manera cuidadosa la breve y fugaz oportunidad que tenía. Manipuló los recursos que estaban temporalmente en su poder para lograr fines ventajosos a largo plazo. Utilizó los recursos de su señor para hacerles a estos deudores un inmenso bien. Se ganó la amistad de ellos con generosidad pródiga. Y no era solo la amistad de un deudor cuya amistad se compró, sino la de todos ellos. Así que amplió sus opciones, porque ahora tenía a muchos influyentes hombres de negocios que habrían de tenderle la mano cuando se lo solicitara.

El mayordomo mostró increíble previsión porque no estaba pensando en cómo cubrir o excusar sus pasadas transgresiones. Él solo estaba tratando de asegurar su futuro.

La explicación

Entonces Jesús afirma con claridad cuál es su punto de vista: «Los hijos de este siglo son más sagaces en el trato con sus semejantes que los hijos de luz» (Lucas 16.8). Los pecadores tienden a ser más inteligentes, con visión de futuro y diligentes en su corto bienestar temporal que lo que los santos lo están en la tarea de acumular tesoros para la eternidad. Este es el asunto declarado sucintamente por el mismo Jesús. «Los hijos de este siglo» son los que no tienen parte ni interés en el reino de Dios. No tienen nada que esperar, excepto los años restantes de su vida terrenal. Pero ellos están más preocupados y son más inteligentes cuando se trata de asegurar un futuro ventajoso para sus años de jubilación que «los hijos de la luz», quienes tienen un futuro eterno para el cual prepararse. Esto es cierto. Gente impía invierte una energía increíble, habilidad y perspectiva en la tarea de adquirir bienes terrenales para los años restantes de esta vida. Principalmente porque esto es todo lo que en realidad tienen que esperar.

La expresión «hijos de luz» es una frase común del Nuevo Testamento que designa a los verdaderos discípulos de Cristo, es decir a los redimidos (Juan 12.36; Efesios 5.8; 1 Tesalonicenses 5.5). Después de todo, «nuestra ciudadanía está en los cielos, de donde también esperamos al Salvador, al Señor Jesucristo» (Filipenses 3.20). Por lo tanto, deberíamos tener nuestra mente puestas «en las cosas de arriba, no en las de la tierra» (Colosenses 3.2). Sin embargo, en comparación con todas las estrategias y maniobras que los no creyentes emplean para asegurarse su futuro en este mundo, «los hijos de luz» muestran una clara falta de sabiduría.

Considere lo absurdo que es esto. Las personas que se preparan para la jubilación tienen probablemente (a lo sumo) tres décadas para planificar, y por lo general, menos tiempo. La vida es corta y «el mundo pasa, y sus deseos» (1 Juan 2.17). Sin embargo, «los hijos de este mundo» harán cualquier cosa con tal de obtener alguna ventaja para sus últimos años de vida. La mundanalidad y la falta de escrúpulos de ellos no son lo que Jesús elogia, sino su ingenio sagaz. Seguramente los «hijos de luz», unidos por la eternidad, deberían ser más activos, más celosos, más conscientes y más sabios acerca de aprovechar bien el tiempo en prepararse para el futuro y hacer tesoros en el cielo.

A partir de ese momento, Jesús hace tres exhortaciones prácticas en relación con la actitud del creyente hacia «las riquezas injustas», es decir, el dinero. Perfila para sus discípulos cómo su perspectiva acerca del dinero debía dar forma a sus pensamientos y comportamiento hacia los demás, hacia uno mismo y hacia Dios (en ese orden). Estos son los puntos clave de sabiduría que Jesús extrae de su parábola sobre el administrador injusto.

Lección 1: El dinero es un recurso para ser utilizado en bien de los demás

Inmediatamente después de elogiar la astucia de los hijos de este mundo por su ingenio con visión de futuro, Jesús añade este consejo para sus discípulos: «Y yo os digo: Ganad amigos por medio de las riquezas injustas, para que cuando éstas falten, os reciban en las moradas eternas» (Lucas 16.9). Utilice su dinero para hacer amigos, no terrenales, sino amigos que le darán la bienvenida en su hogar eterno. En otras palabras, ser generoso con el pueblo de Dios. Ponga su dinero a trabajar para los demás; ayude a los verdaderamente necesitados entre el pueblo de Dios «y tendrás tesoro en el cielo» (Mateo 19.21). Recuerde las palabras de Jesucristo en Mateo 25.35–40: «Porque tuve hambre, y me disteis de comer; tuve sed, y me disteis de beber; fui forastero, y me recogisteis; estuve desnudo, y me cubristeis; enfermo, y me visitasteis; en la cárcel, y vinisteis a mí... en cuanto lo hicisteis a uno de *estos mis hermanos más pequeños*, a mí lo hicisteis» (énfasis añadido).

Esto también subraya nuestro deber de utilizar nuestro dinero para apoyar el ministerio del evangelio. ¿Habrá personas en la gloria cuando usted llegue con ganas de abrazarte, porque mediante su inversión en el ministerio del evangelio y en la extensión del reino oyeron, creyeron y recibieron la vida eterna en Cristo? Esto es lo que evoca la exhortación de Cristo.

El mayordomo infiel era liberal con el dinero de su amo de una manera poco ética. Sus acciones, aunque injustas, sin embargo, le ganaron amigos y le aseguraron su futuro. Jesús les recuerda a sus discípulos que nosotros también somos administradores. A diferencia del administrador injusto, tenemos la autorización explícita de nuestro Señor, es decir, estamos bajo órdenes expresas, de ser generoso con los recursos del Maestro a fin de hacer amigos para la eternidad.

El Señor está presentando un argumento simple de menor a mayor. Esta era una forma típica de la enseñanza rabínica. El asunto es que si un intrigante, deshonesto y réprobo administrador terrenal puede utilizar su posición y hacer amigos para un breve y temporal futuro, ¿cuánto más debemos usar los recursos de nuestro Maestro para hacer amigos para toda la eternidad? Esta es una manera clave en que Jesús quiere que seamos «prudentes como serpientes, y sencillos como palomas» (Mateo 10.16).

Mammon es la palabra aramea para «riquezas». Jesús se refiere al dinero como «las riquezas injustas», porque las riquezas terrenales pertenecen a este mundo caído y transitorio. Un día, toda la riqueza terrenal será quemada. «Las riquezas no duran para siempre» (Proverbios 27.24). «La apariencia de este mundo se pasa» (1 Corintios 7.31). «El fin de todas las cosas se acerca» (1 Pedro 4.7). «Los cielos pasarán con grande estruendo, y los elementos ardiendo serán deshechos, y la tierra y las obras que en ella hay serán quemadas» (2 Pedro 3.10).

A esta cesación se refiere Lucas 16.9. La traducción correcta no es «cuando faltareis» (RVA), sino «cuando éstas falten»: «Ganad amigos por medio de las riquezas injustas, para que cuando éstas [las riquezas injustas] falten, os reciban [los amigos] en las moradas eternas». La implicación clara es que el deber de cada creyente es invertir las riquezas temporales injustas en una empresa que produzca algo mucho mayor, algo de eterno valor, poniendo nuestro dinero a trabajar a favor del pueblo de Dios, y especialmente en la difusión de la verdad del evangelio. Las relaciones obtenidas mediante estas inversiones enriquecerán el cielo por toda la eternidad. Ninguna otra cosa que hagamos con nuestro dinero durará para siempre.

Jesús quiere que sus discípulos piensen en esos términos. La acumulación personal sin fin es pecaminosa y derrochadora, y nos roba de la bendición eterna. Dé al Señor «y se os dará; medida buena, apretada, remecida y rebosando darán en vuestro regazo; porque con la misma medida con que medís, os volverán a medir» (Lucas 6.38). El final cumplimiento de esta promesa es un tesoro eterno en el cielo (Mateo 6.19–20). «Porque donde esté vuestro tesoro, allí estará también vuestro corazón» (v. 21).

Lección 2: Todo lo que tenemos pertenece a Dios y siempre debemos pensar de nosotros mismos como mayordomos

La primera exhortación de Jesús puso de relieve las necesidades de *los demás*. La segunda es un estímulo a examinarnos a *nosotros mismos*. Es un eco de una de las lecciones que hemos visto en la parábola de los talentos, a saber, que el creyente que recibe poco es responsable en última instancia ante Dios, de igual manera que la persona a la que se le da mucho. Ambos rendirán cuentas de lo que hicieron con los recursos que se les dio. De hecho, el carácter verdadero se ve en la forma en que una persona se encarga de las cosas pequeñas. «El que es fiel en lo muy poco, también en lo más es fiel; y el que en lo muy poco es injusto, también en lo más es injusto» (Lucas 16.10).

He escuchado a personas decir: «Si tuviera más, daría más». No, no lo haría. Las personas verdaderamente fieles son generosas debido a su carácter, no por sus circunstancias. La viuda que tenía prácticamente nada dio todo lo que tenía. Muchas personas que lo tienen todo no dan nada. Una persona con escasos recursos que gasta todo lo que tiene en sí mismo no va a ser desinteresado si de repente se convierte en rico. Tener más dinero solo exacerbará el impulso a la indulgencia propia y agravará el juicio del mayordomo infiel.

Por lo tanto, es esencial que los creyentes tengan una perspectiva adecuada sobre su deber como administradores, independientemente de si tienen poco o mucho. De hecho, la declaración de Jesús en este texto parece indicar que la mayordomía sabia se aprende mejor y se establece un compromiso a practicarla primero en las pequeñas cosas. Es necio desear la riqueza si no se ha sido un mayordomo fiel con lo que ya se nos ha dado por Dios.

El verdadero asunto es que la mayordomía encomiable no se trata de grandes sumas de dinero y regalos lujosos. Se trata de la integridad y el carácter espiritual. Usted empleará todos los recursos de que disponga en este momento si es capaz de ver el inmenso valor de la inversión en la eternidad. La característica de un buen mayordomo es que comprende que *todo* lo que tiene es un don gratuito de Dios (1 Corintios 4.7). «Mía es la plata, y mío es el oro, dice Jehová de los ejércitos» (Hageo 2.8). «De Jehová es la tierra y su plenitud; el mundo, y los que en él habitan» (Salmos 24.1). El salmista reconoció esta verdad en una oración a Dios: «La tierra está llena de tus beneficios» (Salmos 104.24).

Las cosas que llamamos nuestras son en última instancia posesiones *de Dios*, no nuestra. No son propiedad privada que se utilizará principalmente para nuestro beneficio personal. Son bendiciones divinas en fideicomiso, para ser invertidas tan sabiamente como sea posible para bien de los demás y para la gloria de Dios. Esto es cierto, ya sea que usted tenga poco o mucho. «Porque donde está vuestro tesoro, allí estará también vuestro corazón» (Lucas 12.34). Lo contrario también es cierto. Sus intereses y afectos determinarán dónde invertirá su tesoro. «Si, pues, habéis resucitado con Cristo, buscad las cosas de arriba, donde está Cristo sentado a la diestra de Dios» (Colosenses 3.1).

En otras palabras, lo que hacemos con nuestro dinero revela el verdadero estado de nuestro corazón. Por lo tanto, «si en las riquezas injustas no fuisteis fieles, ¿quién os confiará lo verdadero?» (Lucas 16.11). Los que no están invirtiendo en la obra de la redención están eludiendo su deber de ser fieles mayordomos, perdiendo un momento de oportunidad y empobreciéndose a sí mismos para la eternidad. Dios no recompensa a las personas que desperdician sus recursos. Gastar dinero en lujos innecesarios y símbolos de estatus social; en baratijas baratas, bagatelas y cosas sin valor; perder tiempo en diversiones sin valor: todo esto es robarnos a nosotros mismos las verdaderas y eternas riquezas.

El versículo 12 agrega otra denuncia penetrante: «Y si en lo ajeno no fuisteis fieles, ¿quién os dará lo que es vuestro?». Este es un recordatorio del primer principio de la mayordomía: *no somos dueños de nada como una posesión permanente en la actualidad*. «Nada hemos traído a este mundo, y sin duda nada podremos sacar» (1 Timoteo 6.7).

Todo lo que tenemos es para administrar, no solo el dinero que damos a la iglesia o para obras de caridad. Todo lo que tenemos pertenece a Dios y todo debe utilizarse para su gloria. «Si, pues, coméis o bebéis, o hacéis otra cosa, hacedlo todo para la gloria de Dios» (1 Corintios 10.31).

La ironía trágica de la indulgencia pecaminosa propia es que cuanto más desperdiciemos en nosotros mismos, mientras más cosas acumulemos en esta vida, menos tendremos atesorado en el cielo. Las verdaderas riquezas están allí. «No mirando nosotros las cosas que se ven, sino las que no se ven; pues las cosas que se ven son temporales, pero las que no se ven son eternas» (2 Corintios 4.18).

Lección 3: No deje que el dinero usurpe el lugar de Dios en su corazón

Esta historia termina con una exhortación final. La primera de ellas (Lucas 16.9) hace hincapié en el deber de utilizar nuestros recursos terrenales para ministrar *a los demás*. En los versículos 10 al 12, Jesús nos exhortó a examinarnos *a nosotros mismos*. Esta exhortación final centra nuestro corazón *en Dios*: «Ningún siervo puede servir a dos señores; porque o aborrecerá al uno y amará al otro, o estimará al uno y menospreciará al otro. No podéis servir a Dios y a las riquezas» (v. 13).

La administración de los recursos de Dios es una obligación permanente. No es un llamado a tiempo parcial (o incluso una ocupación de cuarenta horas por semana). No es un deber, una vez a la semana, del que podemos descansar poniendo el domingo una ofrenda en la iglesia. No es una custodia informal. En términos bíblicos, un mayordomo es un esclavo. Los creyentes son propiedad del Maestro que nos ha comprado. Él tiene el control exclusivo y absoluto sobre nosotros por derecho divino. No podemos tener tal relación con cualquier persona o cualquier otra cosa. Ningún esclavo puede servir a dos señores.

Jesús está aludiendo que la manera en que manejamos nuestra mayordomía es una importante evidencia que revela si somos creyentes genuinos, o solo en apariencia. Los que verdaderamente pertenecen a Dios no pueden servir al dinero y a lo material. Las personas que derrochan todos sus recursos en cosas que no pueden durar, reinvirtiendo sus riquezas de nuevo en «riquezas injustas», no son verdaderos mayordomos del Dios vivo. Lo que hacen con su tesoro revela en realidad dónde están los corazones de ellos.

Por otro lado, si «honra a Jehová con tus bienes, y con las primicias de todos tus frutos» (Proverbios 3.9), usted estará demostrando por su administración que ha repudiado a todos los otros dioses, comenzando con «las riquezas injustas», el lucro deshonesto y el amor al dinero.

No hay término medio. «No podéis servir a Dios y a las riquezas».

Los jefes de los fariseos eran ilustraciones vívidas de este principio. Ellos aparentaban servir a Dios, pero su verdadero dios era *mammon*.

Algunos de ellos deben haber estado caminando por allí y escuchado a escondidas mientras Jesús contaba esta parábola a sus discípulos. Lucas nos confirma esto: «Y oían también todas estas cosas los fariseos, que eran avaros, y se burlaban de él» (Lucas 16.14).

Jesús entonces presentó otra parábola para su beneficio. Es una historia acerca de Lázaro y un hombre muy rico en la otra vida. Es la más sombría e inquietante de todas las parábolas de Jesús, y será nuestro tema en el siguiente capítulo.

9

Una lección acerca del cielo y el infierno

Si tu mano te fuere ocasión de caer, córtala; mejor te es entrar en la vida manco, que teniendo dos manos ir al infierno, al fuego que no puede ser apagado, donde el gusano de ellos no muere, y el fuego nunca se apaga. Y si tu pie te fuere ocasión de caer, córtalo; mejor te es entrar a la vida cojo, que teniendo dos pies ser echado en el infierno, al fuego que no puede ser apagado, donde el gusano de ellos no muere, y el fuego nunca se apaga. Y si tu ojo te fuere ocasión de caer, sácalo; mejor te es entrar en el reino de Dios con un ojo, que teniendo dos ojos ser echado al infierno, donde el gusano de ellos no muere, y el fuego nunca se apaga.

—Marcos 9.43–48

Nadie en la Biblia tenía más que decir acerca del infierno que el Salvador de los pecadores, el Señor Jesucristo. Las descripciones bíblicas más vívidas y detalladas del infierno aparecen en los cuatro Evangelios, y provienen de Jesús. Otros escritores del Nuevo Testamento aluden a la realidad del infierno, pero la esencia de lo que sabemos acerca del infierno lo tenemos principalmente a partir de los discursos públicos de Jesús (con referencias ocasionales provenientes de la instrucción privada que dio a los Doce). Nuestro Señor tenía mucho más que decir sobre el infierno que lo que la persona promedio podría pensar, y mucho de lo que Él enseñó acerca del infierno es profundamente impactante.

Por ejemplo, Jesús indicó que el infierno estará lleno de gente religiosa. De acuerdo con las Escrituras, multitudes de personas al parecer piadosas y filantrópicas (incluso algunos autoproclamados hacedores de milagros) se asombrarán cuando sean rechazados ante el trono de juicio.

Jesús lo indicó de manera enfática: «No todo el que me dice: Señor, Señor, entrará en el reino de los cielos, sino el que hace la voluntad de mi Padre que está en los cielos. *Muchos* me dirán en aquel día: Señor, Señor, ¿no profetizamos en tu nombre, y en tu nombre echamos fuera demonios, y en tu nombre hicimos muchos milagros? Y entonces les declararé: Nunca os conocí; apartaos de mí, hacedores de maldad» (Mateo 7.21–23, énfasis añadido). Los rechazados incluirán no solo las personas atrapadas por las sectas y religiones falsas, sino también las personas de confesión ortodoxas que en realidad no creen lo que profesan. Tales personas cubren su incredulidad y pecados secretos con un barniz de religiosidad hipócrita.

Jesús además indicó que la *mayor parte* de la actividad religiosa de este mundo no es más que una autopista al infierno: «Ancha es la puerta, y espacioso el camino que lleva a la perdición, y muchos son los que entran por ella» (Mateo 7.13). Pero «estrecha es la puerta, y angosto el camino que lleva a la vida, y pocos son los que la hallan» (v. 14).

Jesús frente a los fariseos

Los fariseos eran tal vez los líderes religiosos más bíblicamente orientados de su tiempo; sin embargo, personificaban lo que Jesús estaba advirtiendo. Él lo dijo públicamente y en repetidas ocasiones: «Guardaos de la levadura de los fariseos, que es la hipocresía» (Lucas 12.1;

Mateo 16.6, 11–12). «¡Ay de vosotros, escribas y fariseos, hipócritas!» (Mateo 23.13–15, 23, 25, 27, 29).

El desprecio evidente de nuestro Señor de la religión de los fariseos debe haber resonado por todas las regiones donde Él ministró. Como hemos señalado en capítulos anteriores, los fariseos eran meticulosos de forma obsesiva en su observancia de los detalles más mínimos de las leyes ceremoniales y dietéticas del Antiguo Testamento. Ellos eran los hombres dedicados y devotos más respetados en todo el Imperio Romano. La mayor parte de los propios fariseos estaban bastante seguros de que se merecían el cielo. Después de todo, nadie en la historia del judaísmo había trabajado más duro que ellos para hacer cumplir los estatutos y ceremonias en la ley de Moisés. Como hemos visto, los fariseos incluso añadieron reglas y restricciones por ellos mismos destinadas a salvaguardar la pureza ceremonial. Literalmente, mostraban su religión en forma de filacterias, cajas de cuero (que contenían pequeños pergaminos con porciones de la ley escrita) atadas a sus brazos izquierdos y en sus frentes con elaboradas correas de cuero. Llevaban borlas en sus ropas como ordenaba Números 15.38–39 para recordar los mandamientos del Señor, pero ellos hacían sus borlas extra grandes para que nadie pudiera dejar de verlos. Eran pregoneros andantes de la ley ceremonial. Su religión definía quiénes eran, dictaba lo que parecían y dominaba todos sus pensamientos.

Pero Jesús ni una sola vez elogió los esfuerzos de ellos, ni los felicitó por sus logros o trató de destacar algún «terreno común» entre su enseñanza y la de ellos. Cada vez que se abordó el tema de la religión de ellos, Él dejó claro que la justicia de los fariseos no era suficiente para merecer el cielo (Mateo 5.20) y su religión era la vía rápida en el camino ancho de la condenación eterna (Mateo 23.32; Lucas 20.47). Estaban obsesionados con lo que los demás pudieran ver en ellos y en cómo querían que otras personas actuaran, pero se olvidaban de los problemas más grandes como el orgullo, la lujuria, la avaricia y la codicia que infectaba sus propios corazones (Mateo 15.19–20; 23.23). Jesús denunció abiertamente su hipocresía (Mateo 23.25–28). Conocía plenamente los corazones de ellos

(Mateo 12.25) y afirmaba clara y públicamente que los fariseos eran interiormente corruptos y se condenaban ellos mismos (vv. 33–37).

Cuando Jesús llegó al final de la parábola del mayordomo infiel en Lucas 16, algunos fariseos le oyó advirtiendo a sus discípulos en contra de hacer un ídolo del dinero: «No podéis servir a Dios y a las riquezas» (Lucas 16.13).

Lucas afirma: «Y oían también todas estas cosas los fariseos, que eran avaros, y se burlaban de él» (v. 14).

Jesús respondió con otra condena contundente de su sistema religioso. Señaló que aunque los fariseos trabajaban sin cesar para que se les viera como si fueran serios, diligentes y de un solo pensar en su devoción a la ley, la realidad era que su religión era superficial. Dios no estaba impresionado. Las mejores buenas obras de ellos no tenían más valor ante los ojos de Dios que un montón de trapos sucios y desagradables manchados con fluidos corporales. Reconozco que las imágenes son repugnantes en extremo, pero transmiten fielmente el significado literal de Isaías 64.6. Refleja el absoluto desprecio de Dios por la justicia propia y la religión de creación humana. Jesús les dijo: «Vosotros sois los que os justificáis a vosotros mismos delante de los hombres; mas Dios conoce vuestros corazones; porque lo que los hombres tienen por sublime, delante de Dios *es abominación*» (Lucas 16.15, énfasis añadido).

Algo de contexto para esta parábola

En ese punto de la narración de Lucas (16.16–18), Jesús resume todo lo que predicó acerca de los fariseos, la ley, el evangelio y la verdadera justicia. Lo hace al hacer tres señalamientos breves. *El primero* de ellos: el antiguo pacto está dando paso al nuevo. «La ley y los profetas eran hasta Juan; desde entonces el reino de Dios es anunciado, y todos se esfuerzan por entrar en él» (v. 16). Las amenazas y los castigos de la ley estaban siendo respondidos por las promesas del evangelio y el sacrificio de Cristo. Así que el camino estaba abierto para que los pecadores entraran en el reino y ya estaban siendo presionados a hacerlo. Pero para aquellos lo bastante arrogantes como para insistir en evaluar sus obras a través de su propio cumplimiento de la ley, el caso permanecía sin esperanza. A pesar de que pensaban que eran lo bastante justos, se encontrarían condenados para siempre.

¿Por qué? Este es *el segundo* señalamiento de Jesús: «Pero más fácil es que pasen el cielo y la tierra, que se frustre una tilde de la ley» (v. 17). Las demandas y amenazas de la ley eran duras. «Porque cualquiera que guardare toda la ley, pero ofendiere en un punto, se hace culpable de todos» (Santiago 2.10).

El tercero es: todas las interpretaciones farisaicas de la ley que fueron diseñadas para hacer que su norma pareciera más fácil o más alcanzable estaban equivocadas y engañosas. Por ejemplo, los fariseos enseñaban que los hombres tenían derecho a divorciarse de sus esposas por prácticamente cualquier razón. Pero «Jehová Dios de Israel ha dicho que él aborrece el repudio, y al que cubre de iniquidad su vestido» (Malaquías 2.16). Así que Jesús dice: «Todo el que repudia a su mujer, y se casa con otra, adultera; y el que se casa con la repudiada del marido, adultera» (Lucas 16.18).

Los fariseos, con todas sus obsesiones exigentes, ni siquiera habían comenzado a comprender cuán exigente e inflexible es en realidad la ley. Por otra parte, la ley regula no solo lo que otros pueden ver, sino también los pensamientos secretos del corazón. La suposición de los fariseos que estaban ganando méritos con Dios por medio de la ley era una ilusión condenatoria.

A partir de este punto, Jesús pone en marcha una parábola trágica que destaca el horror del infierno sin esperanza y el infinito pesar que eternamente atormentará a la gente confiada en su justicia propia, cuya riqueza, religión u otras ventajas terrenales les ha aislado de la realidad de su necesidad de la gracia divina. Esta es la más inquietante y aterradora de todas las parábolas de Jesús. Nos confronta con verdades acerca de la eternidad y de la otra vida en lo que no nos gusta pensar, pero que necesitamos tomar en serio y con urgencia.

Había un hombre rico, que se vestía de púrpura y de lino fino, y hacía cada día banquete con esplendidez. Había también un mendigo llamado Lázaro, que estaba echado a la puerta de aquél, lleno de llagas, y ansiaba saciarse de las migajas que caían de la mesa del rico; y aun los perros venían y le lamían las llagas. Aconteció que murió el mendigo, y fue llevado por los ángeles al seno de Abraham; y murió también el rico, y fue sepultado. Y en el Hades alzó sus ojos, estando en tormentos, y vio de lejos a Abraham, y a Lázaro en su seno. Entonces él, dando voces, dijo: Padre Abraham, ten misericordia de mí, y envía a Lázaro para que moje la punta de su dedo en agua, y refresque mi lengua; porque estoy atormentado en esta llama. Pero Abraham le dijo: Hijo, acuérdate que recibiste tus bienes en tu vida, y Lázaro también males; pero ahora éste es consolado aquí, y tú atormentado. Además de todo esto, una gran sima está puesta entre nosotros y vosotros, de manera que los que quisieren pasar de aquí a vosotros, no pueden, ni de allá pasar acá. Entonces le dijo: Te ruego, pues, padre, que le envíes a la casa de mi padre, porque tengo cinco hermanos, para que les testifique, a fin de que no vengan ellos también a este lugar de tormento. Y Abraham le dijo: A Moisés y a los profetas tienen; óiganlos. Él entonces dijo: No, padre Abraham; pero si alguno fuere a ellos de entre los muertos, se arrepentirán. Mas Abraham le dijo: Si no oyen a Moisés y a los profetas, tampoco se persuadirán aunque alguno se levantare de los muertos. (Lucas 16.19–31)

La parábola se refiere a varios extremos opuestos: el tormento y la comodidad; la muerte y la vida; el infierno y el cielo. Los personajes son un hombre extravagantemente rico y un mendigo que vivía en la pobreza extrema; pero sus fortunas se invierten en la otra vida. Debido a que la atención se centra en la miseria del hombre en el infierno es una historia profundamente inquietante. Sin embargo, Jesús tenía un propósito de gracia en decirla a los fariseos. Él les estaba advirtiendo que no siguieran sus propios instintos, tradiciones y convicciones religiosas. Él estaba instándoles a que se arrepintieran.

Conociendo el terror del Señor

Obviamente, Jesús no estaba diciendo esta historia para divertir a nadie. Esta es una palabra solemne y seria de advertencia, precisamente el tipo de testimonio que el hombre rico de la parábola estaba rogando que se le diera a sus cinco hermanos. Si la historia produce en usted un profundo sentimiento de conmoción y consternación, esta era precisamente la intención de Jesús. La gravedad del asunto solo es superada por la urgencia del tema por parte de nuestro Señor. Esta enseñanza era cortante, a propósito. Jesús no emplea aquí matices académicos o delicadeza diplomática. Pero no creo ni por un momento que Él haya sobrepasado los límites de la decencia. Los que se dejen intimidar por la estridencia de la parábola o lo desagradable del tema necesitan ajustar sus propios pensamientos y adquirir una estima más alta de la verdad. La verdad no es evaluada por la forma en que la gente se siente.

Por supuesto, el infierno siempre ha despertado pasiones negativas. Esto era cierto en tiempos de Jesús. Hoy, sin embargo, el tema es casi tabú, incluso en los círculos supuestamente evangélicos. El infierno es una vergüenza para los que quieren que el cristianismo se adapte a los dogmas modernos de buena voluntad universal y una tolerancia de mente amplia. Es un inconveniente para los que quieren que el mensaje bíblico suene siempre alegre a la gente que está fuera de la iglesia. El infierno es un tema irritante para los que quieren una religión que haga que la gente siempre se sienta bien consigo misma. Y es una ofensa para aquellos a quienes poco les importa la justicia y en realidad no temen a Dios, pero quieren mantener cierta apariencia de piedad de todos modos.

Debido a que tales opiniones son tan comunes, un sinnúmero de líderes de la iglesia hoy día piensan que deben restarle importancia a lo que dice la Biblia sobre el infierno (o ignorarlo totalmente). La mayor parte de los tratados populares y programas de evangelización producidos durante los últimos cien años eluden intencionalmente cualquier mención a los horrores del infierno. El objetivo, supuestamente, es darle mayor énfasis al amor de Dios, como si fuera necesario exonerar a Dios de la afrenta de lo que Él mismo dice en su Palabra.

En los últimos años, algunos autores populares, supuestamente evangélicos y líderes de iglesias, han ido aún más lejos. Han librado una guerra verbal contra la realidad del infierno y todas sus doctrinas relacionadas. Se oponen a cualquier énfasis de las verdades bíblicas negativas como el pecado, el infierno, la ira de Dios, la depravación humana, la imposibilidad de mérito humano y el verdadero costo de la expiación. Algunos han llegado a argumentar que los temas negativos como estos tienen que ser totalmente eliminados del repertorio evangélico. Según ellos, tales ideas tienen un sonido malsano y primitivo, sobre todo en una generación posmoderna tolerante donde la autoestima, el inclusivismo y el pensamiento positivo se aceptan como virtudes elevadas.

Algunos bien reconocidos líderes cristianos y comentaristas de la Biblia a veces se han quejado de que la idea del infierno parece cruel o injusta.* Se preguntan cómo un Dios verdaderamente amoroso podría enviar personas al castigo eterno.

Estas son objeciones insostenibles y de corta vista. Hacer tal argumento es elevar la razón humana (o la emoción cruda) por encima de Dios mismo. Por definición, Dios no está sujeto al juicio de ninguna autoridad más superior que Él mismo. (*No hay* ninguna autoridad superior, por supuesto). El Señor define la justicia por la propia naturaleza de Él. Dude si Dios tiene el derecho de hacer lo que dice que va a hacer, y de hecho podría estar negando la existencia misma de Dios.

La Palabra de Dios si *dice* a menudo y de manera categórica que Él castigará a los malvados con «castigo eterno» (Mateo 25.46) mediante

---

* Por ejemplo, John Stott escribió la célebre frase: «Emocionalmente, encuentro el concepto [del infierno] intolerable y no entiendo cómo la gente puede vivir con él sin cauterizar sus sentimientos o quebrantarse bajo la presión». [David L. Edwards y John Stott: *Evangelical Essentials: A Liberal-Evangelical Dialogue* (Londres: Hodder & Stoughton, 1988), p. 313.] La posición de Stott sobre el tema pareció algo ambivalente. Y agregó inmediatamente: «Pero nuestras emociones son un fluctuante y poco fiable indicador de la verdad y no deben ser exaltadas al lugar de la autoridad suprema en la determinación de la misma. Como evangélico comprometido, mi pregunta tiene que ser, y lo es, no ¿qué me dice mi corazón?, sino ¿qué dice la Palabra de Dios?». [Ibid.] Esto es muy cierto. Pero el propio Stott no se detuvo allí. Luego pasó a argumentar a favor de una interpretación muy recargada de las Escrituras que demostró su preferencia por la opinión de que los malvados en última instancia serán aniquilados.

«fuego eterno» (Mateo 25.41). La Biblia describe el infierno en repetidas ocasiones como un lugar «donde el gusano de ellos no muere, y el fuego nunca se apaga» (Marcos 9.48, citando a Isaías 66.24). Apocalipsis 14.10–11 afirma que cualquier persona que reciba la marca de la Bestia durante la Gran Tribulación «será atormentado con fuego y azufre delante de los santos ángeles y del Cordero; y el humo de su tormento sube por los siglos de los siglos. Y no tienen reposo de día ni de noche».

De modo que el infierno es descrito de forma coherente como un lugar de aflicción sin fin: «E irán éstos al castigo eterno, y los justos a la vida eterna» (Mateo 25.46). La palabra traducida «eterno» es *aionios*. Es exactamente la misma palabra griega traducida como «eterna» al final de este mismo versículo. En otras palabras, el «castigo eterno» de los malvados durará exactamente el mismo tiempo que la «vida eterna» de los redimidos. *Aionios* es también la palabra que se usa al hablar de la gloria de Dios en 1 Pedro 5.10 («su gloria eterna en Jesucristo»). Y se emplea para Dios mismo en Romanos 16.26 («Dios eterno»). La manera en que la palabra se utiliza de forma constante en la Biblia no se puede redefinir o reinterpretar para dar cabida a la noción de un período de tiempo finito.

La parábola del hombre rico y Lázaro es la más vívida descripción en la Biblia de lo que implica el infierno. *Es* una historia horrible y profundamente inquietante. De nuevo, se supone que debemos estar preocupados y entristecidos por ella. Pero si confesamos a Jesús como Señor, tenemos el deber de creer lo que Él enseñó, incluso sus muchas advertencias gráficas sobre el castigo eterno de los incrédulos.

Para que no haya ninguna confusión: tampoco me gusta la idea del infierno. No me gusta enseñar o escribir sobre él. Por cierto, no debemos imaginarnos que el mismo Jesús encontró algún tipo de perverso regocijo en la descripción de los horrores del infierno. Ninguna persona en su sano juicio podría disfrutar pensar en ese lugar. En una ocasión escuché a un conferencista enseñar sobre el infierno de una manera jocosa, con un tono impertinente y frívolo. Tal enfoque de este tema es impensable. Nadie que toma en serio a Jesús podría tener una actitud frívola hacia el infierno. Mucho menos debemos pensar en el tema sin un profundo sentido de nuestra responsabilidad de proclamar el evangelio a los perdidos.

La cultura secular occidental ha ido en dirección opuesta, y reduce el infierno a una mala palabra sin sentido, un epíteto trivial para expresar la ira. Las personas hoy se dicen de vez en cuando unas a otras que se vayan al infierno. El resultado, irónicamente, es que la palabra *infierno* se encuentra de manera frecuente en los labios de los no creyentes, y a veces la utilizan de la manera más alegre. Mientras tanto, muchos creyentes que conocen y creen en la dura realidad de lo que Jesús enseñó en esta parábola se mantienen totalmente en silencio al respecto.

Obviamente, esto es lo que Satanás quiere. Pero no debe ser así. La parábola deja claro que incluso las personas que están en el infierno ahora mismo *quieren* que sus seres queridos sean advertidos acerca de los horrores de un infierno muy real. Los cristianos no deben permanecer en silencio. Después de todo, el objetivo de esta parábola (y del resto de la enseñanza de Jesús acerca del infierno) es que resuene una clara adver-tencia sobre la furia del infierno, sus horrores y la muy real amenaza que representa para los que viven en incredulidad e impenitente pecado. La intención principal de Jesús es la de producir en los pecadores un terror al infierno eterno, un miedo que los conduzca al arrepentimiento y la fe en el evangelio. El conocimiento de este temor también debe motivar a los creyentes: «Conociendo, pues, el temor del Señor, persuadimos a los hombres» (2 Corintios 5.11).

Los personajes

Algunos han sostenido que la narración por Jesús de Lázaro y el hombre rico no es una parábola, sino un relato de un hecho real. Señalan que en todas las parábolas que Jesús contó, los personajes humanos siem-pre se mantuvieron en el anonimato: «un hombre» (Lucas 13.6; 14.16; 15.11; 20.9), «un rey» (Mateo 18.23; 22.2), «un hombre, padre de familia» (Mateo 21.33), «un acreedor» (Lucas 7.41), «un sacerdote» (Lucas 10.31) y así por el estilo. Aquí, el mendigo tiene un nombre: «un mendigo *llamado Lázaro*» (Lucas 16.20, énfasis añadido). Y un personaje del Antiguo Testamento, Abraham, también juega un papel central.

Tal como veremos, hay razones importantes por las que al personaje de Lázaro se le da nombre. Pero esta es de hecho una parábola, no una historia real acerca de algo que literalmente pasó. No se espera que interpretemos cada detalle de la historia de una manera rígidamente literal. Tanto el contexto como el contenido de la historia confirman esto de manera clara.

¿Cómo? Bueno, sabemos por otras declaraciones claras de las Escrituras que la gente en el infierno no puede ver al cielo ni observar o reconocer a las personas allí, y mucho menos tener conversaciones con ellas. El infierno se describe repetidamente como «las tinieblas de afuera» (Mateo 8.12; 22.13; 25.30): un lugar de total aislamiento y alienación de los cielos; «la más densa oscuridad... para siempre» (2 Pedro 2.17; Judas 13). El apóstol Pablo se refiere al infierno como «eterna perdición, excluidos de la presencia del Señor y de la gloria de su poder» (2 Tesalonicenses 1.9). Y en la parábola en sí, Abraham afirma: «Una gran sima está puesta entre nosotros y vosotros, de manera que los que quisieren pasar de aquí a vosotros, no pueden, ni de allá pasar acá» (Lucas 16.26). En el griego, la palabra traducida como «sima» es *chasma*, que significa un gran abismo, una distancia de proporciones cósmicas. La noción misma de un abismo de tales proporciones descarta la idea de que se pudiera atravesar para literalmente ver a las personas, reconocerlas y tener una conversación con ellas.

Así que está bastante claro que no se debería pensar que sea una historia real. Es una narrativa imaginaria dicha con una clara finalidad didáctica, como todas las otras parábolas. No se dan tiempo o lugar específicos o detalles (excepto el nombre del mendigo). La historia tiene un solo propósito: advertir a los oyentes que el infierno estará lleno de personas que nunca esperaban estar allí. Y como veremos, Jesús tenía buenas razones para darle al personaje de Lázaro un nombre.

En esta historia sobria, Jesús ilustra qué es estar en el infierno. La parábola deja claro que el infierno es una existencia agonizante, llena de pesar, angustia e implacable y ardiente tormento, con plena conciencia y sin esperanza, para siempre jamás. No hay ninguna posibilidad de escape ni de descanso. No hay una gota de alivio para el sufrimiento, nada que pueda disminuir el dolor de un alma atormentada eternamente en el infierno. Es una horrible y desgarradora imagen de condenación absoluta.

Pero la historia no es solo una advertencia acerca del infierno. Presenta un cambio impactante que sacudió la sensibilidad de los oyentes de Jesús porque destruía la teología de ellos tan cuidadosamente elaborada.

Lucas 16.19 nos presenta al rico, y cada frase en el versículo nos da a conocer que él era superior, profusa y extravagantemente rico. «Se vestía de púrpura y de lino fino... cada día». Su vida era una fiesta perpetua de placeres (que «hacía cada día banquete con esplendidez»). Esta gran riqueza, entonces como ahora, le aseguraba una posición muy influyente. En cualquier sinagoga a la que perteneciera, las personas de forma natural le darían gran reconocimiento. Era precisamente el tipo de persona que el israelita promedio, bajo la enseñanza de los fariseos, creería que era el más seguro de ir al cielo. Él era judío y un hombre religioso, no un pagano perdido. Sabemos esto porque se dirige a Abraham como «Padre» (y Abraham le responde como «hijo»). Por lo tanto, debe haber tenido un conocimiento práctico de «la adopción, la gloria, el pacto, la promulgación de la ley, el culto y las promesas» (Romanos 9.4). La mayor parte de los que escuchaban a Jesús habría llegado a la conclusión de que este hombre era bendecido grandemente por Dios.

En cuanto al hombre pobre, Lázaro, él estaba más allá de la miseria, paralizado, incapaz de moverse o cuidar de sí mismo. Lucas 16.20 indica que «estaba echado» ante la puerta del rico. El verbo es pasivo, lo que indica que alguien lo puso en frente de la mansión del rico. El que lo dejó allí probablemente dio por sentado que recibiría la caridad de un hombre que vivía en tanto lujo, un hombre que llevaba una túnica de color púrpura como la realeza. Pero Lázaro estaba «lleno de llagas». (Es probable que estas fueran escaras asociadas con parálisis, úlceras causadas por la presión de mantenerse demasiado tiempo en una misma posición). La condición abatida y macilenta de su cuerpo debe haberlo hecho repulsivo al punto de tener que soportar ser lamido por perros sucios, callejeros, como si ya estuviera muerto. Anhelaba al menos una miga del pan sucio que los perros comían del piso debajo de la mesa del rico.

Los fariseos y sus discípulos considerarían tal sufrimiento como prueba de que Lázaro estaba bajo la maldición de Dios. De estos dos personajes, él era el único a quien habrían considerado como digno del infierno. En su opinión, era tan abominable como las circunstancias de su vida.

El asombro de la historia de Jesús es el gran cambio. «Aconteció que murió el mendigo, y fue llevado por los ángeles al seno de Abraham; y murió también el rico, y fue sepultado. Y en el Hades alzó sus ojos, estando en tormentos» (vv. 22–23). El «seno de Abraham» significa un lugar de honor en la mesa de Abraham. Los huéspedes de un suntuoso banquete en esa cultura se sentaban en cojines alrededor de la mesa. (Este es el significado literal de Lucas 13.29: «Porque vendrán del oriente y del occidente, del norte y del sur, y se sentarán [se reclinarán] a la mesa en el reino de Dios»). El invitado de honor, colocado junto a Abraham, por lo tanto tendría la cabeza cerca del pecho de Abraham (cp. Juan 13.25). En otras palabras, el mendigo que anhelaba una miga de pan y parecía tan repugnante a los refinados fariseos recibe un lugar de alto honor en el cielo. El hombre rico que disfrutó de cada ventaja terrenal, a quien los fariseos querían imitar, va al infierno, donde es humillado, abandonado, sin esperanza y reducido a mendigar una gota de agua.

Hay ironía en cada aspecto de este giro inesperado. Lázaro es nombrado en esta parábola precisamente como señal de honor. Su nombre (una forma del nombre *Eleazar*) significa: «A quien el Señor ha ayudado». Es un nombre que evoca la idea del favor divino y al nombrarlo, Jesús lo eleva con bondad fuera de la vergüenza y el anonimato tan típico de los mendigos en esa posición. Al hombre rico, por el contrario, no se le da un nombre, para subrayar el hecho de que ya no es importante.** Él ha sido despojado de todas las insignias de importancia, incluso su nombre, mientras que el pobre mendigo (cuya necesidad desesperada el hombre rico fracasó en notar) se le ha dado todos los privilegios de la bendición eterna de Dios.

La súplica del hombre rico y la respuesta de Abraham

¿Por qué está el hombre rico en el infierno? Después de todo, él era al parecer un hombre religioso. Jesús no le carga con algún pecado grave o notorio. De hecho, la historia no menciona expresamente a ninguna mala acción específica que haya cometido. Era un ciudadano principal típico en esa sociedad. Está claro, sin embargo, que era egoísta, indiferente y sorprendentemente ajeno a las necesidades de sus prójimos, porque no hizo nada para ayudar al pobre Lázaro. Pero no lo vemos echando a Lázaro fuera de su propiedad o maltratándolo de alguna manera. Jesús deliberadamente no pinta al hombre rico como un hombre cruel o un malhechor atroz, como si el infierno fuera solo para los monstruosamente abominables. Este no es el asunto.

Note también que cuando el hombre rico se encuentra en el infierno, no pide reconsideración o liberación por motivos de piedad o misericordia. No dice: «¡Alguien ha cometido un error!». No pregunta: «¿Por qué estoy aquí?». Toda pretensión ha sido quitada y él está bajo el peso de su propia culpa. Sabe que se merece estar en el infierno. Lo único que pide es el más pequeño indicio de alivio.

Él nunca va a conseguir eso. No hay esperanza de un momento de pausa de las agotadoras, eternas y amargas acusaciones de su conciencia culpable. La única preocupación que le queda es por sus hermanos, porque sabe que son exactamente como él: respetables, complacientes y cómodamente ricos pilares de la sociedad, haciendo lo que quisieran hacer,

---

** Al hablar del hombre rico a veces se le denomina como *Dives* que en latin es un adjetivo que significa «rico», pero Jesús no le dio ningún nombre.

participando lo suficiente de las actividades religiosas para mantener una reputación honorable, pero marchando de cabeza al mismo infierno.

Así que le dice a Abraham: «Te ruego, pues, padre, que le envíes [a Lázaro] a la casa de mi padre, porque tengo cinco hermanos, para que les testifique, a fin de que no vengan ellos también a este lugar de tormento» (Lucas 16.27–28). Hace esta súplica sobre la base de su herencia judía. Era del pueblo del pacto, un descendiente de Abraham. *Esto debía valer algo.* Muchos entre los fariseos y sus discípulos daban por sentado que su conexión genealógica directo de Abraham, de Isaac y de Jacob era la base principal de su esperanza eterna (cp. Filipenses 3.5). Ahora sabe por experiencia que las conexiones genealógicas no llevan a nadie al cielo. Tal vez su relación con Abraham le conseguiría una gota de agua. Si no, ¿qué tal si podía advertir a sus hermanos mediante un hombre que regresara de entre los muertos?

La petición que hace indica que los cinco hermanos restantes reconocerían al mendigo que solía estar echado en inmundicia y dolor ante la puerta de su hermano. También deben haber sabido que Lázaro había muerto; de lo contrario, un mensaje de él no sería realmente importante para ellos.

Pero incluso en el infierno, el hombre rico vio a Lázaro como por debajo de él, un don nadie a quien se podía dar órdenes y enviar donde le placiera. El infierno es punitivo, no correctivo. La gente en el infierno no mejora. Y las Escrituras son enfáticas al respecto. «El que es injusto, sea injusto todavía; y el que es inmundo, sea inmundo todavía» (Apocalipsis 22.11). El infierno fija el destino y el carácter de los réprobos para siempre.

El hombre rico no solo considera a Lázaro como alguien a quien todavía puede mandar, sino que sus prioridades y preocupaciones siguen demasiado estrechas y centradas en sí mismo. Al igual que cualquier persona inmersa en la religión farisaica, su única preocupación era acerca de algunas personas en su familia inmediata. Es normal, por supuesto, cuidar de los propios hermanos, pero como hemos visto en la parábola del buen samaritano, el amor que exige el Segundo Gran Mandamiento es mucho más amplio que eso. ¿Por qué ordenar a Lázaro que regrese del cielo con una amonestación privada para los cinco hermanos?

La respuesta de Abraham es firme: «A Moisés y a los profetas tienen; óiganlos» (Lucas 16.29). «A Moisés y a los profetas» era una forma común de designar las escrituras del Antiguo Testamento (cp. Lucas 24.44; 28.23). Abraham está diciendo: *Que lean con entendimiento de lo que hablan los libros de las Escrituras que ya tienen en su poder.*

Esta es una poderosa afirmación de la suficiencia de las Escrituras. Abraham está señalando que la razón por la que los hermanos del hombre rico eran réprobos, no regenerados e incrédulos en peligro del infierno no se debía a ninguna deficiencia en la metodología que les trajo la Palabra de Dios en primer lugar. No hay mejor método, o mensajero más eficaz con poder especial para dar vista a los ciegos o vida a los muertos. No hay un nuevo estilo de ministerio o estrategia para la evangelización que tenga más grande poder para superar la depravación y despertar a un pecador muerto espiritualmente, egocéntrico, obstinado, hipócrita y religioso (o cualquier otro tipo de pecador). El poder está en la Palabra de Dios.

Los redimidos son «renacidos, no de simiente corruptible, sino de incorruptible, por la palabra de Dios que vive y permanece para siempre» (1 Pedro 1.23). «La fe es por el oír, y el oír, por la palabra de Dios» (Romanos 10.17). El hombre rico estaba en el infierno para siempre, no porque le faltaba información, sino porque él no hizo caso del mensaje que había recibido mediante la Palabra de Dios. La única forma en que sus hermanos alguna vez podrían escapar del infierno sería escuchando este mensaje y creyendo en él.

La petición del hombre rico era un eco de lo que Jesús escuchaba todo el tiempo. Los fariseos estaban siempre pidiéndole señales. En Mateo 12.38, por ejemplo, inmediatamente después de que Jesús había realizado una serie de milagros, sanidades y liberaciones demoníacas, «respondieron algunos de los escribas y de los fariseos, diciendo: Maestro, deseamos ver de ti señal». Los milagros cotidianos de Jesús no fueron suficientes para ellos; estaban pidiendo una señal celestial de proporciones cósmicas. La respuesta de Jesús fue: «La generación mala y adúltera demanda señal; pero señal no le será dada, sino la señal del profeta Jonás. Porque como estuvo Jonás en el vientre del gran pez tres días y tres noches, así estará el Hijo del Hombre en el corazón de la tierra tres días y tres noches» (vv. 39–40). En otras palabras: *Les voy a dar una señal, la señal de todas las señales: una resurrección.*

¿Sería aun esto suficiente para convencer a los fariseos? Abraham responde a esta pregunta en nuestra parábola: «Si no oyen a Moisés y a los profetas, tampoco se persuadirán aunque alguno se levantare de los muertos» (Lucas 16.31).

Esto encarna el principal aspecto de esta parábola. No es simplemente una advertencia acerca de lo que el infierno será. Es una lección acerca de la suficiencia de las Escrituras y un alegato a favor de todos los que escuchan a tomar en serio el mensaje de la Biblia.

Aunque alguno se levantare de los muertos

Pocos meses después de que Jesús enseñó con esta parábola, su buen amigo Lázaro, un hombre de verdad, murió. En el momento en que Jesús llegó a la ciudad natal de Lázaro, Betania, el cadáver ya había sido puesto en la tumba hacía cuatro días. Pero Jesús lo resucitó de entre los muertos, simplemente pronunciando la palabra: «¡Lázaro, ven fuera!» (Juan 11.43). Las Escrituras dicen: «Y el que había muerto salió, atadas las manos y los pies con vendas, y el rostro envuelto en un sudario. Jesús les dijo: Desatadle, y dejadle ir» (v. 44).

Así que este verdadero Lázaro era de hecho un testigo ocular que regresó de entre los muertos. Fue un milagro bien atestiguado, porque el cementerio estaba llena de dolientes cuando Lázaro salió de la tumba, todavía atado en el sudario. Las Escrituras afirman: «Entonces muchos de los judíos que habían venido para acompañar a María [hermana de Lázaro], y vieron lo que hizo Jesús, creyeron en él» (v. 45). Fue un milagro increíble. No se podía negar la realidad del mismo y no había manera de mantenerlo en silencio. Algunos de los testigos informaron a los fariseos de lo que había sucedido (v. 46).

¿Cómo cree que los fariseos respondieron? Seguramente si alguien regresaba de entre los muertos, creerían, ¿verdad?

Completamente equivocado. Ellos convocaron a un consejo para planear cómo matar a Jesús:

> Entonces los principales sacerdotes y los fariseos reunieron el concilio, y dijeron: ¿Qué haremos? Porque este hombre hace muchas señales.
>
> Si le dejamos así, todos creerán en él; y vendrán los romanos, y destruirán nuestro lugar santo y nuestra nación.
>
> Entonces Caifás, uno de ellos, sumo sacerdote aquel año, les dijo: Vosotros no sabéis nada; ni pensáis que nos conviene que un hombre muera por el pueblo, y no que toda la nación perezca.
>
> Esto no lo dijo por sí mismo, sino que como era el sumo sacerdote aquel año, profetizó que Jesús había de morir por la nación; y no solamente por la nación, sino también para congregar en uno a los hijos de Dios que estaban dispersos.
>
> Así que, desde aquel día acordaron matarle. (Juan 11.47–53)

De hecho, se nos dice un capítulo más adelante que «los principales sacerdotes acordaron dar muerte también a Lázaro» (Juan 12.10). En lugar de hacer caso del mensaje de Jesús, decidieron erradicar al mensajero. Cuando Él les dio mayores señales, solo tomaron una decisión más firme de destruirlo.

Los milagros no tienen ningún poder especial para convencer a los que rechazan el mensaje de las Escrituras. El mensaje en sí mismo «es poder de Dios para salvación a todo aquel que cree» (Romanos 1.16).

¿Cuál fue la reacción de los fariseos cuando Jesús resucitó de entre los muertos por medio de su propio poder? Inmediatamente después de la resurrección, de acuerdo con Mateo 28.11: «Unos de la guardia fueron a la ciudad, y dieron aviso a los principales sacerdotes de todas las cosas que habían acontecido». ¿Se convencieron finalmente por esto?

De ningún modo. «Y reunidos con los ancianos, y habido consejo, dieron mucho dinero a los soldados, diciendo: Decid vosotros: Sus discípulos vinieron de noche, y lo hurtaron, estando nosotros dormidos. Y si esto lo oyere el gobernador, nosotros le persuadiremos, y os pondremos a salvo» (vv. 12–14). Ellos conspiraron con la guardia romana de encubrirla y negar la resurrección con una mentira.

Ningún milagro de cualquier magnitud convencerá a alguien que oye y entiende el mensaje de las Escrituras, pero que aun así lo rechaza. Solo el Espíritu Santo puede abrir los ojos ciegos y ablandar los corazones endurecidos para que reciban la Palabra. Y la verdad de la Palabra de Dios es el único mensaje con el poder de salvar. Si cree en un milagro, experiencia religiosa o revelación privada, pero rechaza la Palabra de Dios, su fe no es fe salvadora en absoluto.

Y aquellos que dudan de la Palabra de Dios serán juzgados por la misma verdad que rechazan. Jesús afirmó en Juan 12.46–48: «Yo, la luz, he venido al mundo, para que todo aquel que cree en mí no permanezca en tinieblas. Al que oye mis palabras, y no las guarda, yo no le juzgo; porque no he venido a juzgar al mundo, sino a salvar al mundo. El que me rechaza, y no recibe mis palabras, tiene quien le juzgue; la palabra que he hablado, ella le juzgará en el día postrero».

10

Una lección acerca de la persistencia en la oración

En cuanto a mí, a Dios clamaré;
Y Jehová me salvará.
Tarde y mañana y a mediodía oraré y clamaré,
Y él oirá mi voz.

—Salmos 55.16-17

Las Escrituras están repletas de exhortaciones a orar, a menudo a la par de las promesas que el Señor ciertamente oirá y contestará nuestras oraciones.

La oración eficaz del justo puede mucho. (Santiago 5.16)

Pedid, y se os dará; buscad, y hallaréis; llamad, y se os abrirá. Porque todo aquel que pide, recibe; y el que busca, halla; y al que llama, se le abrirá. ¿Qué hombre hay de vosotros, que si su hijo le pide pan, le dará una piedra? ¿O si le pide un pescado, le dará una serpiente? Pues si vosotros, siendo malos, sabéis dar buenas dádivas a vuestros hijos, ¿cuánto más vuestro Padre que está en los cielos dará buenas cosas a los que le pidan? (Mateo 7.7–11)

Y todo lo que pidiereis en oración, creyendo, lo recibiréis. (Mateo 21.22)

Y esta es la confianza que tenemos en él, que si pedimos alguna cosa conforme a su voluntad, él nos oye. Y si sabemos que él nos oye en cualquiera cosa que pidamos, sabemos que tenemos las peticiones que le hayamos hecho. (1 Juan 5.14–15)

Sin embargo, nuestras oraciones no son siempre contestadas con rapidez de acuerdo con nuestro calendario. Por razones que son supremamente sabias, misericordiosas y justas pero a menudo desconocidas e inexplicables para nosotros, Dios retrasa las respuestas a nuestras oraciones; sin embargo, nos anima a seguir orando con persistencia y pasión, sin perder nunca la fe y sin desmayar.

Lucas 18 comienza con una parábola que ilustra este principio. Es la historia de una mujer que de ninguna manera va a renunciar a la búsqueda de la justicia, a pesar de que su caso se encuentra atrapado en un sistema judicial corrupto con un juez deshonesto e insensible.

Jesús está hablando aquí a un grupo de sus discípulos más cercanos (cp. Lucas 17.22):

También les refirió Jesús una parábola sobre la necesidad de orar siempre, y no desmayar, diciendo: Había en una ciudad un juez, que ni temía a Dios, ni respetaba a hombre. Había también en aquella ciudad una viuda, la cual venía a él, diciendo: Hazme justicia de mi adversario. Y él no quiso por algún tiempo; pero después de esto dijo dentro de sí: Aunque ni temo a Dios, ni tengo respeto a hombre, sin embargo, porque esta viuda me es molesta, le haré justicia, no sea que viniendo de continuo, me agote la paciencia. Y dijo el Señor: Oíd lo que dijo el juez injusto. ¿Y acaso Dios no hará justicia a sus escogidos, que claman a él día y noche? ¿Se tardará en responderles? Os digo que pronto les hará justicia. Pero cuando venga el Hijo del Hombre, ¿hallará fe en la tierra? (Lucas 18.1–8)

Esta es la penúltima historia en una serie especial de parábolas que se destaca en Lucas 13—18. Están ordenadas temáticamente y todas ellas son únicas en el Evangelio de Lucas. De hecho son parte de una larga narrativa que no tiene paralelo en ninguno de los otros Evangelios, empezando en Lucas 13.22 y terminando con la parábola del fariseo y el publicano en 18.14. Varias de las historias más conocidas de Jesús, entre ellas las famosas tres parábolas en Lucas 15 (la oveja perdida, la moneda perdida y el hijo pródigo), aparecen solo en esta parte singular del Evangelio de Lucas.[1]

Esta conmovedora historia acerca de un juez injusto y la viuda persistente es asimismo única de Lucas. La historia viene inmediatamente después de un breve discurso sobre la Segunda Venida (describiendo lo que será «el día en que el Hijo del Hombre se manifieste» [17.30]). Los dieciséis versículos finales de Lucas 17 (vv. 22–37) son una reminiscencia del Discurso del Monte de los Olivos.* Pero es en realidad un mensaje mucho más corto con un notablemente diferente contenido, que pertenece a una época anterior del ministerio de Jesús. El discurso de Lucas 17 está dominado por las advertencias de fatalidad y desastre repentinos, que culmina en una imagen espantosa de muerte y corrupción: «Donde estuviere el cuerpo, allí se juntarán también las águilas» (v. 37).

Nuestra parábola comienza inmediatamente después de esto, y su asunto es «la necesidad de orar siempre, y no desmayar» (Lucas 18.1). No importa cuán sombrío sean los tiempos, incluso si todo el mundo parece estar marchando hacia la condenación y el juicio eterno, los hombres y mujeres justos deben persistir en la oración. Pueden estar seguros de que Dios escuchará y le responderá a su pueblo.

---

* Compare el versículo 26 («Como fue en los días de Noé») con Mateo 24.37 («Mas como en los días de Noé, así será la venida del Hijo del Hombre»).

Este es un estímulo para los creyentes que viven en tiempos malos, viendo aumentar la hostilidad del mundo, percibiendo el juicio, sintiéndose solos y aislados «como fue en los días de Noé» (17.26) y «como sucedió en los días de Lot» (v. 28). En otras palabras, esta historia tiene una aplicación particular en nuestros tiempos. Los días son malos. La necesidad es crítica. Nuestras oraciones deben ser urgentes, apasionadas y persistentes. No debemos desmayar.

El juez

El escenario descrito en la parábola sería muy familiar a cualquier persona en Israel del primer siglo. Jesús establece el escenario «en una ciudad» (Lucas 18.2) sin nombrarla. No era necesario hacerlo. Las viudas y los jueces corruptos eran personajes conocidos en toda la cultura de la época. La justicia a menudo era difícil de conseguir.

El más alto tribunal religioso en Israel era el Gran Sanedrín, que constaba de setenta y un jueces (todos ellos líderes religiosos considerados expertos, tanto en la ley de sus Escrituras como en la tradición oral). Su poder, como sabemos por el Nuevo Testamento, era opresivo y a menudo injusto. Por supuesto, el Gran Sanedrín ideó y llevó a cabo la conspiración que llevó a la crucifixión de Jesús, demostrando que este cuerpo estaba plagado de injusticia y corrupción.

Había otro nivel de tribunales religiosos bajo el Gran Sanedrín. Cada una de las ciudades más grandes en Israel tenían sus respectivos tribunales, conocidos como Sanedrín menor, que constaba de veintitrés jueces en cada ciudad. Al igual que los principales gobernantes de Jerusalén, estaban fuertemente influenciados por la doctrina de los fariseos y por las normas de los saduceos.** Por lo tanto, sus resoluciones eran superficiales, basadas en tradiciones humanas y eran propensos a

---

** Alfred Edersheim escribe: «Merece observarse que el pecado especial que se imputa a la casa de Anás es el de "cuchicheo", o silbar como víboras, que parece referirse a la influencia privada en los jueces en la administración de justicia, por lo que "la moral se corrompió, pervirtieron el juicio y la *Shekhinah* se retiró de Israel"». *The Life and Times of Jesus the Messiah*, 2 vols. (Londres: Longmans, Green & Co., 1896), 1: p. 263.

emitir juicios severos o apresurados, alimentados por las interpretaciones rebuscadas de los fariseos y regulaciones erróneas de los estatutos de las Escrituras hebraicas. (Hemos visto el ejemplo clásico de esto en sus excesivas restricciones ceremoniales del sábado). Los mismos jueces estaban impregnados de justicia propia farisaica. Después de haber subido a lo más alto de una jerarquía rabínica muy politizada, a menudo estos jueces se volvían notoriamente corruptos.

Pero además de todos estos jueces, Roma había nombrado magistrados locales y jueces locales, autoridades municipales que juzgaban los casos penales y atendían los intereses de César. Ellos eran lo peor de lo peor, notoriamente carentes tanto de moral como de escrúpulos. Se les pagaba grandes sueldos del tesoro del templo, a pesar de que por lo general eran gentiles e incrédulos. Los judíos en general los miraban con el mismo desprecio absoluto que acostumbraban mostrar hacia los publicanos. Su título oficial era «Jueces prohibidores», pero cambiando una sola letra en el término arameo, los judíos se referían a ellos como «jueces ladrones».[2]

La descripción de este juez deja claro que él era uno de esos nombramientos romanos porque «ni temía a Dios, ni respetaba a hombre» (v. 2). Esa es una buena caracterización. Expresiones similares son bastante comunes en la literatura de la antigüedad, incluso fuera de la Biblia. Tal palabra era utilizada para describir a una persona bien reconocida por su falta de escrúpulos; a alguien que no mostraba verdadera reverencia a Dios, a su voluntad o a su ley. Además, era completamente indiferente a las necesidades de las personas y sus causas justas. Se había convertido en un juez porque amaba el estatus que le daba y el dinero que le producía, no porque amara la justicia. No se inmutaba por la compasión o la comprensión. Y para empeorar la gravedad de su malvada personalidad, descubrimos que no era ingenuo ni se engañaba a sí mismo. Era plenamente consciente de lo libertina que se había vuelto su personalidad. Reconoció sin rodeos *quién era*: «Ni temo a Dios, ni tengo respeto a hombre» (v. 4). Por su propia confesión, vivía en abierto desafío al primero y al segundo de los Grandes Mandamientos (cp. Mateo 22.37–40). Era un ser humano completamente amoral, y su iniquidad resultaba en todo tipo de consecuencias trágicas, ya que tomaba decisiones diarias que afectaban las vidas de las personas.

Jesús se refirió a él con un epíteto lacónico: «el juez injusto» (Lucas 18.6). Un juez que desconocía totalmente las obligaciones de su cargo, ya que se supone que un juez debe impartir justicia de acuerdo con la ley de Dios y según las necesidades de las personas.*** A este hombre no podía importarle lo que otros necesitaban. No tenía vergüenza y nada era más supremamente peor que este tipo de descaro en una cultura del Oriente Medio donde el honor y la vergüenza son todo. En resumen, a este juez le faltaba la decencia básica; carecía de nobleza y de afecto natural, y no le importaba ni Dios ni la humanidad. Su propio carácter era tan estéril de virtud que la mayoría lo consideraría inhumano. Parecía impenetrable a cualquier petición.

No obstante, esta parábola nos enseña una lección positiva acerca de Dios y cómo Él contesta nuestras oraciones, empleando como ilustración el comportamiento perverso de este juez injusto. Esta parábola es muy similar a la del mayordomo injusto en la que Jesús usó las acciones de una persona malvada para mostrar algo puro y recto.

El dilema de la mujer

El único otro personaje en esta parábola es una viuda pobre, víctima de alguna injusticia u opresión, cuyo único recurso era buscar resarcimiento ante los tribunales. Alguien la había defraudado. Al parecer, estaba sola y desamparada. En esa cultura los tribunales pertenecían exclusivamente a los hombres. En primer lugar, ninguna mujer habría apelado a un juez si había un hombre en su vida. No solo su marido habría muerto y pareciera que no tenía ni hermano, ni cuñado, ni padre, ni hijo, ni primo, ni

***El Antiguo Testamento relata cómo cuando el rey Josafat nombró jueces «por todos los lugares» de Judá, les dijo: «Mirad lo que hacéis; porque no juzgáis en lugar de hombre, sino en lugar de Jehová, el cual está con vosotros cuando juzgáis. Sea, pues, con vosotros el temor de Jehová; mirad lo que hacéis, porque con Jehová nuestro Dios no hay injusticia, ni acepción de personas, ni admisión de cohecho... Procederéis asimismo con temor de Jehová, con verdad, y con corazón íntegro» (2 Crónicas 19.5-9).

sobrino, ni pariente masculino, aunque fuera lejano, ni vecino cercano que pudiera defender su caso. Ella representa a los que son extremadamente pobres, impotentes, indefensos, carentes, humildes, desconocidos, sin amor, sin cuidado y, de cualquiera otra manera, desesperados.

Jesús desarrolló esta ilustración en torno a una viuda porque, según la Ley, su caso debería haber sido claro. Independientemente de los méritos legales de su demanda, el juez debería haber hecho algo para cuidar de ella puramente por motivos de piedad. La ley de Moisés era explícita en este aspecto. Dios mismo ordenó: «A ninguna viuda ni huérfano afligiréis. Porque si tú llegas a afligirles, y ellos clamaren a mí, ciertamente oiré yo su clamor; y mi furor se encenderá, y os mataré a espada, y vuestras mujeres serán viudas, y huérfanos vuestros hijos» (Éxodo 22.22–24). El principio se hizo eco en Isaías 1.17:

> Aprended a hacer el bien; buscad el juicio, restituid al agraviado, haced justicia al huérfano, amparad a la viuda.

La ley estaba llena de disposiciones especiales para las viudas: «No torcerás el derecho del extranjero ni del huérfano, ni tomarás en prenda la ropa de la viuda» (Deuteronomio 24.17). Las viudas debían ser atendidas y las autoridades legales tenían un deber particular de ver que fueran satisfechas sus necesidades.

Al parecer, esta mujer tenía un caso bien documentado por razones legales en sí, ya que estaba suplicando justicia, no un trato especial. Y era incansable. El tiempo del verbo en Lucas 18.3 significa acción repetida. «Una viuda, la cual venía a él *constantemente*» (LBLA, énfasis añadido). Volvía una vez y otra y otra, reclamando: «Hazme justicia de mi adversario», literalmente: «Defiéndeme». Parece que ella estaba buscando la rectificación de una injusticia que ya se había cometido contra ella. Su desesperación indica que le habían quitado todo. Ya no tenía nada que perder.

Pero la respuesta inicial del juez a la mujer fue increíblemente fría. Él se negó a atenderla, desestimó su caso con prejuicio extremo y sin ninguna consideración real (v. 4). Tal vez el fraude o el robo del que habría sido víctima al juez le pareció insignificante, no obstante que parecía ser una amenaza para su propia existencia. Es impactante la falta absoluta de preocupación o compasión del juez hacia ella.

Una vez más vemos la capacidad increíble de Jesús para expresar imágenes vívidas con un mínimo de palabras. Al igual que el mayordomo infiel y el hijo pródigo en su rebelión, este juez es impresionantemente diabólico y Jesús simplifica el asunto, como de costumbre, sin emplear muchos adjetivos o frases coloridas. Se limita a describir un acto de crueldad insensible, pero informal. El juez, sin consideración, echó a un lado a esta pobre mujer como si fuera un molesto mosquito.

Cuando todo cambió

Esto continuó «por algún tiempo» (Lucas 18.4). De repente, el juez tuvo un cambio de corazón, no porque se arrepintiera de su maldad o admitiera la justicia de la causa de la viuda, sino porque se cansó de escuchar sus súplicas.

Él pronuncia un breve soliloquio, al igual que el del hijo pródigo cuando volvió en sí (15.17–19) o una reminiscencia de cómo el mayordomo infiel hablaba consigo mismo cuando se dio cuenta de lo que tenía que hacer para evitar el desastre (16.3–4). De manera similar, el juez injusto hablaba consigo mismo: «Aunque ni temo a Dios, ni tengo respeto a hombre, sin embargo, porque esta viuda me es molesta, le haré justicia, no sea que viniendo de continuo, me agote la paciencia» (18.4–5).

Él sabía que era un miserable, y lo admite. Pero la viuda le estaba irritando. Él podría silenciarla fácilmente concediéndole su petición. Así que decidió hacer eso, solo para que ella no siguiera viniendo una y otra vez. La frase que se traduce *de continuo* proviene de dos palabras en el texto griego: *eis telos*. Esta significa literalmente: «hasta el final» o «sin fin». Es una expresión común en la Biblia que significa «para siempre». Parafraseando, el juez pensaba: *Ella va a seguir viniendo para siempre y me agotará la paciencia.*

La expresión «no sea que [...] me agote la paciencia» es más benévolo que el término griego: *hup piaz*. Este término se emplea en boxeo y significa asestar a alguien un golpe pleno justo debajo del ojo. Es la misma palabra que el apóstol Pablo usa en 1 Corintios 9.27, donde se describe a sí mismo como uno que lucha, no como quien golpea sin saber a qué. Las peticiones repetidas de esta mujer eran como un garrote verbal. Ella no era solamente problemática para él; era un fuerte dolor de cabeza. Así que este poderoso e inconmovible juez fue derrotado por una mujer indefensa, simplemente mediante su persistencia.

Él todavía no tenía ningún respeto a Dios o al hombre. Estaba en busca de sus propios intereses, y tenía que deshacerse de ella. Así que finalmente falló a su favor.

El significado

El asunto de esta parábola se expresa claramente al principio: «La necesidad de orar siempre, y no desmayar» (Lucas 18.1). Pero el aspecto que Jesús recalca es acerca de una manera particular de orar.

Tenga en cuenta el contexto. Esta parábola es una posdata al discurso profético al final de Lucas 17. El tema de este pasaje es el juicio horrible: «Como fue en los días de Noé [...] Asimismo como sucedió en los días de Lot» (vv. 26, 28). «Así será el día en que el Hijo del Hombre se manifieste» (v. 30). Cristo vendrá de nuevo con fuerza. Su aparición va a crear muerte y devastación. «De su boca sale una espada aguda, para herir con ella a las naciones, y él las regirá con vara de hierro; y él pisa el lagar del vino del furor y de la ira del Dios Todopoderoso» (Apocalipsis 19.15). El versículo 19 dice que los reyes de la tierra y sus ejércitos se reunirán para hacer guerra en contra de Cristo a su regreso. Esta será la guerra final para toda la humanidad, la batalla que a veces se le llama Armagedón. Cristo destruirá a todos sus enemigos «y todas las aves se [saciarán] de las carnes de ellos» (v. 21). Es precisamente a esta escena que se refiere la parte final de Lucas 17.37: «Donde estuviere el cuerpo, allí se juntarán también [los buitres]».

La parábola del juez injusto sigue inmediatamente. El comienzo de un nuevo capítulo no significa ningún cambio de escenario ni del grupo de personas. La parábola discurre mientras el tema de la segunda venida de Jesucristo (con todas las figuras apocalípticas de los cuerpos y los buitres) todavía está en la mente de sus oyentes. El aspecto que Jesús está mostrando es que mientras sus discípulos esperan su retorno, sobre todo cuando el mundo parece volverse más malvado y más digno de condenación, Él quiere que sus escogidos se mantengan en oración y no desmayen. Así que esto es una llamada a la oración escatológica. Es un estímulo a orar que el Señor venga y a orar por fortaleza para perseverar hasta el fin. La esencia de la exhortación está muy bien resumida en las palabras de Lucas 21.36: «Velad, pues, en todo tiempo orando que seáis tenidos por dignos de escapar de todas estas cosas que vendrán, y de estar en pie delante del Hijo del Hombre».

Tal como vimos en un capítulo anterior, Jesús enseñó a sus discípulos que su venida era inminente, lo que significa que *podría* regresar en cualquier momento. Por un lado, Él podría venir más tarde de lo que alguien espera. Durante su ministerio terrenal, incluso el mismo Jesús, en el ámbito de su conciencia humana finita, no sabía el momento preciso: «Pero de aquel día y hora nadie sabe, ni siquiera los ángeles del cielo, *ni el Hijo*, sino sólo el Padre» (Mateo 24.36, LBLA, énfasis añadido). Como Dios, por supuesto, Jesús conoce (y siempre ha conocido) todas las cosas (Juan 16.30; 21.17). Pero es evidente que durante su vida terrenal, voluntariamente se abstuvo de utilizar plena y soberanamente su omnisciencia divina. Él era verdaderamente humano, no súper humano. Su vida y su experiencia como hombre eran auténticas (Hebreos 4.15). De modo que creció y aprendió cosas como cualquier humano (Lucas 2.52). Esto significa que ciertos hechos se mantuvieron, durante un tiempo según el plan de Dios, aparte del primer plano de su conciencia humana. No hay nada sorprendente en esto.

Tal como vimos cuando examinamos las parábolas de Mateo 24 y 25, sin revelar específicamente el momento, Jesús alentó a los discípulos tanto a que velaran con entusiasmo como a que esperaran pacientemente su retorno. Aquí les está animando a orar fielmente hasta que llegue ese día. Él usa esta parábola que ilustra la persistencia incansable. Fue un aliento apropiado para los discípulos en el primer siglo. Pero es aún más oportuna para nosotros hoy, ya que vemos que el día se acerca.

La diferencia entre un tiempo largo y uno corto no tiene significado en el calendario de Dios. «Con el Señor un día es como mil años, y mil años como un día» (2 Pedro 3.8). Toda la historia es un abrir y cerrar de ojos comparada con la eternidad. Pero desde nuestra perspectiva, el tiempo a menudo parece que no avanza. Para esta viuda, el lapso de tiempo entre la injusticia que sufrió y la reivindicación definitiva del juez probablemente le haya parecido un período de tiempo muy largo. Para el apóstol Juan, esperar el retorno de Jesús durante el curso de su vida debe haberle parecido una demora interminable. Para los creyentes casi dos mil años después, la amonestación de Jesús de «orar siempre, y no desmayar» es exactamente el estímulo que necesitamos.

Hoy día, a un ritmo cada vez más acelerado en el mundo, la Palabra de Dios es objeto de burla, vilipendio y censura. Los cristianos son rutinariamente difamados, perseguidos y oprimidos, incluso en las culturas occidentales supuestamente avanzadas. En el Oriente Medio, África y partes de Asia, los cristianos viven en constante peligro de martirio. En cálculos muy conservadores, cada año miles de cristianos son asesinados por su fe.

Anhelamos que Cristo venga de nuevo y ponga fin a la impiedad y a la opresión, destruyendo al pecado para siempre y estableciendo su reino de justicia. Jesús mismo nos enseñó a orar: «Venga tu reino» (Lucas 11.2). En esta parábola nos anima a orar sin cesar y a no desmayar.

La palabra «desmayar» en el texto griego es *ekkakeó*, que habla de renunciar por agotamiento o, peor aún, por convertirse en cobarde. Lucas 18.1 es el único lugar en que la palabra aparece fuera de las epístolas paulinas. Pablo lo usa cinco veces: «No desmayamos» (2 Corintios 4.1, 16). «No nos cansemos, pues, de hacer bien; porque a su tiempo segaremos, si no desmayamos» (Gálatas 6.9). «No desmayéis a causa de mis tribulaciones por vosotros» (Efesios 3.13). «No os canséis de hacer bien»

(2 Tesalonicenses 3.13). El significado subyacente es siempre el mismo: no renunciar a la esperanza de que Jesús viene.

Por supuesto, Dios no se parece en nada al juez injusto. El argumento que Jesús está presentando es un argumento de menor a mayor. Si un magistrado tan depravado y perverso puede ser persuadido por pura perseverancia a hacer justicia a una viuda que a él no le importa y para la cual no tiene compasión alguna, «¿acaso Dios no hará justicia a sus escogidos, que claman a él día y noche? ¿Se tardará en responderles? *Os digo que pronto les hará justicia*» (Lucas 18.7–8, énfasis añadido). Cuando Cristo regrese, la venganza de Dios contra los impíos será rápida y completa.

Mientras tanto, Él no retrasa la justicia por apatía o indiferencia. La retrasa porque es misericordioso. En el mismo contexto donde Pedro nos recuerda que «para con el Señor un día es como mil años, y mil años como un día», el apóstol de inmediato añade: «El Señor no retarda su promesa, según algunos la tienen por tardanza, sino que es paciente para con nosotros, no queriendo que ninguno perezca, sino que todos procedan al arrepentimiento» (2 Pedro 3.8–9). La aparente demora es la medida de la paciencia de Dios. Él está reuniendo un «pueblo para su nombre» (Hechos 15.14), y no va a acortar los plazos hasta que se salve el último de sus escogidos, hasta que su número sea «una gran multitud, la cual nadie podía contar, de todas naciones y tribus y pueblos y lenguas» (Apocalipsis 7.9).

Aquí está la prueba de que la parábola del juez injusto se refiere a la segunda venida: nos impulsa a orar fiel y persistentemente por ese día. Al final de Lucas 18, en el versículo 8, está la clave: «Pero cuando venga el Hijo del Hombre, ¿hallará fe en la tierra?». ¿Encontrará a su pueblo perseverante en la oración y la expectativa? ¿O habrá muchos amilanados? La parábola es un estímulo a mantenernos firmes y seguir orando.

La viuda en esta parábola representa a todos los verdaderos cristianos, los elegidos. En cierto sentido, estamos desamparados, «pobres en espíritu» (Mateo 5.3); «no sois muchos sabios según la carne, ni muchos poderosos, ni muchos nobles» (1 Corintios 1.26). Estamos totalmente a merced del Juez.

Pero nuestro Juez celestial no se parece en lo absoluto al juez de la parábola. Él es la encarnación de la justicia perfecta; Él no puede hacer mal. «¿Acaso torcerá Dios el derecho, o pervertirá el Todopoderoso la justicia?» (Job 8.3). *Por supuesto que no.* «El Juez de toda la tierra, ¿no ha de hacer lo que es justo?» (Génesis 18.25).

> *Él es la Roca, cuya obra es perfecta,*
> *Porque todos sus caminos son rectitud;*
> *Dios de verdad, y sin ninguna iniquidad en él;*
> *Es justo y recto.* (Deuteronomio 32.4)

> *Delante de Jehová, porque vino a juzgar la tierra.*
> *Juzgará al mundo con justicia,*
> *Y a los pueblos con rectitud.* (Salmos 98.9)

Mientras tanto, vivimos con ansias, suplicando como aquellos bajo el altar en Apocalipsis 6.10: «¿Hasta cuándo, Señor, santo y verdadero, no juzgas y vengas nuestra sangre en los que moran en la tierra?». Estamos entre los descritos en 1 Tesalonicenses 1.10, que esperan «de los cielos a su Hijo, [...] a Jesús, quien nos libra de la ira venidera».

Es imposible vivir la vida cristiana con fidelidad a menos que sea a la luz de la Segunda Venida. Conocer el final de la historia nos da confianza y estabilidad. Como dice Pablo: «Estad firmes y constantes, creciendo en la obra del Señor siempre, sabiendo que vuestro trabajo en el Señor no es en vano» (1 Corintios 15.58).

La pregunta de Jesús en Lucas 18.8: «Pero cuando venga el Hijo del Hombre, ¿hallará fe en la tierra?» debería provocarnos a la reflexión propia y es una nota perfecta con la cual poner fin a nuestro estudio. ¿Estamos fielmente orando por su retorno? Me temo que si Él viniera en este momento, encontraría a multitudes que se hacen llamar cristianos que están sin prepararse por completo para Cristo, y que no están particularmente ansiosos de que venga, y demasiado cautivados con esta vida y los valores mundanos para pensar mucho al respecto.

Esa es la antítesis de la fe verdadera. El grito de corazón del verdadero creyente es *Maranata* «El Señor viene» (1 Corintios 16.22).

Los que amamos a Cristo y esperamos su venida no debemos perder el ánimo. «Tened paciencia hasta la venida del Señor. Mirad cómo el labrador espera el precioso fruto de la tierra, aguardando con paciencia hasta que reciba la lluvia temprana y la tardía. Tened también vosotros paciencia, y afirmad vuestros corazones; porque la venida del Señor se acerca» (Santiago 5.7–8).

Mientras tanto, continuamos orando y rogando por el retorno de Cristo, no solo porque queremos ser vindicados, sino también porque queremos que Cristo sea glorificado. Y cuando viva de esa manera, ore de esa manera y ruegue de esa manera, todo cambiará en su vida.

Después de dos mil años, nuestra esperanza aún brilla; nuestro amor por Cristo sigue siendo verdadero y puro; y nuestra confianza en que Él cumple su Palabra es irrevocable y firme. Por lo tanto, oramos constantemente, pidiéndole que venga con el fin de reivindicar a su pueblo, a glorificarse a sí mismo, a castigar a los pecadores, a destronar a Satanás, a establecer un reino justo y a traer la paz eterna en la tierra. Oramos sin cesar para que venga y reine como Rey de reyes y Señor de señores y cree el nuevo cielo y la nueva tierra que serán eternos. Nos hacemos eco de la petición que concluye las Escrituras: «Sí, ven, Señor Jesús».

Esta oración *debería* estar perpetuamente en nuestros labios. Y estas esperanzas *deberían* regir todos nuestros pensamientos. Este es el asunto que Jesús expone en la parábola del juez injusto.

Viva con ese tipo de anticipación hasta que Él venga. Y vea cómo cambia su vida.

Agradecimientos

Una de las valiosas recompensas de pastorear en la misma iglesia por cerca de cincuenta años es el amor leal y duradero de la congregación y sus pastores fieles. De entre ellos, ninguno me ha sido de más valor en difundir mi predicación que Phil Johnson. Phil ha estado a mi lado por más de treinta años y ha brindado colaboración y liderazgo en innumerables maneras tanto a mí como a Grace Church. Más allá de esto, ha redactado la gran parte de mis libros principales. Comienza con el material predicado en sermones y lo pule para que sea prosa, y así me deja a mí nada más que los últimos retoques. Solamente la eternidad revelará el impacto de sus labores en hacerse conocer la verdad.

Apéndice

La verdad en historias: El significado objetivo por medio de la narrativa[1]

A vosotros os es dado saber los misterios.

—Mateo 13.11

¿Cuál es la importancia del uso de historias que hace Jesús como un medio para su enseñanza? Hace treinta años, el evangélico típico podría haber contestado esa pregunta fácilmente en tres frases o menos. Como tal, no es realmente una pregunta difícil, porque Jesús mismo respondió claramente cuando dijo que Él empleaba parábolas por una razón doble: para ilustrar la verdad para los que estaban dispuestos a recibirla, y para oscurecer la verdad de los que la aborrecían de todos modos:

> Cuando estuvo solo, los que estaban cerca de él con los doce le preguntaron sobre la parábola. Y les dijo: A vosotros os es dado saber el misterio del reino de Dios; mas a los que están fuera, por parábolas

todas las cosas; para que viendo, vean y no perciban; y oyendo, oigan y no entiendan; para que no se conviertan, y les sean perdonados los pecados. (Marcos 4.10–12)

Así que la breve y simple respuesta a nuestra pregunta inicial es que las parábolas son herramientas con las que Jesús enseñó y defendió la *verdad*.

Haga una encuesta sencilla y se dará cuenta que cuando Jesús explicó sus propias parábolas a sus discípulos, siempre lo hizo dando significados objetivos y definidos a los símbolos que utilizó: «La semilla es la palabra de Dios» (Lucas 8.11). «El campo es el mundo» (Mateo 13.38). A veces su simbolismo es perfectamente obvio, sin ninguna explicación, como el pastor en Lucas 15.4–7 (una figura de Cristo mismo). Otras veces el significado requiere una exégesis más cuidadosa; sin embargo, el verdadero significado puede entenderse y explicarse claramente. Un poco de trabajo arduo y reflexión de conciencia siempre produce grandes beneficios en el estudio de las parábolas. Esto es precisamente lo que hemos tratado de hacer a lo largo de este libro.

Ya sea que el verdadero significado de los aspectos simbólicos de una historia sea obvio o se requiera un poco de trabajo investigativo, el asunto sigue siendo el mismo: las parábolas de Jesús eran todas *ilustrativas* de los hechos del evangelio. Las historias no eran (como algunas personas les gusta hoy día sugerir) alternativas creativas a declaraciones de la verdad proposicional, diseñadas para suplantarlas con certeza. No eran fantasías de ensueño dichas simplemente para evocar un sentimiento. Y definitivamente no eran juegos mentales ideados para hacer todo más difícil de entender. Tampoco estaba Jesús empleando ficción con el fin de desplazar a la verdad misma con mitología.

Sobre todo, no estaba invitando a sus oyentes a que interpretaran las historias de la forma que les complaciera y de esa forma permitir que las propias opiniones personales de cada uno fueran el árbitro final de lo que es verdad para esa persona. La convicción de que la Biblia misma es la regla final de fe (y la creencia de que las Escrituras mismas deben regir la forma en que interpretamos las Escrituras) es desde hace mucho tiempo árbitro del cristianismo bíblico. Negarlo es negar la autoridad de las Escrituras.

Esto no indica que todas las Escrituras sean *igualmente* claras. Algunas de las parábolas en particular son muy difíciles de interpretar. Se necesita cuidado, arduo trabajo y la ayuda del Espíritu Santo para hacerlo. Nadie en serio ha cuestionado esto.

Sobre la cuestión de si cada parábola *tiene* un sentido único de inspiración divina y, por lo tanto, una interpretación adecuada, nunca ha habido ningún conflicto grave entre los que toman la autoridad de las Escrituras en serio. El corolario de esta idea es un principio semejante: cada posible interpretación que contradice el verdadero significado de un pasaje es falsa por definición.

Sin embargo, en estos tiempos posmodernos parece que hay una gran cantidad de voces que niegan estos principios simples. A menudo afirman que ya que Jesús hizo tal uso amplio de las parábolas en su ministerio público, no debe haber pensado en la verdad de la misma manera que los hombres y mujeres modernos piensan de ella. ¿Es la verdad, en última instancia, una realidad objetiva, fija e inmutable, o es suave, flexible y subjetiva?

Esto es algo más que una interesante nota al pie de página para el resto del libro. Es una cuestión vital para ser atendida y examinada, sobre todo en este momento. Vivimos en una generación donde los rastros de los hechos y la realidad a veces son mezclados deliberadamente con elementos de mito, conjeturas, teoría, falsedad, ficción y sentimiento; luego son manifiestos en forma de una niebla oscura, con el fin de hacer que el concepto de la verdad misma parezca como un vapor misterioso y turbio sin sustancia real.

Algunos de los que en realidad prefieren esta noción nublada de la verdad están tratando de convencernos que Jesús tuvo precisamente ese enfoque al enseñar. Dicen que la razón principal por la que con frecuencia empleó la narración era con el fin de subrayar lo inescrutable de la verdad divina, y con ello enfrentar la arrogancia espiritual y la hipocresía de su época. Por ejemplo, los fariseos pensaban que tenían toda la verdad, a pesar de que no estaban de acuerdo con los saduceos, quienes también eran excesivamente confiados. Entonces, las parábolas de Jesús pusieron todo el concepto de la verdad de vuelta a donde pertenece: en el reino insondable del puro misterio.

Al menos esto es lo que las personas que han bebido profundamente del espíritu posmoderno de nuestra época nos quieren hacer creer. Insisten en que es un error someter las narrativas de nuestro Señor al análisis sistemático serio en búsqueda de una interpretación precisa, porque de hacerlo se perdería el verdadero propósito de las historias. En su lugar, se nos dice que es mejor disfrutar, admirar y adaptar las historias de Jesús de manera que sean más significativas para nosotros. De acuerdo con esta forma de pensar, ya que las historias son inherentemente subjetivas, deberíamos estar menos preocupados preguntándonos *lo que quieren decir* las parábolas y más preocupados por encontrar formas de hacer nuestras las historias de la Biblia.*

Se me mostró recientemente un ensayo publicado en la Internet por un autor anónimo (probablemente un pastor) quien vuelve a imaginar la parábola del hijo pródigo desde una perspectiva feminista; de ese modo, transformó intencionalmente toda la historia. En la libre reinterpretación de esta persona somos animados a visualizar al padre como un frío patriarca de la familia que irreflexivamente conduce a su hijo menor a marcharse por negligencia. Esta nueva faceta de la historia «lo cambia todo», nos informa solemne y descaradamente el escritor desconocido. La demanda del hijo de la herencia temprano ahora «alude a una anterior y quizá presión familiar por mucho tiempo [y] la vida disoluta del joven puede ser su esfuerzo por "comprar" [...] afiliación y pertenencia» que había anhelado siempre, pero que no tenía porque el padre tan descuidadamente lo había marginado. En lugar de ser conducta necia y

---

* He respondido con mucho más detalle a la actual ola de influencias posmodernas entre los evangélicos en *Verdad en guerra* (Nashville: Grupo Nelson, 2007).

autoindulgente, la búsqueda del hijo pródigo de un estilo de vida insensato se convierte en un grito desesperado por ayuda.[2]

Además de observar que la propia narración de la parábola del hijo pródigo de Jesús termina sin resolución, el artículo sugiere que esta «revela el carácter abierto del reino de Dios». Lo que es más, el *verdadero* final de la historia «es el final de mi historia, su historia y la historia de todos, más allá de nuestros sueños más extremos».

Mediante tal enfoque totalmente subjetivo, las historias de Jesús se convierten en juguetes para ser transformados y adaptados de la manera que mejor se acomoden a las ideas del oyente. Todo el mensaje de Jesús se convierte en versátil, subjetivo e infinitamente adaptable a las necesidades y a las preferencias personales de cada oyente.

Esta es una forma muy popular de hacer frente a la enseñanza de Jesús en estos días: como si sus parábolas fueron dadas sobre todo para crear un estado de ánimo y preparar el escenario para mil millones de dramas personales de forma única. Se considera aceptable admirar el entorno, pero no está bien ver la historia a través de la luz y tratar de descubrir algún significado objetivo o universal en ella. En su lugar, se supone que debemos tratar de experimentar la historia por nosotros mismos al vivirla, o por volver a contarla con nuestras propias palabras, utilizando poco más que nuestra propia imaginación. Así es como podemos hacer que las historias de Jesús sean *nuestras* historias. Esto significa, en efecto, que la interpretación, la lección y el final de cada historia sean en última instancia nuestros para determinar.

En los círculos académicos contemporáneos, tal enfoque sería reconocido como una forma más extrema de «teología narrativa». Esta es una frase de moda en estos días, y se emplea para describir una gran familia de nuevas ideas acerca de cómo debemos interpretar la Biblia (con especial énfasis en «la historia» en vez de en las *exigencias de la verdad* de las Escrituras). El estilo de la teología narrativa ha dado lugar a gran cantidad de debate y una medida considerable de confusión sobre el papel de Jesús como narrador de historias. ¿Qué quiso transmitir en sus historias? ¿Por qué usó tantas parábolas? ¿Cómo se supone que debemos entenderlas? ¿Altera o anula la forma narrativa en sí las reglas normales para la interpretación de las Escrituras?

En una escala aún más amplia, ¿constituye el uso frecuente de Jesús de historias un argumento válido en contra del enfoque sistemático de la doctrina cristiana que se ha empleado históricamente? *¿Necesitamos* analizar las Escrituras, categorizar la verdad y tratar de entender la doctrina bíblica en cualquier tipo de lógica de moda, o es correcto solo apreciar las historias y embellecerlas con nuestros propios giros de la trama y conclusiones de la vida real? En términos muy simples: ¿es el propio estilo de enseñanza de Jesús incompatible con nuestras declaraciones doctrinales, confesiones de fe y el enfoque sistemático de la teología?

Todas estas son preguntas importantes, pero no son en realidad preguntas difíciles de responder si nos limitamos a aceptar al pie de la letra lo que la propia Biblia dice sobre el uso de las parábolas de Jesús.

Las historias como vehículos eficaces para la verdad

Jesús era un maestro de la narración, pero Él nunca contó una historia simplemente por contarla. Cada una de sus parábolas tenía una importante lección a transmitir.

Eso es un hecho fundamental a tener en cuenta, ya que explica cómo la *verdad* (como entendemos el concepto) es compatible con la narración de historias. La ficción pura no es del todo incompatible con nuestras ideas convencionales de la verdad, porque toda historia bien contada en última instancia manifiesta un asunto. Y el asunto de una buena historia se supone que es verdadero (o al menos verdad para la vida en *algún* nivel), incluso cuando la propia historia presenta un escenario totalmente imaginario.

Esta es la naturaleza misma de las parábolas. Es la razón principal por la que una lección central es siempre la característica más importante de cada parábola y que deberíamos centrarnos en esa, en lugar de buscar algún significado oculto en todos los detalles periféricos de la historia. Cuando ve el punto clave de una parábola, usted entiende la esencia de cuál verdad la historia pretende transmitir. Esta lección en sí es a veces llenada o embellecida por elementos de la trama, personajes y otros detalles de la historia. Pero no hay necesidad de buscar múltiples niveles de significados secretos o suponer que un simbolismo más profundo o una diferente dimensión de la verdad se han ocultado en las características incidentales de la historia. Como señalamos en la introducción, las parábolas no son alegorías, llenas de símbolos de principio a fin. Las parábolas ponen de relieve una sola verdad importante, tal como la moraleja de una historia bien contada.

Esto explica por qué la verdad vital contenida en una parábola es fija y objetiva, no un pegote metafísico de barro que se puede virar y darle forma como nos guste. Cuando Jesús comenzó a utilizar parábolas en su ministerio público, estuvo a solas con sus discípulos y cuidadosamente les explicó la parábola del sembrador (Mateo 13.18–23). Tenía un significado claro, sencillo, directo y *objetivo*, y Jesús se lo explicó a ellos. E indicó que todas las parábolas podían entenderse mediante un método similar de interpretación: «¿No sabéis esta parábola? ¿Cómo, pues, entenderéis todas las parábolas?» (Marcos 4.13). Por lo tanto, no hay absolutamente ninguna razón para suponer que el uso de las parábolas de Jesús es de alguna manera una indicación de que la verdad misma es tan enredada en el misterio para que sea completamente incognoscible.

Todo lo contrario. Como hemos señalado en el comienzo de este apéndice, Jesús empleó parábolas para esclarecer ciertas verdades a los creyentes, mientras que oscurecía el significado a los no creyentes. ¿Ha pensado *por qué* hizo eso?

Oscurecer la verdad de los incrédulos era (en un sentido muy importante) un acto de misericordia, porque mientras más verdad escuchaban y rechazaban, peor sería para ellos en el juicio final.

El uso de las parábolas de Jesús también fue en sí mismo una señal temporal de juicio contra ellos, sellando su propia incredulidad obstinada por la eliminación de la luz de la verdad de ellos. Ya habían endurecido sus corazones:

> *Porque el corazón de este pueblo se ha engrosado,*
> *Y con los oídos oyen pesadamente,*
> *Y han cerrado sus ojos;*
> *Para que no vean con los ojos,*
> *Y oigan con los oídos,*
> *Y con el corazón entiendan,*
> *Y se conviertan,*
> *Y yo los sane.* (Mateo 13.15)

Pero ahora la incredulidad de ellos era irreversible. El uso de parábolas por Jesús destacó tanto esa realidad como se irguió como una señal de advertencia a los demás, animándolos a no endurecer sus corazones y, en su lugar, buscar la verdad.

Aun así, Jesús declaró a los discípulos: «Bienaventurados vuestros ojos, porque ven; y vuestros oídos, porque oyen» (Mateo 13.16). Él dejó claro que las parábolas *tienen* significado objetivo y que el significado de hecho puede ser aprehendido. «Porque a vosotros os es dado saber los misterios del reino de los cielos» (v. 11). De esta manera indicó que las parábolas contenían verdad espiritual eterna, que en realidad puede ser vista, oída y entendida por cualquier persona con ojos y oídos espirituales.

Aunque las parábolas ocultaban el significado de Jesús de los incrédulos, no es como si se encerrara para siempre la verdad misma en misterio impenetrable, sin esperanza. En realidad, la verdad está siendo revelada e ilustrada en cada una de sus parábolas. Es la verdad vital, eterna, inmutable, sin adulterar e inequívoca, no una verdad etérea o inaccesible. Por el contrario, es lo bastante sencilla como que mediante el uso debido de métodos comunes cualquier creyente puede ser capaz de llegar a la comprensión sólida y segura de la misma.

Las riquezas de la verdad en las parábolas de Jesús

Las historias de Jesús eran notables, tanto por su sencillez como por su abundancia. En Mateo y Lucas, se dan a veces múltiples parábolas en forma rápida, una tras otra, con poco o ningún material interpretativo o desarrollado intercalados entre ellas. Los discursos extendidos contienen prácticamente nada más que parábolas; a veces llenan capítulos completos en Mateo y Lucas. (Por ejemplo, Mateo 13; Mateo 24.32—25.30; y por supuesto, Lucas 15.4—16.13). Las selecciones registradas por Mateo y Lucas eran probablemente muestras representativas en lugar de catálogos exhaustivos de las parábolas de Jesús. Sin embargo, parece razonable concluir que el modelo de parábola tras parábola se aproxima mucho al estilo del discurso de Jesús.

Queda claro que a Jesús le gustaba enseñar contando historias en lugar de presentar una lista de hechos para memorizar o bosquejar información en un diseño sistemático prolijamente catalogado. Él nunca fue rígido ni pedante cuando enseñaba, sino que siempre fue informal y conversacional. Las parábolas contenían figuras familiares y a veces se agitan por emociones fuertes. Estas cosas fueron las que hicieron más memorable la predicación de Jesús, en lugar de listas ordenadas o aliteraciones inteligentes.

Esta no es una observación novedosa; es un hecho que se destaca en el texto del Nuevo Testamento, especialmente en los tres Evangelios sinópticos (Mateo, Marcos y Lucas). Y por cierto, los cuatro Evangelios más el libro de Hechos se registraron casi completamente en forma narrativa. En algunos círculos académicos de hoy, el repentino estallido de entusiasmo sobre la «teología narrativa» y «predicación narrativa» podría dar a algunos estudiantes la impresión de que los estudiosos han descubierto solo hace poco que la Biblia está llena de historias. Lea algunos libros recientes y revistas sobre el tema y podrá concluir que la iglesia se ha mantenido en gran medida en la oscuridad (por lo menos desde los albores de la era moderna) hasta que los eruditos que leen la Biblia a través de lentes posmodernos notaron repentinamente las verdaderas implicaciones del estilo narrativo de Cristo de enseñanza.

En realidad, la preferencia de Jesús por los recursos narrativos ha sido debidamente observado y fuertemente recalcado por prácticamente todos los profesores competentes en la historia de la iglesia, comenzando por los escritores de los Evangelios mismos, a través de los mejores padres de la iglesia, y cada importante comentarista bíblico protestante de los últimos cuatro siglos.

Pero el hecho de que Jesús mostrara una preferencia por tales formas narrativas *no anula*, ya sea la finalidad didáctica de las parábolas, o el contenido de la verdad inmutable que estaban destinadas a transmitir.

De hecho, Mateo 13.34–35 resume en términos muy simples la perspectiva adecuada sobre las parábolas y su valor correspondiente a la verdad: «Todo esto habló Jesús por parábolas a la gente, y sin parábolas no les hablaba; para que se cumpliese lo dicho por el profeta, cuando dijo: abriré en parábolas mi boca; declararé cosas escondidas desde la fundación del mundo». Él estaba citando Salmos 78.2–4 que describe el objetivo principal de las parábolas como un medio de *revelación*, no de *ofuscación*. El único contexto en el que las parábolas ocultan deliberadamente la verdad o la ocultan en misterio es ante el rostro del incrédulo egocéntrico y hostil.

Las historias y las proposiciones

Una cuestión vital y relevante debe abordarse brevemente en este debate. Es la cuestión de si violamos toda la idea de la narración de Jesús cuando resumimos las verdades que aprendemos de las parábolas y las repetimos en forma proposicional.

Esta es una pregunta que se plantean con frecuencia las personas que toman sus puntos de vista de la posmodernidad popular. Conciben *historias* y *proposiciones* como categorías separadas, prácticamente maneras contradictorias de pensar acerca de la verdad. En palabras de un autor: «El evangelio emergente de la era electrónica se está moviendo más allá de *proposiciones* cognitivas y fórmulas lineales para aceptar el poder y la verdad de *historia*».[3]

De acuerdo con esa manera de pensar, el valor de verdad de una historia no puede y no debe reducirse a una mera proposición.

Las proposiciones son los bloques de construcción de la lógica. Son inherentemente simples, no complejas. Una proposición no es más que una afirmación de algo que se asevera o se niega. «Jesucristo; éste es Señor de todos» (Hechos 10.36) es una proposición bíblica clásica que expresa una de las verdades fundamentales de toda la doctrina cristiana. Otra es: «En ningún otro hay salvación» (Hechos 4.12). El primer ejemplo es una afirmación de la supremacía y exclusividad de Jesús; la segunda es una negación de lo contrario. Ambas son proposiciones simples que declaran la misma verdad básica de la Biblia, pero de manera ligeramente diferente.

El valor de una verdad en cada proposición es binario: solo puede ser verdadero o falso. No hay un valor medio. Y ahí está el problema a lo que el pensamiento posmoderno se refiere: las proposiciones no permiten ninguna ambigüedad.

Ya que la forma de una proposición demanda que sea una afirmación o una negación, y el pensamiento postmoderno prefiere la oscuridad y vaguedad en vez de la claridad, no es de extrañarse que la noción misma de lo que es verdad proposicional haya caído en desgracia en estos tiempos posmodernos. En este contexto, las historias son ampliamente percibidas como fluidas, subjetivas y no necesariamente enfáticas, semejante a la visión posmodernista de la verdad misma.

Es cada vez más y más común escuchar a la gente expresar la creencia de que la marca de la verdad encarnada en historias de alguna manera es de una naturaleza completamente diferente de la clase de verdad que podemos expresar en proposiciones. Lo que generalmente discuten es el concepto ambiguo, subjetivo y fluido de la verdad misma.

Aceptar esta perspectiva es en efecto hacer picadillo la noción misma de verdad. La verdad no puede ser expresada verbalmente o afirmada oficialmente, incluso en forma de historia, sin recurrir a las proposiciones. Así que el intento posmoderno de divorciar la verdad de las proposiciones no es más que una manera de hablar acerca de la verdad, jugando con la idea de la verdad y reconociendo la existencia de la verdad, pero sin llegar al punto de necesitar afirmar algo como cierto o negar como falso.

Es por esto que la iglesia tiene los credos y confesiones históricos como base, y todos ellos están llenos de proposiciones. He oído a Al Mohler decir repetidamente que, si bien la noción bíblica de la verdad es siempre *más* que proposicional, nunca es *menos*. Él está exactamente en lo correcto. No debemos pensar que el uso de historias y parábolas de Jesús disminuye de alguna manera la importancia de la precisión, la claridad, los hechos históricos, las realidades objetivas, la sana doctrina o lo que son verdades proposicionales.

Por cierto, no todas las parábolas de Jesús eran historias en el pleno sentido de la palabra. Algunas de las más cortas se encontraban expresadas en forma proposicional sencillo y simple. «El reino de los cielos es semejante a la levadura que tomó una mujer, y escondió en tres medidas de harina, hasta que todo fue leudado» (Mateo 13.33). O: «Por eso todo escriba docto en el reino de los cielos es semejante a un padre de familia, que saca de su tesoro cosas nuevas y cosas viejas» (v. 52). Y: «[El reino] es semejante al grano de mostaza, que un hombre tomó y sembró en su huerto; y creció, y se hizo árbol grande, y las aves del cielo anidaron en sus ramas» (Lucas 13.19).

Además, las proposiciones se utilizan como bloques de construcción en cada una de las parábolas que Jesús dio en forma de historia extendida. En el hijo pródigo, por ejemplo, la primera frase: «Un hombre tenía dos hijos», es una simple proposición. La frase final de la parábola es también una proposición escueta: «Tu hermano era muerto, y ha revivido; se había perdido, y es hallado» (Lucas 15.11, 32). Estas son declaraciones acerca de hechos de la historia y no la verdad central de la historia; pero ellas sirven para ilustrar que es casi imposible comunicar, ya sea verdad clara o historia compleja sin usar proposiciones. Es más, sería casi imposible pensar en una verdad que es auténticamente *cognoscible* que no se pueda expresar en forma proposicional.

Para dar otro ejemplo, considere de nuevo las tres armoniosas parábolas de Lucas 15 (la oveja perdida, la moneda perdida y el hijo pródigo). La única exposición que Jesús ofrece como pista sobre su significado es una declaración proposicional: «Habrá más gozo en el cielo por un pecador que se arrepiente, que por noventa y nueve justos que no necesitan de arrepentimiento» (Lucas 15.7). En un versículo Jesús sucintamente redujo la cuestión de todo el capítulo en una simple proposición.

Observe que *este versículo declara una verdad que es por definición objetiva*. Describe lo que ocurre en el cielo cuando alguien se arrepiente. Se da a conocer una realidad que no es en modo alguno afectada por la perspectiva personal de cualquier persona terrenal. Por el contrario, es un hecho que es cierto independientemente de cómo alguien lo percibe. De hecho, ha sido así desde el principio, antes de que cualquier criatura terrenal la percibiera. Esto es precisamente lo que queremos decir cuando afirmamos que la verdad es «objetiva».

¿Por qué es importante todo esto? Porque la verdad en sí misma es sumamente importante y hoy día la iglesia está en peligro inminente de vender su primogenitura a cambio de una filosofía posmoderna que en efecto acabaría con la idea misma de verdad.

No podemos ceder. Debemos estar dispuestos a someter nuestras mentes a la verdad de las Escrituras y debemos negarnos a someter las Escrituras a teorías o especulaciones que actualmente son populares en el ámbito de la filosofía secular.

Mirad que nadie os engañe por medio de filosofías y huecas sutilezas, según las tradiciones de los hombres, conforme a los rudimentos del mundo, y no según Cristo. (Colosenses 2.8)

Notas

Introducción

1. Janet Litherland, *Storytelling from the Bible* (Colorado Springs: Meriwether, 1991), p. 3.
2. Eugene L. Lowry, *The Homiletical Plot: The Sermon as Narrative* (Louisville: Westminster John Knox, 2001), pp. xx–xxi.
3. John MacArthur, *Avergonzados del evangelio* (Grand Rapids: Editorial Portavoz, 2001).
4. Richard Eslinger, *A New Hearing: Living Options in Homiletic Method* (Nashville: Abingdon, 1987), descripción de la casa publicadora.
5. Ibíd., p. 11.
6. William R. White, *Speaking in Stories* (Minneapolis: Augsburg, 1982), p. 32.
7. Charles W. Hedrick, *Many Things in Parables: Jesus and His Modern Critics* (Louisville: Westminster John Knox, 2004), p. 102.
8. Ibíd.
9. Ibíd.
10. Richard Chenevix Trench, *Notes on the Parables of Our Lord* (Nueva York: Appleton, 1856), p. 26.
11. Parte 3: «Jesus Illustrates His Gospel», en John MacArthur, *The Gospel According to Jesus* (Grand Rapids: Zondervan, 1988), pp. 117–55 [*El evangelio según Jesucristo* (El Paso, Texas: Casa Bautista de Publicaciones, 1991)].
12. John MacArthur, *Memorias de dos hijos* (Nashville: Grupo Nelson, 2010).

13. Harvey K. McArthur y Robert M. Johnston, *They Also Taught in Parables: Rabbinic Parables from the First Centuries of the Christian Era* (Grand Rapids: Zondervan, 1990), pp. 165–66.

14. Simon J. Kistemaker, «Jesus As Story Teller: Literary Perspectives on the Parables», *The Masters Seminary Journal* 16, no. 1 (Primavera 2005): pp. 49–50.

15. Charles Haddon Spurgeon, *The Metropolitan Tabernacle Pulpit, vol. 53* (Londres: Passmore & Alabaster, 1907), p. 398.

Capítulo 3: Una lección acerca del costo del discipulado

1. Ruben Vives, «California Couple's Gold-Coin Find Called Greatest in U.S. History», *Chicago Tribune,* 26 febrero 2014, sec. A.

2. William Whiston, trad., *The Genuine Works of Flavius Josephus,* 4 vols. (Nueva York: William Borradaile, 1824), 4: p. 323.

3. Jacob Neusner, *The Halakah: An Encyclopedia of the Law of Judaism, vol. 3: Within Israel's Social Order* (Leiden: Brill, 2000), p. 57.

4. «Like a River Glorious», Frances Ridley Havergal, 1876.

5. «Rock of Ages, Cleft for Me», Augustus M. Toplady y Thomas Hastings, 1775; 1830.

Capítulo 6: Una lección acerca de la justificación por fe

1. Kenneth Bailey, *Poet and Peasant and Through Peasant Eyes: A Literary-Cultural Approach to the Parables in Luke* (Grand Rapids: Eerdmans, 1983), p. 394.

2. James I. Packer en James Buchanan, *The Doctrine of Justification* (Edimburgo: Banner of Truth, 1961 reimpresión del original de 1867), p. 2.

Capítulo 10: Una lección acerca de la persistencia en la oración

1. Lucas 15 se examina en el capítulo dos de John MacArthur, *Memorias de dos hijos* (Nashville: Grupo Nelson, 2011), pp. 21–41.

2. Alfred Edersheim, *The Life and Times of Jesus the Messiah,* 2 vols. (Londres: Longmans, Green & Co., 1896), 2: p. 287.

Apéndice

1. Este apéndice apareció originalmente en John MacArthur, *Memorias de dos hijos* (Nashville: Grupo Nelson, 2011), pp. 217–30.

2. El ensayo, titulado: «Check Out This Chick-Flick», apareció de forma anónima en el *blog* de la First Trinity Lutheran Church (ELCA), Indianapolis, http://firsttrinitylutheran.blogspot.com/2007/03/check-out-this-chick-flick.html.

3. Shane Hipps, *The Hidden Power of Electronic Culture* (Grand Rapids: Zondervan/Youth Specialties, 2006), p. 90 (énfasis añadido).

Índice temático

Índice de textos bíblicos

Acerca del autor

Desde 1969 John MacArthur sirve como pastor y maestro de Grace Community Church en Sun Valley, California. Su ministerio de predicación expositiva es sin parangón en su envergadura e influencia; durante cuatro décadas de ministerio desde el mismo púlpito, ha predicado por todo el Nuevo Testamento (y numerosas secciones clave del Antiguo) versículo por versículo. Es presidente de The Master's College and Seminary y se le escucha diariamente en «Gracia a Vosotros», un programa distribuido a nivel internacional en diferentes formatos. Ha escrito y editado muchos libros de éxito de ventas incluyendo *La Biblia de estudio MacArthur, El evangelio según Jesucristo, Doce hombres comunes y corrientes* y *Una vida perfecta.*

Para más detalles acerca de John MacArthur y sus materiales de enseñanza bíblica, comuníquese a Gracia a Vosotros al 1-866-5-GRACIA o www.gracia.org.